国家出版基金项目
NATIONAL PUBLICATION FOUNDATION

"十四五"国家重点图书出版规划项目

新时代
东北全面振兴
研究丛书

XIN SHIDAI
DONGBEI QUANMIAN ZHENXING
YANJIU CONGSHU

——

中国东北振兴研究院
组织编写

东北软件产业发展之道

孟继民　徐利　等——著

辽宁人民出版社

图书在版编目（CIP）数据

东北软件产业发展之道 / 孟继民等著. -- 沈阳：
辽宁人民出版社，2025.2. --（新时代东北全面振兴研
究丛书）. -- ISBN 978-7-205-11358-2

Ⅰ.F492.6

中国国家版本馆CIP数据核字第20243T5Q54号

出版发行：辽宁人民出版社
　　　　　地址：沈阳市和平区十一纬路 25 号　邮编：110003
　　　　　电话：024-23284313　邮箱：ln_editor4313@126.com
　　　　　http://www.lnpph.com.cn
印　　刷：辽宁新华印务有限公司
幅面尺寸：170mm×240mm
印　　张：23.25
字　　数：380千字
出版时间：2025年2月第1版
印刷时间：2025年2月第1次印刷
策划编辑：郭　健
责任编辑：张婷婷　郭　健
封面设计：丁末末
版式设计：G-Design
责任校对：李嘉佳
书　　号：ISBN 978-7-205-11358-2

定　　价：118.00元

《新时代东北全面振兴研究丛书》 中国东北振兴研究院 组织编写

编委会

主 任

夏德仁　郭　海　迟福林

委 员

唐立新　徐　峰　张连波　孟继民

常修泽　刘海军　蔡文祥

总　序

　　《新时代东北全面振兴研究丛书》是中国东北振兴研究院组织编写出版的第二套关于东北振兴主题的丛书。中国东北振兴研究院成立于2016年，是国家发展和改革委员会为支持东北地区振兴发展而批准成立的研究机构。近10年来，该研究院以服务东北振兴这一国家战略为己任，充分发挥高校人才和智力优势，密切与社会各界合作，根据不同时期党中央对东北振兴做出的重大决策，深入东北三省调查研究，组织年度东北振兴论坛并不定期举办具有针对性的专家座谈会，向国家有关部门和东北三省各级党委和政府提供了一系列具有决策参考价值的咨询报告。在此基础上，也形成了一批具有学术价值的研究成果。2020年，研究院组织编写出版了《东北振兴研究丛书》（共8个分册），在社会上引起良好反响。从2023年开始，研究院结合总结东北振兴战略实施20周年的经验，组织编写了《新时代东北全面振兴研究丛书》（共9个分册），从更广阔的视野和新时代东北振兴面临的新问题角度，对东北振兴进行了更加深入的研究。研究院和出版社的同志邀请我为这套丛书作序，我也想借此机会，结合自己20年来亲身参与东北振兴全过程的经历和近几年参与研究院组织的调研的体会，就丛书涉及的一些问题谈谈个人的看法，也算是为丛书开一个头。

一、关于东北振兴的重大战略意义

　　东北振兴战略是国家启动较早的区域发展战略，启动于2003年。我深切体会到，20多年来，还没有哪一个区域的发展像东北地区这样牵动着历届党和国家领导人的心，被给予了这样多的关心和支持。仅党的十八大以来，习近平总书记就10多次到东北来考察调研，亲自主持召开座谈会并作重要讲话。党中央和国务院在不同时期都对支持东北振兴做出政策安排，尽最大的可能性给予东北各项支持政策。从中可以看出，东北振兴战略不仅仅是一个简单的区域发展战略，它远远超出东北地区的范围，具有十分重大的全局性意义。我从以下两方面来理解这一重大意义：

第一，东北振兴是实现中国式现代化的战略支撑。

中国式现代化最本质的特征是由中国共产党领导的社会主义现代化。回顾历史，在中国共产党领导下，中国式现代化贯穿了新中国成立至今70多年的整个历史过程，这一历史过程既包括改革开放以来的40多年，也包括从新中国成立到改革开放的近30年。在党领导的现代化建设过程中，东北地区扮演着十分独特而举足轻重的角色。东北地区是新中国最早启动工业化的地区，新中国成立之初，党的第一代领导人为开展社会主义工业化建设，在东北地区进行了大规模投资。"一五"时期，国家156个重点项目中有56个安排在东北地区，其投资额占了总投资额的44.3%。东北工业基地的建立与发展，寄托着中国共产党人对社会主义现代化的理想和追求，展现了中国共产党人独立自主建设新中国的高瞻远瞩和深谋远虑。在此过程中，东北工业基地的发展为中国社会主义工业体系的建设做出了不可磨灭的重大贡献，东北地区的能源工业、基础原材料生产和重大装备制造等支撑着国家的经济建设和国防建设。与此同时，东北三省的经济发展水平一直在全国排名前列，以辽宁为例，由于其特殊的战略地位，辽宁的经济总量（当年的衡量指标是工农业总产值）曾排名第一，被称为"辽老大"。改革开放后，东南沿海地区在改革推动下，市场机制快速发育，经济发展迅速，而东北三省则面临从传统计划经济向社会主义市场经济转型的痛苦过程。尽管东北人在转型过程中做出了大量艰苦的探索，但是由于体制机制的惰性和产业结构的老化使市场机制的发育相对缓慢，东北三省的经济总量在全国的排名逐渐落后。2003年10

月，党中央、国务院正式印发《关于实施东北地区等老工业基地振兴战略的若干意见》，以此为标志，国家正式启动了东北地区等老工业基地振兴战略。习近平总书记高度重视东北老工业基地的振兴发展，党的十八大以来，先后10多次到东北考察并发表重要讲话，多次就东北振兴问题做出重要指示批示，强调了东北振兴在国家大局中的战略地位，特别是强调了东北地区在维护国家国防安全、粮食安全、生态安全、能源安全、产业安全方面担负着重大责任。在加快强国建设、实现第二个百年奋斗目标、推进民族复兴伟业的过程中，东北振兴的战略地位是至关重要的。

综上所述，东北老工业基地由于有着区别于其他地区的历史演变过程，其建设、发展、改革和振兴凝聚着中国共产党几代领导人对社会主义道路全过程的实践探索和不懈努力，因而对实现中国式现代化来说具有特有的象征性意义。可以说，没有东北老工业基地的全面振兴，就没有中国式现代化目标的实现，而且，东北全面振兴的进度也在一定程度上决定了中国式现代化实现的进度。在迈向第二个百年奋斗目标新征程中，东北振兴能否实现新突破，标志着中国式现代化目标能否成功。所以东北全面振兴是实现中国式现代化的重要支撑。

第二，东北振兴是维护国家安全的重要保证。

东北振兴不能简单地从经济发展方面来衡量其重大意义。我在省市工作期间，经常接待党和国家领导人到东北来考察调研，我感觉到领导同志所关心的问题主要不是经济增长率是多少、地区生产总值是多少，所考察的企业或项目主要不是看其能够创造多少产值，而是看其能否为国家解决战略性重大问题。以大连的造船工业为例，20年前其每年实现的产值也就是100亿元左右，与一些超千亿元的大型企业相比，微不足道；但领导同志最关心的是，他们能造出保障国家能源安全的30万吨级大型油轮和液化天然气（LNG）运输船，能够造出保障国防安全的航空母舰和大型驱逐舰，所以在2003年党中央、国务院印发的《关于实施东北地区等老工业基地振兴战略的若干意见》中明确现代造船业为大连市的四大支柱产业之一，作为老工业基地产业振兴的重要组成部分。同样，我们看到的东北地区的飞机制造、核电装备、数控机床等装备制造业企业，规模并不大，产值并不高，但是却体现着"国之重器"特点，是我国国防安全和产业安全的重要保障。从国家的粮食安全来看，我曾几次到黑龙江和吉林粮食产区考察学习，深切感受到东北地区的粮食生产在维护国家粮食安全中的战略地位。东北是我国重要的农业生产基地，粮食产量占全国总产量 1/4 以上，商品粮占全国 1/3，粮食调出量占全国 40%，是国家粮食安全的"压舱石"。前几年在黑龙江省北大荒集团，我看到一望无际的黑土地上，全部实现了机械化耕种，其情景令人震撼；最近我又率队参观了北大荒集团的数字农业指挥中心，看到通过数字化和人工智能技术，可将上亿亩的耕地集中进行智能化管理，切身感受到了"中国人的饭碗端在我们自己手里"的安全感。

习近平总书记高度重视东北振兴，曾多次从维护国家安全的角度强调东北振兴的重要性。2018 年 9 月，习近平总书记在沈阳主持召开深入推进东北振兴座谈会时强调，东北地区是我国重要的工业和农业基地，维护国家国防安全、粮食安全、生态安全、能源安全、产业安全的战略地位十分重要，关乎国家发展大局。习近平总书记亲自为东北地区谋定了维护国家"五大安全"的战略定位，做出统筹发展和安全的前瞻性重大部署，进一步提升了东北振兴的战略层次，凸显了东北振兴的重要支撑地位，为新时代东北全面振兴提供了根本遵循。

东北三省地处复杂多变的国际地缘政治敏感区，肩负着发展和安全的重要使命。我们应自觉从维护国家安全的战略高度推进东北振兴，既要在总体上担负起维护"五大安全"的政治责任，又要厘清国防安全、粮食安全、生态安全、能源安全、产业安全的具体责任。比如在国防安全上，要进一步完善军民融合发展政策，充分释放军工企业制造能力，通过与地方产业链、供应链的衔接，提升国防装备制造产业创新能力和效率。再比如在产业安全上，针对"卡脖子"技术，要在自主研发体系、产业链供应链的完善上，采取有效举措甚至"举国体制"予以支持。东北地区的新定位，进一步明确了东北振兴的战略重点，使东北振兴战略与维护国家"五大安全"战略紧密结合，更加有利于加强政策统筹协调，有利于实现重点突破。

维护国家"五大安全"，也是东北振兴的重要途径。东北地区要以"五大安全"战略定位为引领，准确把握国家战略需要，充分发挥东北地区比较优势和深厚潜力，突出区域资源特色，结合建设现代化产业体系，谋划一批统筹发展与安全的高质量的重大项目。把"五大安全"的战略定位和政治责任，落实到东北振兴的各方面和全过程。特别需要强调的是，在东北地区产业结构调整中，要加强"国之重器"的装备制造业升级改造，加快数字化智能化进程，增强核心部件和关键技术的自主研发能力，解决好"卡脖子"问题。

二、关于东北振兴中的体制机制改革

当前，东北地区与发达地区的最大差距是经济活力的差距，从根本上讲，还是体制机制的差距。前不久我在东南沿海地区考察过程中，见到不少东北人在那里创业发展，其中一部分是商界人士，如企业家或公司高管；还有一部分是科技人员，他们当中许多人是携带着科技成果从东北转战到南方的。我与其中几位科技企业的高管和科研人员做了深入的交谈，询问了他们为什么远离家乡到这里发展，他们的回答几乎是一致的，即东南沿海的经济充满活力，市场机制发达，生产要素市场健全，创新创业的成功率高，企业家和科技人员的聪明才智能够得到充分发挥。至于东北的情况，他们的回答也是很中肯的：东北的产业和科技教育基础都很好，他们也想在当地创业发展，但是有几个因素使得许多人最终选择了离开——一是东北地区的企业缺乏创新动力和吸纳科技成果的积极性，在科研成果和优秀人才面前，更多的是南方企业（也包括创投公司）伸出橄榄枝，很少遇到东北企业的主动欢迎；二是要素市场不健全，获得资金的资本市场、获得人才的人才市场和制造业企业的供应链市场都有许多缺陷；三是尽管政府部门推动发展的积极性高，但是由于政策多变，新官不理旧账，所以给企业和创业者带来许多不确定性。

以上问题，究其原因还是东北地区的体制机制改革不到位。东北地区是在全国各区域中进入计划经济最早的地区，从 1950 年开始，国家就对东北地区的煤炭、钢材等生产资料进行统一的计划分配；另一方面，东北地区又是各区域中退出计划经济最晚的地区，由于长期形成的历史包袱，计划经济管理的惯性使得市场机制在原有的计划经济基础上发育得较为缓慢。尽管东北地区在国家自始至终的支持下，在体制机制改革方面做了大量艰苦细致的工作，但是与其他区域相比，特别是与东南沿海地区相比，市场化程度仍然不高，距离市场机制在资源配置中发挥决定性作用的目标还有相当大的差距。从现象上来看，市场化程度不高主要表现在来自企业的自我发展动力活力不足。国企改革不到位，效率不高，在许多竞争性行业对其他市场主体形成"市场准入障碍"或"挤出效应"，制约了民营经济的发展；而地方政府为了弥补市场主体数量不够、企业动力不足问题，不得不亲自下场参与经济活动，再加上长期形成的计划经济的管理习惯，在一定程度上挤压了市场机制发挥作用的空间，限制了市场机制对资源配置的决定性作用。所以，今后东北地区的深化改革还是要围绕着国企改革，以加快民营经济发展和理顺政府与市场的关系为重点。

一是国企国资改革。当前东北国有经济在总体经济中占的比重比较高。以国有控股工业企业资产占规模以上工业企业资产总额的比重为例，辽宁为 53.2%，吉林为 61.4%，黑龙江为 43.2%，均远高于全国 37.7% 的平均水平。东北地区国有经济比重高有其历史原因，也有东北的国有企业特别是央企为国家担负着一些特殊职能的原因。因此东北地区的国企国资改革并不能简单地提出国退民进或降低国企比重的措施，而是要按照党的二十届三中全会的要求，推进国有经济布局优化和结构调整，增强东北地区国有企业的核心功能，推动国有资本向维护国家"五大安全"领域、向关系国民经济命脉和国计民生的重要行业和关键领域集中，通过完善现代企业制度，将东北的国有企业做强做优做大，提升国际竞争力。针对当前东北地区存在的"市场准入障碍"和"挤出效应"问题，国企国资改革要按照有所为有所不为的原则，在一些竞争性行业，通过混合所有制改革，为非公有制经济创造更多市场准入的机会。这样做一方面实现了国有资本布局的战略性调整，另一方面也在公平竞争的原则下，推动了非公有制经济的发展。

二是民营经济发展。民营经济一直是东北地区经济发展中的一块短板，这一方面是由于东北地区长期实施的是以国有经济为主导的经济模式，民营经济缺乏健康发展的土壤；另外一方面，东北地区的民营企业存在一些先天不足，相当一部分民营企业不是靠企业自身的资本积累和科技创新获得可持续发展能力，而是靠政府部门政策支持和金融机构的信贷扶持发展起来的。我们可以看到，东北地区早期发展起来的民营企业大都有能力获得低价的土地资源或矿产资源的开发许可，而在其背后往往隐藏着不正常的政商关系，因此，每当一个地区出现腐败案件时总会牵扯出一些民营企业家。东北地区民营企业平均生命周期明显短于东南沿海地区，这种先天不足制约了民营经济的发展。要解决这个问题，必须认真贯彻中央"两个毫不动摇"方针，建立亲清的政商关系，遵循国家正在制定的《中华人民共和国民营经济促进法》的法律原则，在明确民营经济发展"负面清单"前提下，放心放手、公平公正地支持民营企业的发展。针对东北地区民营企业家资源不足的问题，要充分利用东北地区的资源优势和产业优势，进一步降低市场准入门槛，吸引更多的外省市企业家到东北来创新创业，结合扶持和培养本土优秀企业家，不断壮大民营企业家群体，并逐步形成东北地区敢于竞争、勇于创新的企业家精神。

在支持非公有制经济发展过程中，我还有一个体会，就是要对民营企业进行正确引导。要认识到民营企业的本质特征是追求企业利益的，但是如何把企业利益与公共利益有机结合起来，这就涉及政府如何进行政策引导。20多年前，亿达集团和东软集团在大连创办了大连软件园，本来所在位置的土地是可以搞房地产开发的，这样可以取得较高的资金回报，但是在政府政策引导下，这两个公司合作规划建设了当时国内最大的软件园，这样就将企业利益和政府的公共利益有机结合起来。尽管企业取得的效益没有像房地产那么高，但是由于政府的一系列政策，他们可以取得更长远的利益，同时又能为城市的功能布局优化、产业结构调整、新兴产业发展做出贡献。大连软件园的建设开启了大连旅顺南路软件产业带的发展，使大连的软件产值从不足1亿元发展到现在的3000多亿元，旅顺南路软件产业带聚集了20多万的软件人才。从这个角度看，通过政府的正确引导，民营企业的利益是可以与公共利益达成一致的。

三是理顺政府与市场的关系。应当看到，由于传统计划经济下的企业对政府依附关系的延续，东北地区政府与市场的关系仍带有"大政府""小市场"的特征。特别是东北地区的各级政府担负着推进体制改革和实施东北振兴战略的重要职责，所以在实践中往往存在着一种"双重悖论"，即一方面政府推进体制改革、实施振兴战略的目的是增强市场活力，放大市场机制作用；但另一方面政府在实施改革和振兴措施的过程中，又往往强化了政府职能，增加了行政干预，进一步压缩了市场机制发挥作用的空间，使市场机制在配置资源方面的决定性作用难以得到有效发挥。要解决这一问题，还是要以党的二十届三中全会精神为指导，把"充分发挥市场在资源配置中的决定性作用，更好发挥政府作用"作为目标和原则，在具体实践中、在"推动有效市场与有为政府更好结合"上下功夫。一是把塑造"有效市场"作为政府的一项"公共服务"，通过落实党的二十届三中全会关于深化改革的各项措施，切实培育起有效的市场机制，并向全社会提供。二是当一些领域"有效市场"形成，市场机制能够对资源配置产生决定性作用时，政府应当主动退出此领域，防止政府"有形的手"干预有效市场"无形的手"的作用。三是政府在制定产业规划和产业政策时，应该遵循市场经济规律，预见中长期的市场波动和周期变化，弥补市场机制在某些环节的"失效"。四是在推动东北产业结构调整过程中，要把产业结构优化升级与培育市场机制有机结合起来，合理界定国企和民企投资的优势领域，结合国有资本的优化布局，将其投资重点集中到涉及国家重大利益的关键领域，并在竞争性领域为民营企业发展留出足够空间，防止出现"挤出效应"。特别是要抢抓当前新一轮科技革命和产业变革重大机遇，充分发挥民营企业家和科技人员创新创业的积极性和创造性，最大限度地将民间资金引导到科技研发和产业创新，在推动战略性新兴产业和未来产业的同时，发展壮大东北地区的民营经济。

党的二十届三中全会提出，到 2035 年全面建成高水平社会主义市场经济体制。这里所提到的"全面建成"，从区域上讲，就是全国一盘棋，各区域都要通过深化改革，完成向高水平社会主义市场经济体制转型的任务，共同融入全国统一的社会主义大市场之中。这对于目前在市场化改革中仍与发达地区存在较大差距的东北地区来说，既是推进改革的难得机遇，又是不容回避的巨大责任和挑战。

三、关于东北振兴中的产业结构调整

实施东北振兴战略的重要任务是推动东北地区的产业振兴，而产业振兴的核心内容是对东北地区现有的产业结构进行调整优化。近年来，我几次带领中国东北振兴研究院的研究人员深入到东北三省的企业进行调研，对东北地区的产业发展有了一些认识。

东北地区产业结构的主要特点是"老"。东北老工业基地之所以被称为"老"，是因为新中国成立初期国家在东北地区建设的工业体系属于工业化早期水平，产业结构单一，重化工业比重过高，其中能源与基础原材料工业处于价值链前端，附加值低，受某些资源枯竭的影响，成本增加，竞争力下降。东北地区装备制造业是国家工业体系中的顶梁柱，具有不可替代的优势，但是由于体制机制问题，长期以来技术更新缓慢，设备老化，慢慢落后于时代的发展。国家实施东北地区等老工业基地振兴战略后，加大力度对东北地区的产业结构进行了调整，但由于东北老工业基地长期积累的问题较多，历史包袱较重，所以这一任务仍未最终完成。最近几年东北各省区经济总量在全国排名仍然未有明显改变，说明经济增长的动能仍不充足，产业结构的老化问题仍未得到根本解决，结构性矛盾仍然是当前振兴发展面临的主要矛盾之一。老工业基地振兴是一个世界性难题，德国鲁尔、法国洛林、美国底特律地区都走过了近 50 年的艰难振兴历程。东北老工业基地振兴与体制转型相伴而行，更为曲折复杂，更要爬坡过坎。要充分认识老工业基地结构调整任务的艰巨性复杂性，以更加坚定的决心和顽强的意志，通过全面深化改革，激发市场经济主体竞争活力，焕发结构调整的积极性和创造性，通过有效的产业政策，推动传统产业的转型升级和战略性新兴产业发展，使东北地区的产业浴火重生、凤凰涅槃。我们正面临新一轮科技革命和产业变革，这为东北地区产业结构调整优化提供了一个难得的历史机遇。在科技革命和产业变革面前，东北地区的产业结构调整应当调整思路和方式，从传统思路采取渐进式的产业演化方式来推进调整，转换到以创新的思路采取突变式的产业变革来推进调整。主要思路有以下三方面：

一是加快推进产业链延伸和完善，增加传统原材料工业的附加值和竞争能力。东北地区是国家重点布局的重点工业燃料和原材料生产基地，原油开采、石油化工、煤炭电力、钢铁等既是资源密集型产业又是资本密集型产业。资源型产业附加值低，只有沿产业链向中下游发展才能提高附加值，增强竞争力；而资本密集型产业要求提高集中度，以规模经济降低单位成本，提高竞争力。以东北的石化产业为例，原来是以原油开采、石油炼化为主，提供的产品主要是燃油，中下游严重缺乏。辽宁省的总炼油能力是1亿多吨，且分散在多个炼厂，大多数炼厂都不够国际标准的规模经济。所以，辽宁石化产业作为第一大支柱产业，其出路只有两条：一条是拉长产业链，让石化产业从传统的炼油为主，向中下游的化工原料、精细化工和化工制成品方向发展，逐级提高产品的附加值和经济效益；另一条是走集中化规模化的道路，充分利用辽宁沿海深水港优势，在物流上利用港口大进大出，在生产流程上采用炼油化工一体化模式，从而增加规模效益，降低单位成本。2010年，大连长兴岛石化基地引进了民营企业恒力集团，在国家发展和改革委员会支持下，总投资2000多亿元，建设2000万吨炼化一体化项目，包括中下游环节150万吨乙烯项目、450万吨对二甲苯（PX）项目、1700万吨精对苯二甲酸（PTA）项目，这些都是世界上单体最大的项目。这些项目一方面真正实现了石油炼化沿着烯烃类和芳烃类两条路线向中下游延伸，后面环节的产品附加值会越来越高；另一方面真正实现了石油化工的规模化集约化生产，依托深水良港的物流条件，使物流成本更低、生产效率更高。恒力石化的投资再加上大石化的搬迁改造等项目将使大连长兴岛建设成为世界级石化基地，彻底改变大连石化产业的格局，实现脱胎换骨的结构调整，使之成为现代产业体系的重要组成部分。

二是促进实体经济与数字经济深度融合，将传统装备制造业转化为与数字时代相适应的"智能制造业"。我们现在已经进入了数字时代，加快实体经济与数字经济深度融合已刻不容缓。东北地区具有实体经济、数字经济深度融合的基础。一方面，东北传统制造业基础雄厚，门类齐全，有数量众多的传统制造业企业，其中许多企业在我国的工业体系中地位重要、不可替代，这些都为数字化应用和数字产业发展提供了宏大的应用场景，为数字技术赋能传统产业创造了巨大的发展空间。推动东北地区传统产业的数字化转型将为东北振兴带来两大增长点：一是众多传统制造业企业转型为智能制造企业，极大提高其制造效率、创新能力和国际竞争力；二是围绕数字化工业生态的建立完善，又派生出一大批为产业数字化服务的数字产业化公司。从这个角度看，东北地区所拥有的传统产业基础将转化为数字经济发展的难得的资源和优势。另一方面，东北地区也具备以数字技术改造传统产业的能力。在发展数字经济方面，东北地区起步比较早。以辽宁为例，2003年，东北老工业基地振兴国家战略开始启动时，当时大连市所确定的四大支柱产业中，软件和信息服务业就是其中之一，而且这一产业布局被写进了《关于实施东北地区等老工业基地振兴战略的若干意见》。自此，大连的软件产业发展保持了10年之久的高速增长，旅顺南路软件产业带聚集了上百家世界五百强公司、上千家国内软件公司和20多万的软件人才，带动了应用软件的自主研发，人工智能、大数据、区块链等新技术也在软件业基础上开始起步。总体上看，东北地区的数字经济发展不是一张白纸，而是有相当的基础，只要咬定目标不放松，保持政策连续性，并且进一步加大支持力度，就一定会在数字经济与实体经济融合发展方面取得新突破。当前，东北要通过深化改革全面推进传统制造业企业的数字化改造。应当认识到数字化改造涉及复杂的生产流程和特殊的技术规定性，又需要进行必要的投资、付出相应的成本；更重要的是，要根据工业互联网的技术要求，重新构造生产流程和管理流程。因此，光凭企业自身的主动性是远远不够的，必须由政府出面，采取经济手段和行政手段相结合的方式，强力推进企业的数字化转型。一是示范引领，每个行业都要在国内外选择几个数字化转型成功的企业，组织同行进行学习借鉴，使其能够切身体会到数字化为企业带来的发展机遇和巨大利益；二是政策支持，对积极开展数字化转型的企业给予适当补贴和贷款贴息；三是通过产业链的关联企业相互促进，重点支持行业龙头企业数字化，然后遵循数字化伙伴优先原则，通过采购和销售方式的数字化引导配套企业的数字化建设。

三是大力发展新质生产力，推进战略性新兴产业和未来产业发展。要充分认识到，东北具备发展新质生产力的基础和条件。新质生产力并不是凭空产生的，它是建立在现实生产力的基础之上的。东北地区现有的代表国之重器的装备制造业解决了国外"卡脖子"问题，具有不可替代性，它所聚集的装备、技术、人才本身就是具有竞争力的先进生产力。在新的科技革命面前，只要顺应时代要求，加快数字化和人工智能应用，大力发展智能制造和绿色制造，那么传统制造业就会孕育出更多新质生产力。东北地区的教育、科技较发达，集中了一批国内优秀的大学和科研院所，每年为国家培养输送了大批优秀人才，也涌现出许多自主创新的科研成果，这些教育、科技资源是新质生产力形成的主要源头。但是由于体制机制障碍，东北地区的人才资源和科研成果并未在当地转化为新质生产力。我们经常可以看到，在东南沿海，一些自主研发的技术来源于东北的高校或科研院所。这说明，东北地区发展新质生产力是具备基础条件的。关键是如何将大学和科研院所的人才资源和科技资源就地转化为新质生产力，并通过具有竞争力的体制机制吸纳外来的新质生产力要素。加快发展新质生产力必须增强"赛道意识"，要认识到当今的科技革命已经改变了原有的产业发展逻辑，"换道超车"将变为常态。

如果固守在原有的传统赛道上，东北地区的产业发展会继续拉大和发达地区之间的差距，并且在新时代科技发展和产业创新中掉队。国家要求"十四五"期间东北振兴实现新突破，我认为主要应在"赛道转换"上取得突破。一是从"传统制造业改造赛道"转换到"智能制造新赛道"，对传统制造业进行全产业链全覆盖的数字化赋能改造和人工智能应用，搭上第四次工业革命这趟班车。二是从"资源枯竭型地区改造赛道"转换到"新能源、新材料发展赛道"，东北地区化石能源已失去优势，但是在风电、光伏、核电、氢能源、储能产业发展方面潜力巨大。三是抢占战略性新兴产业和未来产业赛道，充分利用东北地区教育、科技资源优势，积极鼓励支持自主创新，加强尖端技术和颠覆性技术研发和产业化，争取在新兴产业和未来产业发展中后来居上。

要塑造有利于新质生产力发展的体制机制。加快发展新质生产力必须形成与之相适应的新型生产关系，从东北地区来说，就是要塑造有利于新质生产力发展的体制机制和政策环境。新质生产力由于其革命性和创新性，自身的流动性很强，为了寻找更适宜的发展环境，新质生产力可以随时跨国跨地区转移。近年来，东北地区加强营商环境建设取得了很大进展，而当前加快发展新质生产力，更需要通过深化改革，为新质生产力孕育和发展创造良好环境。一是深化行政体制改革，增强政府部门推进科技创新和产业创新的责任感，提高对科技企业和科研单位的服务效率，打造一支熟悉科技和产业发展规律、具有服务意识、高效廉洁的公务员队伍；二是深化科技教育体制改革，推动科研与产业深入融合，培养更多高质量创新型人才；三是大力支持以企业为主体的创新体系建设，充分发挥央企在东北产业创新中的引领作用，同时积极支持民营科技企业投身于新兴产业和未来产业发展之中；四是打造支持新质生产力发展、推进东北地区科技发展和产业创新的投融资体制。

四、关于东北振兴中的对外开放

党的二十届三中全会通过的《中共中央关于进一步全面深化改革、推进中国式现代化的决定》（以下简称《决定》）强调："开放是中国式现代化的鲜明标识，必须坚持对外开放基本国策，坚持以开放促改革，依托我国超大规模市场优势，在扩大国际合作中提升开放能力，建设更高水平开放型经济新体制。"在新时代东北全面振兴的关键阶段，认真学习贯彻党的二十届三中全会精神，推动东北地区全方位开放，建设更高水平的开放型经济新体制，具有十分重大而深远的意义。

要充分认识东北对外开放在国家总体对外开放格局中的战略地位。改革开放 40 多年来，我国对外开放呈现出由南至北梯度开放的格局。20 世纪 70 年代末 80 年代初，以深圳经济特区建设为标志的珠江三角洲对外开放，对应于国际资本向亚太地区流动、亚太地区劳动密集型产业向中国转移的形势；90 年代，以浦东新区建立为标志的长江三角洲对外开放，对应于全球化进程加快、中国积极参与全球化的形势；10 多年前，"一带一路"倡议及京津冀协同发展战略的提出是以全球金融危机之后美国的单边主义导致逆全球化倾向为背景的；最近几年，中央强调东北要成为对外开放新前沿，这是基于地缘政治新变化、中美贸易冲突加剧、俄乌冲突及俄战略向东向亚洲转移，进而东北亚成为国际合作热点地区的形势做出的重大判断；而发挥东北作为东北对外开放新前沿的作用，推动全方位对外开放，特别是加强与东北亚各国的深度合作，已成为我国应对百年变局、保障国家安全、拓宽国际合作空间，实现世界政治经济秩序向有利于我国方向转变的战略选择。

我国东北地区地处东北亚区域的中心地带，向北与俄蒙接壤，是我国的北大门；向东与朝鲜半岛相连，与日韩隔海相望；向南通过辽宁沿海连接太平洋，与亚太国家和地区沟通紧密；向内与京津冀和东部沿海省市相互依存，是畅通国内大循环、联通国内国际双循环的关键区域。东北海陆大通道是"一带一路"的重要线路，是我国沿海地区和日韩"北上西进"到欧洲的便捷通道。东北产业基础雄厚，人才科技资源丰富，生态环境良好，在经济合作方面与相关国家和地区具有难得的互补性。应当充分认识东北的开放优势，增强开放前沿意识，推进东北地区全面开放，这不仅是东北全面振兴取得新突破的需要，更是我国应对世界百年未有之大变局、开拓全方位高水平对外开放格局、突破以美国为首的西方国家对中国的遏制打压和围堵、维护国家安全、实现第二个百年奋斗目标、加快中国式现代化进程的需要。

东北地区的全面开放是一个多维度全方位开放的概念，从开放格局看，既要对外开放，也要对内开放；从开放方位看，包括了东西南北中全方位开放；从开放内容看，既包括资金技术信息的流动型开放，也包括规则规制管理标准等制度型开放。

一是进一步加强对内开放。东北地区在长期计划经济中形成的封闭性特征，首先需要通过对内开放予以打破。要通过深化改革缩小东北与先进地区在市场化和开放度方面的差距，尽快融入全国统一大市场。要加强东北振兴战略与发展京津冀、长江经济带、粤港澳大湾区等国家重大战略的对接，消除各类阻挡要素跨区域流动的障碍，积极接受先进地区资金、技术、人才、信息等资源的辐射，发挥东北地区自身优势，在畅通国内大循环、联通国内国际双循环中发挥更大作用。

二是加快实施向北开放战略。要充分认识到在世界经济政治格局深刻变化的形势下，东北地区向北开放、积极开展对俄罗斯经贸合作的重大战略意义和难得的历史机遇。要深入分析中俄经济互补性，挖掘两国经贸合作潜力和空间，积极开展与俄罗斯多领域的务实合作。要大力推进石油、天然气、核电等领域的合作，强化中俄能源交易和物流设施建设，保障我国的能源安全。要加强东北地区各边境口岸现代化建设，提供高效率通关便利服务，促进对俄贸易高质量发展，把各口岸城市打造成中俄贸易物流枢纽城市。要充分发挥东北地区的产业优势，有效利用俄罗斯远东开发战略的各项政策，参与远东地区基础设施投资、资源开发、环境保护、农业发展、制造业等领域的合作。要加强与俄罗斯人才、技术、资金等领域的交流与合作，在推进产业合作的同时，逐步建立完整的产业链和供应链，带动东北地区的产业转型与升级。

三是以RCEP（区域全面经济伙伴关系协定）为契机深化与日韩合作。作为东北三省的主要贸易和投资伙伴，日本和韩国之前在东北做了大量投资。

当前受地缘政治形势变化，合作受到一些阻碍，日韩企业开始重构产业链和供应链并转移投资。由此，要抓住 RCEP 实施的契机，加快建设以 RCEP 为基本原则的国际化投资环境，加强与日韩企业的沟通，帮助他们解决发展中的困难，恢复日韩企业在东北投资发展的信心，稳固原有的合作关系，同时实施更加优惠的政策，吸引日韩企业通过增量投资进行产业升级，在东北地区形成新兴产业的产业链和供应链。

四是建设东北海陆大通道。要把东北海陆大通道建设纳入国家"一带一路"的重点建设项目中予以推进。加快东北亚国际航运中心建设和大通道沿线物流枢纽建设，提升辽满欧、辽蒙欧两条海铁联运班列转运效率，争取开辟辽宁沿海港口至欧洲的"北极航线"，打造连接亚欧大陆的"一带一路"新通道。东北海陆大通道沿途四个副省级城市，哈长沈大要一体化发展，提高对外开放水平，完善中心城市功能，打造东北亚地区最具活力的城市带。大连应发挥好东北亚重要的国际航运中心、国际贸易物流中心和区域性金融中心作用。

五是积极稳妥推进制度型开放。东北全面开放能否顺利推进，关键是能否创造一个具有竞争力的国际化的营商环境。要下决心推进规则、规制、管理、标准等制度型开放，用制度型开放倒逼行政体制改革，补齐东北地区国际化营商环境的短板，不断提高贸易投资的便利性，增强东北地区对国际先进生产要素的吸纳能力。

五、关于东北振兴中的营商环境建设

改善营商环境是国家实施东北振兴战略以来，对东北地区提出的一项重要而艰巨的任务。习近平总书记每次到东北考察都强调改善营商环境的重要性，特别在 2018 年 9 月主持召开的深入推进东北振兴座谈会上，对东北振兴提出六个方面要求，其中排在首位的就是"以优化营商环境为基础，全面深化改革"。近年来，东北各级党委、政府认真贯彻落实习近平总书记的重要指示，在加强营商环境建设方面做了大量卓有成效的工作，东北地区的营商环境有了明显改善，但是与先进地区相比，与企业和老百姓的期望相比，还有不小的差距。这一差距主要表现在东北地区对先进生产要素，包括资金、技术、人才的吸纳能力仍然不足，"孔雀东南飞"和"投资不过山海关"的问题仍然未从根本上得到解决。在全国各区域都在致力于打造高水平营商环境的背景下，东北地区不能再满足于原有水平的营商环境了，而必须对标先进地区的标准，提高建设营商环境水平，增强东北地区对先进生产要素的吸纳能力，推动新时代东北全面振兴实现新突破。

什么是高水平营商环境？就是党中央提出的市场化、法治化、国际化的营商环境。这一概念可以追溯到党的十八届五中全会，当时明确提出了要完善法治化、国际化、便利化的营商环境，这是中央文件中对市场化、法治化、国际化营商环境的早期表述。2019年10月，国务院通过了《优化营商环境条例》，以政府规定的方式明确了市场化、法治化、国际化营商环境的定义，并提出了具体的政策措施。党的二十大报告进一步强调，市场化、法治化、国际化一流营商环境建设是当前中国推动实现高质量发展和中国式现代化的重要保证。党的二十届三中全会《决定》从"构建高水平社会主义市场经济体制""完善高水平对外开放体制机制""完善中国特色社会主义法治体系"三个角度，分别深入阐述了通过全面深化改革，构建高水平的市场化、法治化、国际化营商环境的基本原则和具体的改革措施。特别是《决定》强调"构建全国统一大市场""规范地方招商引资法规制度，严禁违法违规给予政策优惠行为"，这实际上是对以往个别地区在营商环境建设方面随意性做法的一种纠正，更加凸显了通过深化改革，建设统一的市场化、法治化、国际化营商环境的客观必要性。

东北地区如何通过深化改革，加快建设市场化、法治化、国际化营商环境？从市场化角度，就是要持续不断地推进市场化改革，培育壮大市场机制，促进市场机制在资源配置中发挥决定性作用，同时要界定好社会主义市场经济条件下政府与市场的关系，加快政府职能转变，深入推进行政管理体制改革，提高政府对市场主体的服务意识和服务效率，在鼓励市场主体充分竞争的前提下，维护市场竞争的公平性。从法治化角度，对东北地区来说，法治化建设是当前营商环境建设中一块短板。要着力解决当前东北地区营商环境缺乏法治保障的问题，克服政府在服务市场主体过程中的随意性、不稳定性、缺乏诚信，甚至忽视或侵犯市场主体合法权益的倾向，加大法治化营商环境建设力度。在立法层面，进一步完善适应社会主义市场经济体制的商事法律法规体系。在执法层面，增强政府部门依法行政意识。在司法层面，加强司法机关队伍建设，提高司法人员素质，推进各司法机关公正公平司法。在遵法层面，积极引导企业和个人遵法守法，共同维护法治化市场经济秩序。从国际化角度，打通国内循环和国际循环的体制界限，积极稳步扩大规则、规制、管理、标准等制度性开放，主动对接国际高标准经贸规则，打造面向东北亚区域对外开放新前沿，建设高水平开放型经济新体制。

在谈到营商环境建设问题时，我还想举一个具体例子。2024年9月，我率队到大连长兴岛恒力重工集团有限公司（简称恒力集团）调研，见到一位熟人，他原来在中国船舶重工集团有限公司上海总部工作，目前在恒力造船（大连）有限公司担任领导职务。我随口问他：从上海到大连长兴岛有什么感想，有什么得失？他说，把长兴岛打造成为一个世界级的造船基地不仅是政府的梦想，也是他作为造船人的梦想，为了实现这一梦想，即使不拿报酬，他也要为之奋斗。这句话既使我感动，也让我很受启发。其实在东北振兴过程中，许多事情政府自己是做不了的，比如产业结构调整，打造现代产业体系，必须靠企业来做。但是政府可以创造一个有吸引力的营商环境，采取一些政策措施，吸引企业来完成政府目标。十几年前，我们为推进产业结构调整，引进了恒力集团到长兴岛投资，恒力集团共投入资金2000亿元，目前长兴岛世界级石化基地建设已见雏形，同时恒力集团又收购了韩国STX造船，再过三五年，长兴岛又会崛起一个世界级的造船基地。在此过程中，政府做了什么？我们就是打造了一个良好的营商环境，却用企业的力量做成了大事，完成了政府的工作目标，做出了政府人员想做而做不到的事情。这个投入产出关系是显而易见的，我们何乐而不为？我想用这个例子说明，如果政府部门弯下腰来创造良好的营商环境，尽心尽力做好对企业的服务工作，企业一定会创造更多的社会财富，为地方经济发展做出更大贡献。

建设高水平营商环境是东北振兴实现新突破的重要保证，也是东北地区与全国各地区同步实现中国式现代化的重要保证。营商环境的好坏是一个地区核心竞争力的重要标志。营商环境只有更好，没有最好，当前全国各省市都在积极开展营商环境建设，以取得更大的竞争能力。东北地区要想迎头赶上，与全国同步实现第二个百年奋斗目标，必须在全面深化改革上下功夫，建设与其他地区同等水平甚至更高水平的市场化、法治化、国际化营商环境。

2025 年 2 月

前　言

软件产业是国民经济和社会发展的基础性、战略性、先导性产业，是数字经济的核心产业，是实现经济社会数智化转型的关键因素，是打造制造强国、网络强国、科技强国的关键支撑。2021年10月习近平总书记在中共中央政治局第三十四次集体学习时强调，要全面推进产业化、规模化应用，重点突破关键软件，推动软件产业做大做强，提升关键软件技术创新和供给能力，为新时期软件产业发展指明了方向。《"十四五"软件和信息技术服务业发展规划》将"软件"定义为新一轮科技革命和产业变革的新特征与新标志，已成为驱动未来发展的重要力量。软件将全面发挥"赋能、赋值、赋智"关键作用，我们正在进入"软件定义一切"新时代。

东北地区作为我国重要的工业基地和农业基地，提供了东北软件产业发展的地域条件，东北软件产业伴随东北工农业信息化、政府信息化和社会信息化进程而发展壮大，与国民经济和社会发展相伴而行。东北软件产业在21世纪的发展历程与振兴东北战略的实施过程基本重合，随着东北振兴的全面推进，东北软件产业也取得了积极进展。

东北作为"新中国工业的摇篮"，早在20世纪50年代就开始了计算技术研发和应用，哈尔滨工业大学、东北大学、吉林大学、中国科学院沈阳自动化研究所、中国科学院沈阳计算技术研究所等一批重点高校和国家级科研院所，为中国计算机研发应用和软件产业的孕育做出了重要贡献，也为后来东北软件产业的兴起打下了坚实的基础。20世纪80年代中后期，伴随着全国电子计算机普及应用和信息化工程的推进，东北地区高校及科研院所率先通过引进、消化、吸收再创新，省、市政府部门和一些大型企业广泛应用计算机并建立起系统化的信息化机构，开始了软件开发和应用，并通过成果转化及产业孵化，孕育了一批软件企业。在东北出现了全国第一家上市的软件企业——东软集团股份有限公司，出现了全国第一个大学软件园——东大软件园，出现了全国第一家"官助民办"的大连软件园，出现了更多的软件产品和解决方案，软件企业形成群体，软件产业逐渐发展成为东北重要的战略性新兴产业。

进入21世纪，伴随着中国加入世界贸易组织，中国迎来了全面开放大潮。东北软件企业抓住这个重大的历史机遇，大连、沈阳、长春和哈尔滨等地利用地处东北亚的独特优势，在全国率先推动国际化软件服务，特别是对日本的软件服务外包快速形成规模，一直占据全国的第一梯队。通过积极引进IBM、惠普、埃森哲等大型国际软件公司以及大力发展国际软件离岸外包业务，国际软件外包形成了东北软件产业的一大特色。国际软件外包业务促进了软件企业技术能力、工程化能力和品牌形象的全面提升，随着中国工业化和信息化融合发展，东北软件企业在面向国内市场的IT系统集成、行业解决方案方面也大显身手，辽宁的东软集团股份有限公司、信华信技术股份有限公司、大连海辉科技股份有限公司等持续发展壮大，东北软件产业进入了规模化发展阶段。

2010年以来，随着互联网和移动互联网的高速发展，中国软件产业的竞争格局发生较大的变化。东南沿海城市在电子信息制造业及消费互联网产业取得了举世瞩目的成就，也带动了软件技术、软件人才等产业资源向东南沿海的转移，同时，东北传统工业发展滞缓导致产业信息化市场低迷，东北软件产业出现明显的增长乏力。

2020年以来，随着"数字中国"建设加速，以及新时代推动东北全面振兴战略部署的要求，东北各省、市都将产业数字化作为实现产业结构优化的重要抓手，擅长企业端软件研发的东北软件企业迎来了新的发展机遇。

数字经济时代，以数据要素为驱动，以物联网、云计算、大数据、人工智能为代表的数字技术，正在以前所未有的趋势推动经济社会的全面变革。站在日新月异的时代窗口，东北如何审时度势，扬长避短，优化软件产业发展策略，推动软件产业与传统产业深度融合，引导软件产业进入高质量发展的快车道，已经成为政界、产业界、科教界普遍关注的问题。同时，在谱写新时代东北全面振兴新篇章进程中，推动东北软件产业振兴也是其中重要一环，深入探讨东北软件产业的发展路径和策略，有助于推动东北振兴取得新突破。中国东北振兴研究院与东软信息经济研究院共同成立"东北软件产业发展路径研究"课题组（课题组成员名单详见附件2），旨在通过对东北软件产业发展的回顾、分析和研判，以及对发展路径和对策的研究，从剖析软件产业发展的视角，为促进东北产业发展和全面振兴提供案例参考。课题组将研究成果汇总成书，命名为《东北软件产业发展之道》，作为《新时代东北全面振兴研究丛书》中的一个分册出版。书稿撰写从纪实性、研究性和探索性的视角，力图反映东北软件产业发展的实际情况，展现东北软件产业的发展轨迹，总结东北软件产业发展的经验教训，谋划未来的发展路径。

两年多的系统研究和书稿撰写，主要工作有以下三项：一是确定研究方案，包括研究主题、具体内容、人员分工，经过多次讨论，确定了研究方案，在后续研究过程中又多次修改完善，形成了与时俱进的研究指引。二是收集资料和课题研究。由于软件产业是新兴产业，政府主管部门，从科技部门到信息产业部门，又到现在的工业和信息化部门，软件产业统计体系经过了逐步形成的过程，相关资料和统计数据还不够完整，现在依然有些缺憾。在东北三省辽宁、吉林、黑龙江以及四个副省级城市沈阳、大连、长春、哈尔滨（以下简称东北三省四市）软件行业主管部门的支持、软件行业协会联盟的积极参与和课题组成员的努力下，完成了课题研究。三是撰写书稿。将初步研究成果写成书稿是一个更加艰辛的过程。经过各位撰稿人（撰稿人员名单详见附件3）的不懈努力，经过不计其数的修改补充完善，才最终形成了此书稿。

在书稿即将出版之时，要特别感谢在课题研究和书稿撰写过程中给予支持的领导和做出贡献的人员。感谢第十四届全国政协经济委员会委员、辽宁省政协原主席夏德仁的指导、把关和支持。感谢亿达集团董事局主席孙荫环对课题研究和书稿撰写提出的建议，特别是对课题研究和书稿撰写的资助，感谢大连软件园的支持配合。课题研究和书稿撰写得益于东北三省工业和信息化厅和四市工业和信息化局的指导和支持，感谢辽宁省工业和信息化厅软件处胡强处长、黄晓东调研员；沈阳市工业和信息化局的刘洪玉调研员；大连工业和信息化局、大连高新技术产业发展研究院的支持。感谢吉林省工业和信息化厅韩增尧副厅长、信息化和软件服务业处曲志强副处长，长春市工业和信息化局任广翔副局长、信息化和软件服务业处李晓旭处长，长春高新区科学技术局崔林局长的支持。感谢黑龙江省科学技术厅副厅长刘爱丽，中共黑龙江省委网络安全和信息化委员会办公室原总工程师费振波，黑龙江省工业和信息化厅总工程师岳欣、信息化和软件服务业处马丽的支持；感谢辽宁省软件行业协会于春刚秘书长、吉林省软件行业协会吕彦伟秘书长、黑龙江省软件与信息服务业协会夏秀艳秘书长、大连软件行业协会秦健秘书长的积极参与，并为课题研究提供资料和数据，组织人员参与撰稿。感谢大连东软信息学院原院长温涛教授的支持。

同时，对付出聪明才智和时间精力的撰稿人员表示特别感谢。感谢辽宁省工业和信息化发展研究院副院长李倩，辽宁软件行业协会副秘书长王迪、吴开宇等参与书稿的撰写。感谢吉林省软件行业协会秘书长吕彦伟、黑龙江省网络空间研究中心高级工程师李锐、大连软件行业协会孙然为相关省、市的内容提供了初稿，并持续参与修改完善工作。感谢东软教育集团王维坤提供人才培养一章的初稿。感谢辽宁大学姜健力教授提供相关历史数据，参与资料分析和图表展示制作，对书稿内容提出的修改意见。感谢中国东北振兴研究院智库专家、辽宁省委政策研究室原一级巡视员李方喜、沈阳农业大学社会科学部教授康贝贝对书稿进行通篇审读并提出宝贵修改意见。感谢中国东北振兴研究院智库专家、辽宁省政府研究室原主任乔军对书稿提出修改建议。感谢哈尔滨商业大学计算机与信息工程学院副院长苏晓东、哈尔滨工程大学计算机科学与技术学院院长蔡成涛、哈尔滨工程大学计算机科学与技术学院副院长吴艳霞对哈尔滨相关内容的补正。若没有课题组人员、撰稿人、审稿人和支持者的辛勤付出，就不会有《东北软件产业发展之道》的如期成稿。

还要感谢东北大学东北振兴研究中心刘海军主任及沈阳东软数字经济研究院胡旺阳院长在课题研究、文章撰写和资源协调方面的大力支持，感谢东北振兴研究中心办公室张超主任在课题协调工作中做出的贡献，感谢课题组秘书张文烨出色地完成了担当课题组文秘和研究助理的工作，感谢殷于博参与课题研究，感谢孙晓书参与数据收集和分析展示工作。感谢多名参与资料收集和整理的研究助理，也为保证研究和书稿的完成做出了贡献。同时还要对上述人员的家人表示感谢，感谢他们对参与课题研究和书稿撰写人员占用家庭时间给予的理解和支持。

此书的出版实现了我们的共同夙愿。孟继民和徐利的学习、工作和研究经历，与计算机和软件结下了不解之缘。我们花费了大量的心血和精力，牵头研究和撰稿，体现了我们对软件产业和东北振兴的情怀。

孟继民作为北京大学政府管理学院行政管理学博士、美国内布拉斯加－林肯大学农业系统工程和计算机应用专业理学硕士、沈阳农业大学农业工程专业工学士、电子信息高级工程师，在任大学讲师期间讲授过计算机应用课程。在政府工作期间，历任营口经济技术开发区管委会副主任，营口市人民政府市长助理、兼任营口高新技术开发区党工委书记，辽宁省信息产业厅副厅长，工业和信息化部电子司副司长、信息化推进司副司长（交流挂职），辽宁省工业和信息化委员会副主任、巡视员。在从事研究工作期间，任中国东北振兴研究院副院长、智库专家、高级研究员，辽宁省政协智库专家，辽宁省科技创新发展智库专家，辽宁省人大财经咨询专家，工业文化发展专家咨询委员会专家，辽宁民盟振兴智库专家。在多个岗位涉及最多的工作是软件和信息化推进、网络安全监管、电子信息制造业管理、无线电管理、国防工业管理。研究工作主要涉及战略性新兴产业、数字经济、航空产业、消费品产业、对外开放、振兴政策、港产城融创发展、东北海陆大通道建设、新质生产力和新型生产关系。著有《感悟中国经济奇迹》《资源型政府——公共管理的新模式》《资源所有制论》3部专著，参与《从"十三五"到"十四五"辽宁产业研究》的撰稿执笔。在《中国日报》《光明日报》《经济学家》《经济问题》等报刊发表文章70余篇，撰写调研报告、咨政建议60余篇。

徐利拥有正高级工程师职称，长期从事计算机与软件相关领域工作。学业上获得大连理工大学计算机专业学士学位，哈尔滨工业大学计算机专业硕士学位。毕业后就职于中科院沈阳计算技术研究所，从事小型计算机CPU研发。作为访问学者赴日本京都大学，从事并行计算机系统结构研究，后就职于日本松下通信株式会社从事手机软件研发，任主任技师。回国后加入东软集团，从事嵌入式系统研发，先后任研发中心副主任、主任。现任沈阳东软数字经济研究院副院长。曾先后参与中科院"七五""八五"规划重大科技项目研发工作以及国家科技重大专项核高基项目的研发管理工作，荣获中科院科技进步一等奖。从事数字经济领域研究，参与多项数字经济相关课题，并协助政府部门编制数字经济相关领域发展规划，是沈阳市科技计划项目评审专家、沈阳市科协科技创新智库专家。

由于对软件的情有独钟，又恰逢中国东北振兴研究院设立研究东北软件产业发展课题，我们才有机会牵头研究和撰写书稿。此书的出版，给我们的学业、工作和研究中涉及软件的内容画上了一个圆满的句号。

需要说明的是，受研究水平、资料完整程度、研究撰稿时间等因素所限，可能还存在着一些不足，甚至一些错误，欢迎读者批评指正。本书作者文责自负。

希望《东北软件产业发展之道》一书得到参与、支持、关注东北软件发展人士的认可和喜欢，对书中记述的发展历程能够引起回忆，对存在的问题、面临的机遇和挑战能够引起共鸣，对未来的发展路径和对策能够达成共识。

希望《东北软件产业发展之道》能为促进东北软件产业高质量发展，促进东北经济社会的数智化转型升级，加快东北全面振兴取得新突破，发挥积极作用，呈现应有价值。这是所有参与课题研究和书稿撰写人员的共同心愿，期待我们如愿以偿。

中国东北振兴研究院副院长
原辽宁省工业和信息化委员会巡视员　孟建民

沈阳东软数字经济研究院副院长
正高级工程师　徐利

2024 年 12 月

目　录

附　录 / 323

后　记 / 337

第一章
东北软件产业发展综述

　　东北地区位于我国东北部，南部濒临渤海和黄海，北部与俄罗斯远东地区相邻，东部与朝鲜接壤，西北部与蒙古国为邻，海上与韩国和日本近邻，地处东北亚的核心位置，是我国向北开放的重要区域，具有独特的战略地位，承担着维护国家"五大安全"和推进东北全面振兴的重要使命。东北三省是新中国工业的摇篮和我国重要的工业基地，产业基础比较雄厚、产业门类比较齐全，拥有一批关系国民经济命脉和国家安全的战略性产业，为我国形成系统完整的工业体系和国民经济体系做出了开创性贡献。

　　软件产业是东北三省产业体系的重要组成部分。改革开放后，依托在计算机技术领域的雄厚积累，东北地区较早踏上了软件产业发展之路。伴随着我国工业化、信息化和数字化的推进，东北软件产业在信息系统集成与行业信息化解决方案的需求驱动下得以快速发展。中国加入世界贸易组织以来，东北地区依托区位优势，在全国率先开展以日韩为主的国际软件外包服务，软件产业规模迅速壮大。国际软件外包业务的规模化发展也促进了东北软件企业的国际化、工程化能力的大幅提升，形成了以工业软件、行业应用软件、国际软件外包服务为主要特色的东北软件产业。

第一节　东北软件产业概况

东北软件萌芽于 20 世纪 50 年代，90 年代初期，随着一批软件企业的兴起，软件产业初具雏形，进入 21 世纪，软件产业规模快速扩张。本节对比分析国家统计局、工业和信息化部发布的相关统计数据，阐述东北软件产业规模、产业结构以及发展特点。

一、东北软件产业规模

（一）软件业务收入

软件业务收入是衡量软件产业规模的核心指标。经过 20 余年的发展，东北软件产业收入从 2002 年的 32 亿元发展到 2023 年的 2959 亿元，增长 92 倍，2002—2023 年东北软件业务收入变化情况见图 1-1。

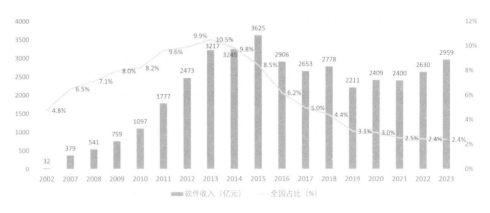

图 1-1　2002—2023 年东北软件业务收入变化情况

数据来源：工业和信息化部（以下简称工信部）历年软件行业统计数据，部分为推算数据。

从数据[1] 变化可见，东北软件产业在 2015 年之前处于高速发展阶段，这主要得益于东北软件产业的先发优势，以及政府信息化、企业信息化及国际软件外包的市场驱动。2015—2019 年，由于东北整体经济发展放缓导致信息

---

[1] 若无特别说明，本书使用的数据均未包括中国香港特别行政区、澳门特别行政区和中国台湾省数据。

化需求低迷，面对全国软件业的激烈竞争，软件外包服务发展出现瓶颈，加之产业创新能力不足，东北整体软件收入水平下滑。2020 年以来，随着产业结构调整以及数字经济的驱动，软件收入呈现平稳上升趋势。从东北软件产业收入在全国软件收入的占比来看，2002 年的占比为 4.8%，2013 年达到史上最高水平的 10.5%。之后出现较快下滑，2020 年下滑到 3%。近年来，下滑趋势有所减缓，2023 年占比为 2.4%。

与全国其他区域对比，2023 年东部、中部、西部和东北地区分别完成软件业务收入 101570 亿元、6469 亿元、12644 亿元和 2959 亿元，四个地区软件业务收入在全国总收入中的占比分别为 82.1%、5.2%、10.2% 和 2.4%，见图 1-2。东部地区包括北京、上海、广州、江苏等发达地区在内的 10 个省和直辖市；中部地区包括湖南、湖北等 6 个省；西部地区包括重庆、四川、陕西等 12 个省和直辖市。从总体收入水平来看，东北地区与中西部大致处于同一等级，但与东部地区相比差距较大。

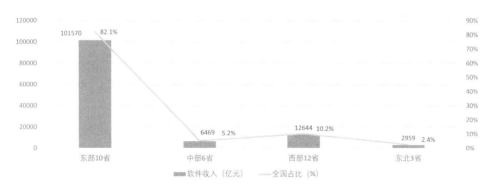

图 1-2　2023 年东北地区软件业务收入与其他地区比较

数据来源：工信部 2023 年软件业经济运行情况。

图 1-3 是 2023 年东北各地区软件产业总收入情况，以及各省及副省级城市的收入占比情况。其中，辽宁软件产业收入是 2353 亿元，占东北整体收入的 78.89%；吉林软件产业收入是 556 亿元，占东北整体收入的 18.78%；黑龙江软件产业收入是 69 亿元，占东北整体收入的 2.33%。东北主要聚集在沈阳、大连、长春、哈尔滨 4 个副省级城市，其中沈阳软件产业收入是 1240 亿，占

东北整体的 41.91%；大连软件产业收入是 1052 亿元，占东北整体的 35.55%；长春软件产业收入是 472 亿元，占东北整体的 15.95%；哈尔滨软件产业收入是 65 亿元，占东北整体的 2.2%；其他城市合计 130 亿元，占东北整体的 4.39%。

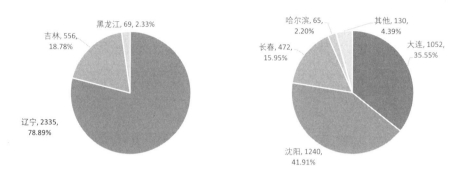

图 1-3　2023 年东北各省及副省级城市软件业务收入占比
数据来源：工信部 2023 年软件和信息技术服务业年度统计数据。

（二）软件企业数量

软件企业数量也是衡量软件产业规模的重要指标。2002 年东北软件企业数量达 470 家，占全国软件企业数量的 10%。经过 20 多年的发展，2023 年东北纳入统计的软件企业数量达到 1894 家，占全国纳入统计软件企业的 5.2%，企业数量增长 4 倍，但在全国占比缩小了一半。从图 1-4 中可以看出，2008—2014 年是东北软件企业快速扩张期，随着软件外包的快速增长，创新创业气氛活跃，大量小微企业诞生，企业数量在全国占比于 2014 年高达 16.5%。随着纳入统计规则的变更以及一些企业的消失或迁移，企业数量在全国占比降到 2019 年的 5.5%，2020 年以来，这种下滑趋势有所缓解。

从与全国其他区域的对比来看，2023 年东部、中部、西部和东北地区分别拥有纳统软件企业 26764 家、3046 家、4848 家和 1894 家，四个地区拥有软件企业在全国软件企业总数的占比分别为 73.2%、8.3%、13.3% 和 5.2%。总体来看，软件企业在东部地区形成很强的聚集，综合各区域拥有的省份数量来看，东北地区拥有企业数量略多于中西部地区，2023 年东北区域软件企业数量与其他区域的比较见图 1-5。

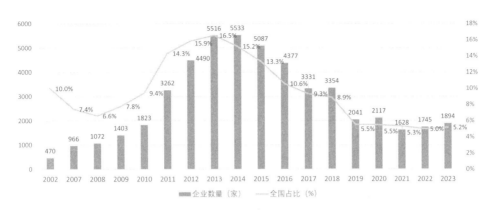

图1-4　2002—2023年东北地区软件企业数量变化趋势

数据来源：工信部历年软件行业统计数据，部分为推算数据。

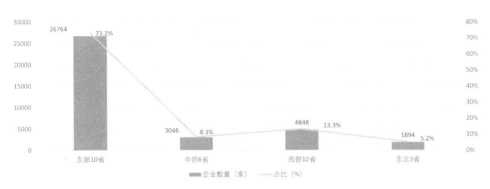

图1-5　2023年东北地区软件企业数量与其他地区比较

数据来源：工信部2023年软件和信息技术服务业年度统计数据。

2023年，辽宁拥有软件企业1609家，占东北整体软件企业数量的84.95%；吉林软件企业数量为177家，占东北整体的9.35%；黑龙江软件企业数量为108家，占东北整体的5.7%。东北软件企业主要聚集在沈阳、大连、长春、哈尔滨4个副省级城市，其中沈阳软件企业为1055家，占东北整体的55.7%；大连软件企业数量为529家，占东北整体的27.93%；长春软件企业数量为158家，占东北整体的8.34%；哈尔滨软件企业数量为93家，占东北整体的5.18%；其他城市合计101家，占东北整体的5.33%。2023年东北三省四市拥有软件企业数量情况见图1-6。

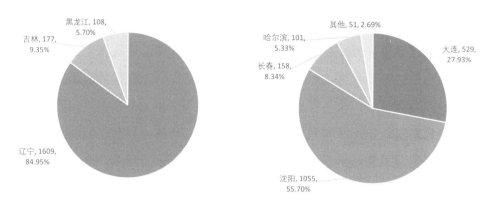

图1-6　2023年东北各省及副省级城市软件企业数量占比

数据来源：工信部2023年软件和信息技术服务业年度统计数据。

（三）软件从业人数

软件企业从业人数反映地区软件产业人才吸引情况，是衡量软件产业规模的重要指标之一，图1-7展示了东北三省软件产业从业人数及在全国的占比情况。2023年，全国软件从业人数759.43万人，东部、中部、西部和东北地区分别为551.04万人、75.1万人、95.63万人和37.66万人，四个地区从业人数在全国软件从业人数的占比分别为74.7%、10.2%、13%和5.1%。总体来看，东部地区吸引了大部分软件人才，东北地区拥有软件人才数量比率与中西部地区大体相同。

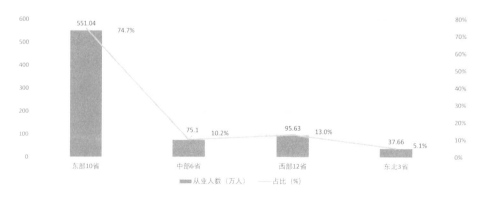

图1-7　2023年东北地区软件从业人数与其他地区比较

数据来源：工信部2023年软件和信息技术服务业年度统计数据。

图 1-8 展示了 2023 年东北三省四市的软件产业从业人数及占比情况。从省级软件从业人员数量来看，辽宁为 32.72 万人，占东北整体软件从业人员数量的 86.91%；吉林为 3.81 万人，占东北整体的 10.12%；黑龙江为 1.12 万人，占东北整体的 2.97%。在 4 个副省级城市软件从业人员数量中，沈阳为 15.58 万人，占东北整体 41.37%；大连为 16.77 万人，占东北整体的 44.53%；长春为 3.24 万人，占东北整体的 8.6%；哈尔滨为 1.06 万人，占东北整体的 2.81%；其他城市合计 1.01 万，占东北整体的 2.68%。

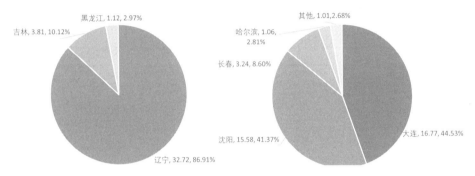

图 1-8　2023 年东北地区各省及主要城市软件从业人数分布情况

数据来源：工信部 2023 年软件和信息技术服务业年度统计数据。

二、东北软件产业结构

（一）主要领域分布情况

软件产业结构能够反映一个地区软件产业的主要业务发展领域、核心技术方向和资源分布情况。根据工信部和国家统计局对软件产业的统计分类，对软件业务收入分为 4 类进行统计，分别是软件产品收入、信息技术服务收入、信息安全收入、嵌入式软件收入，这 4 类收入的占比情况反映了软件产业结构的概貌。

2023 年，东北地区的软件产品、信息服务、信息安全、嵌入式系统各领域在软件收入的占比分别是 48.27%、42.55%、2.81%、6.38%。全国的平均情况是 22.41%、66.13%、1.19%、10.26%，如图 1-9 所示。

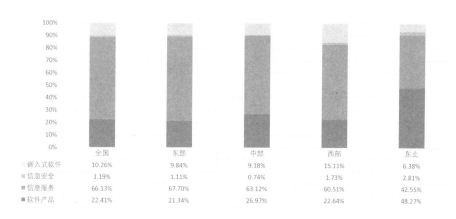

图 1-9　2023 年东北软件产业结构与其他地区比较
数据来源：工信部 2023 年软件和信息技术服务业年度统计数据。

　　与全国平均情况以及其他区域比较，东北地区的 4 大类业务占比情况具有明显的特征。软件产品领域和信息安全领域业务占比相对于其他区域明显偏高，而信息技术服务领域和嵌入式软件领域占比相对于其他区域明显偏低。软件产品领域占比大的主要原因是软件外包以及客户委托定制开发业务占比较大，而信息技术服务领域收入占比较低，则反映了东北软件企业重技术开发与产品交付，轻集成服务和运营服务的现状。东北软件企业在互联网服务、大数据服务、云服务方面营收能力相对较弱，而面向企业端客户服务主要是实现开发系统交付，缺少持久的运营支撑，部分企业专注于外包服务或定制软件产品的开发，在一定程度上存在产业结构较为单一、产品同质化竞争严重等问题。信息安全领域收入占比较高的原因是东北软件企业在信息安全领域涉足较早，形成一定的技术优势和行业客户积累，相对于其他领域，东北在这个领域涌现了沈阳东软信息集成工程有限公司、长春吉大正元信息技术股份有限公司、安天科技集团股份有限公司等行业内知名企业，在全国具有一定的竞争力。东北在嵌入式软件领域收入占比远低于其他区域和全国平均水平，反映了东北缺失作为软件上游产业的电子信息制造业的现状，东北比较有优势的嵌入式领域产品主要是工业机器人、数控机床、高端医疗装备等，产量有限，很难形成对软件产业的规模化拉动，但随着数字化、智能化升级的加速推进，东北软件在嵌入式领域具有较大的发展潜力。

图1-10是2023年东北三省四市软件业务收入构成情况。从中可以看出，软件收入规模最大的大连和沈阳，两座城市的软件产品收入占比都很高，形成了东北软件产业结构的基本特征，扩大信息技术服务领域业务要从沈阳、大连抓起。长春、哈尔滨在信息安全软件领域优势明显，应重点培育增强全国竞争能力。在嵌入式领域，长春和哈尔滨表现较好，长春高于全国平均水平，体现了当地汽车产业对软件产业的拉动作用。

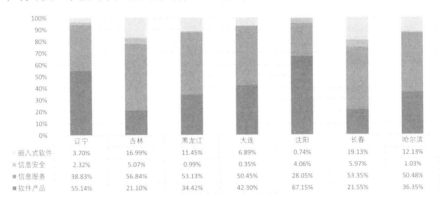

	辽宁	吉林	黑龙江	大连	沈阳	长春	哈尔滨
嵌入式软件	3.70%	16.99%	11.45%	6.89%	0.74%	19.13%	12.13%
信息安全	2.32%	5.07%	0.99%	0.35%	4.06%	5.97%	1.03%
信息服务	38.83%	56.84%	53.13%	50.45%	28.05%	53.35%	50.48%
软件产品	55.14%	21.10%	34.42%	42.30%	67.15%	21.55%	36.35%

图1-10 2023年东北三省四市软件业务收入构成情况

数据来源：工信部2023年软件和信息技术服务业年度统计数据。

（二）国际软件服务情况

国际软件外包服务是东北软件产业的重要特色。图1-11给出了全国及各地区软件出口收入在整体软件收入的占比情况。2023年，东北地区软件出口

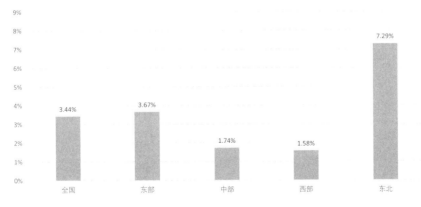

图1-11 2023年全国及各地区软件出口收入占比

数据来源：工信部2023年软件和信息技术服务业年度统计数据。

占比为 7.29%，远高于全国平均水平和其他地区水平。

东北三省四市 2023 年软件出口占比情况见图 1-12，数据显示东北的软件出口业务主要集中在大连。早期东北各地都重点发展软件外包业务，随着东北各地企业特别是沈阳企业在东北对外窗口城市大连开设分公司，软件外包业务向大连聚集趋势明显。

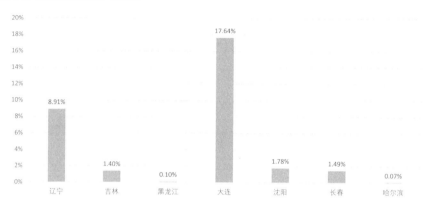

图 1-12 2023 年东北三省四市软件出口占比

数据来源：工信部 2023 年软件和信息技术服务业年度统计数据。

（三）研发投入情况

研发投入与产业结构虽然没有直接关系，但是能反映一个地区通过加大新技术研发来优化产业结构的趋势。图 1-13 展现了全国及各地区软件产业研

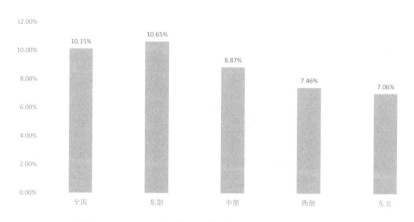

图 1-13 2023 年全国及各地区软件产业研发投入情况

数据来源：工信部 2023 年软件和信息技术服务业年度统计数据。

发投入情况。东北地区软件产业研发投入占比为 7.06%，低于全国平均水平及各地区水平。反映了东北在新技术创新方面动力不足，也存在一些公司将前端技术研发转移到发达地区而将软件开发基地留在东北区域的情况，总体来看，增进东北地区的创新活力是一个重要问题。

东北三省四市的 2023 年软件产业研发投入情况见图 1-14，数据显示哈尔滨研发投入占比高达 15.5%，其次是沈阳，研发投入占比为 8.98%；大连、长春研发占比较低，分别为 5.6% 和 4.82%。

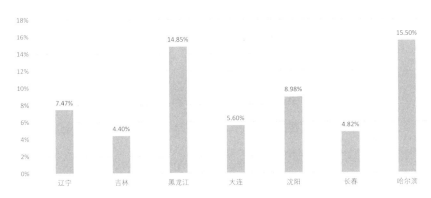

图 1-14　2023 年东北三省四市软件产业研发投入情况

数据来源：工信部 2023 年软件和信息技术服务业年度统计数据。

三、东北软件产业特色

东北软件产业是全国软件产业版图中单独的一个区域，产业规模虽在全国所占比重不大，但具有其独特的地位。东北软件产业受其发展的历程以及所处的发展环境影响，形成了一些独有的区域特色。

（一）东北软件产业起步较早，基础底蕴深厚

东北软件产业的孕育过程可以追溯到 20 世纪 50 年代，为配合国家重大工程建设，布局在东北的国家科研院所和一些高等院校，在计算机研发和应用过程中萌发了计算机软件。改革开放后，这些科研院所和高等院校开始引进国外先进的计算机系统，注重培养计算机人才，越来越多的信息技术成果得到应用，出现了第一批校办软件企业，并带动民办软件企业快速发展，初

步形成了软件企业群体和软件产业雏形。东北是我国最早提出发展软件产业的地区之一，在全国率先制定鼓励软件产业发展政策，率先举办大型软件交易会。这里诞生了我国第一家上市软件公司、第一家大学软件园、第一家"官助民办"软件园。诞生了我国第一台工业机器人、第一台高档数控系统——"蓝天一号"、第一台CT机。这些深厚的历史积累，依然对现在的东北软件产业发展有着很深的影响。

（二）东北软件产业与传统产业融合紧密，工业软件特色鲜明

早在20世纪80年代，东北地区的一些工业企业就开始引入计算机技术，进行生产过程的自动化控制和管理。东北作为中国老工业基地，其软件产业的一大显著特点是与传统产业深度结合，尤其是工业软件领域，东北软件企业较早与机械制造、能源化工等传统产业深度融合，助力传统产业提升效率、优化流程，并在推进两化融合方面发挥了先行者的作用。[①]中国科学院沈阳自动化研究所、东北大学流程工业综合自动化国家重点实验室是国家顶级的工业自动化研究机构；启明信息技术股份有限公司、鞍钢集团自动化有限公司等一批公司更是由工业企业孕育出来的软件公司。这些研发机构和软件企业不仅服务于本地的传统制造业，还面向全国乃至全球市场，提供定制化的工业解决方案，为推进我国工业与信息化的融合发挥了重要作用。

（三）东北软件产业侧重企业端，消费端业务能力偏弱

东北软件产业在发展过程中，早期更多地从事企业信息化以及软件外包业务，使得东北软件产业形成了以面向企业端（B2B）的软件开发和服务为主的特色，软件企业较多地集中在工业软件、企业信息化解决方案、嵌入式系统开发等领域，服务于制造业、能源、交通、政务等多个行业的数字化转型需求。随着互联网经济的兴起和移动终端的普及，东北地区也开始涌现出一批面向消费者的软件开发企业，尤其是在电子商务、在线教育、健康医疗、

---

① 张小燕.2021—2022年中国软件产业发展蓝皮书［M］.北京：电子工业出版社，2022：68-71.

生活服务、文化娱乐等领域出现了一批业绩较好的企业。但总体上缺乏大型的互联网公司和消费电子制造商，消费端业务成长缓慢。消费端业务是互联网时代推动软件规模增长的重要驱动力，消费端业务偏弱也是东北软件产业增长乏力的主要原因之一。同时，因企业端与消费端业务发展的不平衡，东北软件产业在一定程度上存在产业结构较为单一、产品同质化竞争严重的问题，缺乏差异化竞争优势，难以形成独特的市场定位和价值主张，不利于产业的可持续发展。

（四）东北软件产业国际化经验丰富，工程化能力强

东北地区因地理位置和政策支持，吸引了大量国际化大型软件公司设立外包服务中心或研发中心。与国际企业的合作不仅引入了先进的软件开发流程和管理理念，也迫使当地软件企业提升自身工程化水平，以满足国际标准和客户需求。例如，遵循 CMMI（能力成熟度模型集成）、ISO9001 等国际认证标准，提升项目管理和质量保证能力。东软集团股份有限公司是国内第一家通过 ISO9001 认证、第一家通过 CMMI5 级认证的企业。东北各地软件协会积极推动 ISO9001 和 CMMI 质量体系认证，一批企业在质量标准推进过程中提升了软件工程化能力。另外，东北软件企业主要服务于行业客户，在为国内外大型企业客户提供软件定制化开发服务过程中，客户在需求理解能力、快速响应能力和灵活的项目管理能力方面的严格要求，促进了东北软件工程化能力的提升。

（五）东北主要软件企业注重在发达地区进行业务前端布局

面对东部地区在互联网、先进制造业、科技创新方面的领先优势，东北地区也凸显在地域上相对封闭所带来的缺憾，如成都、武汉、西安等城市能很快地切入东部地区的上下游链，而东北地区在这方面相对不足。相对于这些城市的"引进来"方式，东北软件企业为了获取领先技术、高端人才、市场机会，更多采取"走出去"的方式，加大在全国经济发达地区业务布局。例如：东软集团在武汉开设沈阳、大连之外的第三研发基地，沈阳新松机器人自动化股份有限公司在上海设立国际总部中科新松有限公司，哈工大机器

人集团股份有限公司在合肥设立国际创新研究院，长春吉大正元信息技术股份有限公司、安天科技集团股份有限公司在北京设立研发基地，东软医疗系统股份有限公司在上海设立研发中心。这些公司将高端研发机构以及营销组织设置在技术及市场前沿地区，使得东北总部可以源源不断地获得先进技术和市场机会，促进公司业务发展壮大。

（六）东北软件教育资源丰富，人才培养与产业对接成效显著

东北地区拥有众多知名高校和科研机构，促进了大量软件相关专业的高速发展，提供了丰富的人才储备。在教育部首批批准建立的33所特色化示范性软件学院中，东北地区就占5所。东北较早地开启了校企合作模式的探索，如实习实训基地、联合实验室的建立，有效缩短了理论学习与实际应用之间的距离，为学生提供了实战经验，也为企业发展提供了新鲜血液。东北地区还注重引进社会力量、扩大软件人才培养，大连东软信息学院是我国第一所由软件企业承办的专业化软件人才培养民办大学，在利用社会力量加大软件专业化人才、实用性人才培养方面成为全国典范。通过软件人才培养机制创新的不断探索，东北地区正逐步构建起一个从基础教育到职业培训，再到终身学习的完整人才培育体系。

（七）东北地区软件研发具有成本优势，基础设施比较完善

软件开发业务最大成本是人力成本。东北地区在住房、日常消费等生活成本上不仅比北上广深等一线城市低得多，甚至比东部地区许多新一线城市或二线城市还要低，因而软件开发人员平均工资水平也相对较低。对于软件开发业务来说直接降低了人力成本，特别是对于需要大量工程师和程序员的软件开发行业来说，能够以更低的成本组建团队。东北地区的办公场所租金、水电费用等运营成本相对较低，为软件企业节省了固定开支。对于初创企业或中小企业，这一点尤为重要，有助于它们在发展初期更好地控制成本。另外，东北地区支撑软件产业发展的基础设施方面建设完善，主要城市已形成较为成熟的软件产业园区，这些区域内的企业可以共享资源，如共用研发平台、数据中心等，减少了重复投资，提高了资源使用效率，降低了研发成本。但同时，软件开发人员平均薪资水平较低也导致东北在吸引和留住顶尖科技人才方面面临挑战，影响了相关产业的创新能力和竞争力，东北各地政府也在通过积极的人才政策来改进这个局面。

第二节　辽宁软件产业发展情况

辽宁地处东北亚经济圈核心地带，区位优势明显、产业基础雄厚、科教资源富集，是中国重要的工业基地和农业基地。辽宁作为国内软件产业发展较早的省份，曾创造出中国软件史上多项"第一"。经过多年发展，辽宁软件产业规模不断壮大，集聚效应明显，产业布局更加集中，涌现出一批具有较强实力的软件骨干企业和具有较高知名度的软件产品，形成了沈阳、大连"双核"引领的发展格局，为辽宁产业结构调整、新旧动能转换、加快"数字辽宁、智造强省"建设，提供了技术、业态、产业和模式支撑。

一、发展历程

（一）从无到有，辽宁软件产业开发萌芽起步期

辽宁软件产业起步于 20 世纪 80 年代中期，形成于 90 年代中期，至 90年代末期初见规模。1982 年，辽宁利用计算机开展全省第三次人口普查并建立起省、市两级电子计算机中心（站），开启了政府信息化的进程；沈阳鼓风机厂、机床一厂、黎明飞机制造厂等企业开始将计算机应用于生产设计之中，开启了企业信息化进程。这为辽宁软件产业的发展，培养和集聚了一批软件开发人员和经营管理专业人才。1990 年 9 月，中国科学院沈阳计算技术研究所自行研制成功中国第一台高档数控系统——"蓝天一号"，蓝天系列高档 CNC 软件系统取得了国内第一个高档数控软件的自主版权。1991 年 6月 17 日，东软集团的前身——沈阳东大阿尔派软件股份有限公司成立，并

于 1996 年上市，成为中国第一家上市软件公司。1996 年 5 月，大连华信计算机技术股份有限公司成立。1995 年 10 月，中国第一个国家火炬计划软件产业基地——东大软件园在沈阳诞生。1999 年，大连软件园获批，并逐步发展成为以对日软件及信息技术外包为主、市场竞争优势明显的专业性国际化软件园区。软件企业数量增加和软件园区的建立，为辽宁软件产业发展壮大提供了环境基础。

（二）由小变大，辽宁软件产业经历快速发展期

2000 年 6 月，国务院发布了《鼓励软件产业和集成电路产业发展的若干政策》（国发〔2000〕18 号），拉开了中国软件产业迅猛发展的序幕，辽宁迎来了软件产业快速发展的黄金十年。2000 年 8 月，在全国率先制定了《辽宁省加速发展软件产业的实施意见》，从技术、资金、人才等多个维度为软件产业发展提供良好环境，提供税收优惠和财政资金支持，以及对软件人才的优待措施。2001 年 2 月，辽宁省 6 个部门联合成立了软件企业认定办公室，制定了《辽宁省软件企业认定管理办法》，率先开展软件企业认定和软件产品登记工作，落实国家软件退税政策，开创了嵌入式软件退税的先河。设立省级软件发展种子资金，主要用于对软件园区内新创办企业的资助，明确省、市政府设立的科技企业贷款担保资金中 1/3 的额度用于软件企业，并率先启动"动漫产业发展基金"、评选"十大优秀软件产品"。辽宁开创性发展软件产业的举措，走在了全国前列，上海、广东等地纷纷前来学习考察。2001 年，辽宁省软件行业协会成立，率先开展"双软认定"，引入 CMMI 等国际先进认证标准。辽宁省软件测评认证中心成为专业服务机构，有效支撑软件政策落地。

辽宁软件产业以大连软件园、沈阳软件园、鞍山软件园为主要基地，以东软集团等软件企业为产业龙头，以信华信技术股份有限公司、大连现代高技术集团有限公司、沈阳东大新业信息技术股份有限公司、沈阳格微软件有限责任公司等一批软件企业为骨干，以大连理工大学、东北大学、中国科学院沈阳计算技术研究所、中国科学院沈阳自动化所等高校和科研

院所为技术创新载体，形成了蓬勃发展的态势。10 年间，辽宁软件产业规模快速增长，业务收入从 2000 年的 40 亿元增至 2010 年的 900 亿元，当时位居全国第五位。[①]

（三）优化调整，辽宁软件产业经历转型升级期

信息化特别是"两化融合"的推进，为软件和信息技术服务业带来了创新突破、应用深化、融合发展的战略机遇。《国务院关于印发进一步鼓励软件产业和集成电路产业发展若干政策的通知》（国发〔2011〕4 号）下发后，辽宁软件产业加速技术创新与商业模式变革，IT 服务发展方兴未艾，不断推动产业融合发展和转型升级。辽宁信息技术服务标准（ITSS）应用推广工作走在全国前列，2011 年沈阳代表东北获批成为全国 ITSS 验证与应用试点城市。东软集团、新松机器人两家企业获得国家信息系统集成及服务特一级资质。2011 年，沈阳市获批成为国家级信息化和工业化融合试验区。2016 年，建设完成辽宁省两化深度融合公共服务平台，率先实现与国家平台的对接。2019 年，首届工业互联网全球峰会在辽宁隆重举办。

二、发展成就

辽宁软件产业经过持续发展，在产业规模、产业布局、企业培育、自主创新等方面都取得了积极成效。

（一）产业规模增长较大

2020 年至 2023 年期间，主营业务收入实现 1922 亿元、1839 亿元、2070 亿元、2335 亿元，产业规模位居全国第 12 位，软件离岸外包收入连续多年居全国首位，工业软件收入占软件产业收入比重居全国前五。2023 年，全省软件产业规上企业 1609 家，实现主营业务收入 2335 亿元，全年软件业务出口 31 亿美元，同比增长 8.8%，相对于全国整体软件出口下降 1.66%，

[①] 李倩，王迪，陈莹.浅析新时期辽宁软件产业高质量发展之路［J］.辽宁经济，2022（03）：9-14.

辽宁软件出口表现出逆势增长的势头。辽宁 2009 年以来的产业规模及增速见图 1-15，2023 年的软件收入构成见图 1-16。

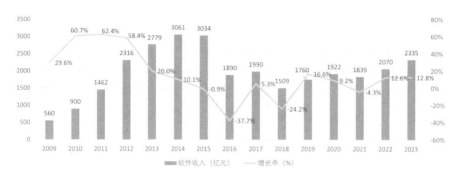

图 1-15 2009—2023 年辽宁软件业务收入和增速情况

数据来源：工信部历年软件行业统计数据，部分为推算数据。

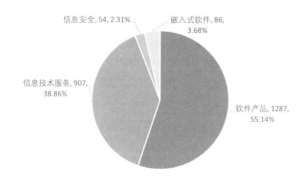

图 1-16 2023 年辽宁软件收入构成

数据来源：工信部 2023 年软件和信息技术服务业年度统计数据。

（二）产业集聚效应凸显

辽宁软件产业高度集聚于沈阳、大连等中心城市，其软件业务收入占全省总量的 99%。鞍山、丹东、锦州的软件产业具有属地特色，产业规模不大。沈阳市在保持系统集成优势的同时，大力推进应用软件、工业软件创新发展，产业规模持续扩大。大连市软件产业在国际化方面处于国内领先地位，着力打造全球软件和服务外包新领军城市，立足日韩、放眼欧美，持续提升大连软件服务外包的国际竞争力。鞍山市软件产业与传统产业结合紧密，工业自动化控制系统等嵌入式软件水平处于同行业领先地位；丹东市嵌入式软件系统特色明显，已形成围绕智能仪器仪表的嵌入式控制系统的产业集群；锦州市应用软件具有特色，行业应用水平不断提高。经过多年的政策推动和市场洗礼，辽宁软件产业形成了沈阳、大连"双核"引领，特色软件各市持续发展的局面。

（三）软件企业发展壮大

辽宁综合运用政策、资金、项目等多种举措，支持软件企业扩大规模，做大做强。2021 年全省纳统软件企业 1383 家，2022 年全省增加到 1495 家。辽宁拥有上市和挂牌企业 130 余家，入围国家规划布局内重点软件企业 9 家，高新技术企业 1100 余家，专精特新"小巨人"等高成长性软件企业 300 余家。龙头骨干企业持续壮大，东软集团股份有限公司、信华信技术股份有限公司等 6 家企业入围中国软件百强名单；大连海辉科技股份有限公司、荣科科技股份有限公司等 17 家企业曾入选国家规划布局内的重点软件企业；东软集团股份有限公司、新松机器人自动化股份有限公司两家企业获得国家信息系统集成及服务特一级资质；沈阳美行科技股份有限公司荣获 2020 年中国软件行业最具影响力企业。2021 年，东软集团股份有限公司业务合同额首超百亿，已成为辽宁软件产业集聚发展的主力军。

（四）自主创新成果支撑产业发展

辽宁持续加快创新载体建设，大力支持创新产品研发，全方位提升创新能力。2021 年，软件著作权登记数近 6 万个。企业自主研发的软件产品推向市场，沈阳机床 i5 智能控制系统、新松机器人多项核心技术分别荣膺 2016、2018 年度 CPCC 十大中国著作权人称号；东软集团股份有限公司、心医国际数字医疗系统（大连）有限公司、鞍钢集团自动化有限公司等 9 家企业入选国家大数据优秀软件产品和应用解决方案；沈阳安新自动化控制有限公司、英特工程仿真技术（大连）有限公司、大连鑫海智桥信息技术有限公司等 7 家企业研发的 App 产品入选国家工业互联网优秀解决方案。[①]2022 年，东软

---

① 李倩，王迪，陈莹.浅析新时期辽宁软件产业高质量发展之路［J］.辽宁经济，2022（03）：9-14.

集团股份有限公司等企业研发的 38 个产品获得首批辽宁省首版次软件产品。2023 年,信华信技术股份有限公司等企业研发的 43 个产品获得第二批辽宁省首版次软件产品。辽宁拥有国家级工程研究中心、重点实验室、企业技术中心 73 个;一批企业面向自动化控制、数字化制造、云计算等领域建成 10 余个软件创新中心和技术联盟。全省软件和信息技术服务业的研发投入、知识产权拥有量在战略性新兴产业中位居首位,有力支撑了辽宁软件产业发展。

(五)软件赋能作用突出

辽宁软件应用已全面覆盖重点项目、重点行业及重点城市服务领域,软件赋能效应日益增强。2021 年,全省工业企业关键工序数控化率、数字化研发设计工具普及率两项关键指标分别为 55.2%、73.8%,达到全国平均水平。软件持续助力数字化转型应用场景、智能制造示范工厂等试点示范项目的培育发展,东软集团股份有限公司、大杨集团有限责任公司等 4 家企业入围国家级新一代信息技术与制造业融合发展试点示范;沈阳蒙牛乳业有限公司等两个智能制造示范工厂入围国家级智能制造示范工厂;鞍钢集团自动化等企业 6 个应用场景入围国家级智能制造优秀场景;本钢集团有限公司等企业 11 个项目入选工信部企业上云典型案例。国产软件在各级党政机关及市属国企中推广应用,政府信息化系统基本实现了自主可控。软件应用于装备制造、石化和精细化工、冶金新材料等传统产业,大幅节约生产成本,提升经营效率。软件应用于城市服务领域,如政务、教育、医疗、交通等,打造"一网通办""一网统管""一网协同",提升办事效率,服务广大市民。

三、发展经验

20 多年来,辽宁软件产业规模化发展取得的成就,主要得益于以下经验做法:

(一)发挥政策引领支持作用,营造良好产业发展环境

2000 年,辽宁率先出台了《辽宁省加速发展软件产业实施意见》等一系列政策,并迅速启动软件"双软"认定工作。2001 年 3 月,在全国较早成立省信息产业厅，将发展电子信息制造业、软件业，推进信息化工作作为主要职责，通过设立专项资金，组建政府引导基金丰富融资渠道，从科技创新、人才引进、贷款贴息等方面支持软件企业发展。辽宁持续完善公共服务体系，先后成立省软件行业协会、省软件测评认证中心等服务机构，打造软件评测、认证评估等公共服务平台。

2021 年，沈阳市产业转型升级促进中心等 9 家服务机构入选国家中小企业公共服务示范平台，分布于信息服务、技术服务、创业服务和培训服务等领域。2003 年，辽宁省政府会同商务部、信息产业部、教育部、国务院振兴东北办、科技部、国务院信息化工作办公室、中国贸促会，联合主办了首届中国国际软件和信息服务交易会（软交会），这是由国务院批准举办的中国唯一的国家级软件交易会。2019 年，"软交会"正式更名升级为中国国际数字和软件服务交易会（数交会），至今已在大连举办 21 届。全球工业互联网大会连续在沈阳举办，并将永久会址落户沈阳，为产业发展创造了良好的发展生态。

（二）发挥产业园区产业载体作用，实现软件产业集聚发展

辽宁先后建成东大软件园、大连软件园、沈阳国际软件园等多个具有国内影响力的产业园区，东大软件园是我国第一批获批的国家火炬计划软件产业基地，大连软件园是国内首个"官助民办"软件园区，先后被国家有关部委认定为国家火炬计划软件产业基地、国家软件出口基地等；沈阳国际软件园入驻企业千余家，连续四年荣获中国最具活力软件园，被工业和信息化部认定为中国骨干软件园区十强、中国九大试点智慧园区之一，被科学技术部认定为国家火炬计划软件产业基地、国家级孵化器等。辽宁持续打造技术和人才集聚的坚实平台和有效载体，有效地促进了产业集聚发展。

（三）发挥软件人才对产业发展的支撑作用，持续培养壮大软件人才队伍

人才是产业发展的第一资源。在软件产业发展之初，辽宁省出台了《关于软件人才的若干规定》等政策，鼓励全省高校开办软件专业，支持加强社会力量办学。东北大学、大连理工大学率先开设计算机和信息技术等相关专业。2021 年，全省已创建 15 所软件学院。截至 2019 年，全省有 48 所高校开设了电子信息类本科专业 92 个，计算机类本科专业布点 139 个。2021 年，东北大学软件学院、大连理工大学软件学院入围国家首批特色化示范性软件学院。同时，辽宁持续开展计算机技术与软件专业技术资格（水平）考试等人才评价工作。通过加强软件人才服务体系建设，打造产业人才培养高地，为产业高质量发展提供人才保障。

（四）发挥大连和沈阳独特的区位优势，加快产业国际化步伐

辽宁发挥连接日、韩的区位优势，着力打造全球软件和服务外包领军城市，服务客户遍布东北亚、北美和欧洲。大连市和沈阳市成为中国服务外包示范城市，大连成为 6 个国家软件出口基地之一。东软、信华信、大连海辉连续多年位居全国离岸服务软件企业前三名；东软集团荣获"中国软件出口（服务外包）最具竞争力品牌"，并获得 2020 年中国软件出口和服务外包"双冠王"。IBM、惠普、思科、SAP、埃森哲、聚思鸿、日立、松下等世界五百强企业及分支机构陆续落户辽宁。辽宁秉持国际化发展思维和视野，走出了一条软件产业国际化特色之路。

面对全球新一轮科技革命和产业变革深入推进，软件和信息技术服务业迎来了新的发展机遇。《辽宁省信息产业"十四五"发展规划》针对软件产业进一步明确了产业规模、产业结构、技术创新、融合应用和产业集聚五个方面的发展目标，提出了优先发展工业软件、信息技术应用创新、新兴软件与服务等重点方向和领域，确定了提升产业综合竞争力、增强产业自主创新能力等重点任务。

第三节　吉林省软件产业发展情况

吉林省位于东北中部，具有沿边近海优势，加工制造业比较发达，以汽车、石化、食品、装备制造、医药健康、光电信息等为重点产业，尤其是汽车、高铁制造在国内处于领先水平。[①]吉林省是农业大省和国家粮食安全战略基地，农业产业化、农业机械化、农业信息化水平居全国前列。吉林省也是科教资源大省，拥有众多高校、科研院所和一支规模庞大的高素质科研人才队伍，形成一大批具有应用价值和转化潜力的科研成果。依托工业、农业、教育等领域的传统优势，吉林省软件产业从无到有、不断壮大，形成以长春市为龙头、吉林市和延边州为两翼的雁阵式架构，在"数字吉林"建设中发挥中坚作用。

一、发展历程

吉林省软件产业的起步和发展得益于汽车产业的需求。央企一汽集团总部在长春，集聚了诸多汽车产业链上下游企业，为汽车行业应用软件的发展提供了研发主体、应用场景和市场机遇。吉林大学是全国办学规模最大的大学之一，计算机学科实力雄厚，为软件产业创新和发展提供了坚实的支撑。中国科学院长春光机所是中国"光学的摇篮"，在光学工程和仪器领域拥有极深底蕴，为软件和硬件融合提供了良好平台。

（一）产业起步期

1976 年，吉林大学成立计算机科学系，牵头研制的国内首台全晶体管军用指挥专用机和工业生产过程控制专用机，被中国计算机学会授予"中国计算机事业 60 年杰出贡献特别奖"。吉林大学在计算机领域培养人才众多，同时创办了多家软件公司，其中吉大正元成为全国最大的电子证书及认证厂商之一。1979 年，财政部拨款 500 万元在长春第一汽车制造厂启动会计核算试点工作，这是国内企业采用计算机处理财务业务的开端。1981 年 8 月，由长春一汽和中国人民大学发起，财政部、第一机械工业部和中国会计学会在长春召开财务、会计、成本应用电子计算机问题讨论会，首次使用"会计电算

---

① 姚树洁，刘嶺.新发展阶段东北地区高质量发展探究［J］.学习与探索，2022（09）：93-
　　101+198+2.

化"替换"电子计算机在会计中的应用"。1988 年 8 月,中国会计学会会计电算化组在吉林市召开首届会计电算化学术研讨会,强调开发推广通用化、商品化财务软件的必要性,由此开启了我国商用财务软件的发展之路。吉林省的财务软件也同时起步,一汽开发出了财务软件,1995 年长春长白信息科技公司、1997 年长春吉联商业软件公司先后推出财务软件。启明信息是一汽集团电算处改制的科技公司,快速研发了多款软件,其中大财务软件在一汽集团范围内获得广泛应用。2000 年初,长春鸿达信息科技股份公司研发了中国第一套公安人口综合信息管理系统,吉林省金鹰公司研发了粮储微机管理综合管理系统,均在全国市场占有一席之地。

（二）高速发展期

2001 年至 2010 年是吉林省软件产业的关键发展时期,软件业务收入从 16 亿元增长到 162 亿元。2001 年 1 月,吉林省软件行业协会成立。2001 年 7 月,吉林省政府印发《关于建设软件产业强省的配套政策措施的通知》,提出建设软件产业强省。吉林省成立了以分管副省长为组长的软件产业发展领导小组。在政府、行业、重点企业的带动下,吉林省软件产业呈现出蓬勃生机,以规模化、基地化、国际化为发展方向,以建设长春软件园、吉林软件园两个国家级产业园区为路径,以培育骨干软件企业和名牌软件产品为重点。长春软件园和吉林软件园分别在 2000 年和 2006 年被认定为国家火炬软件产业基地。2008 年 5 月,启明信息技术股份有限公司在深圳证券交易所挂牌上市,成为吉林省首家上市软件公司。2009 年,吉林省认定软件企业 24 户,累计认定企业 373 户;从事软件及信息服务业务的企业超过 600 户,13 户软件企业被确定为"国家规划布局内重点软件企业"。全省从业人员约 2.5 万人,软件及信息服务业销售额约 135 亿元,共开发生产各类软件产品 2000 余项。吉大正元公司电子证书认证系统软件、启明信息汽车行业管理软件、东北师大理想公司中小学教育平台、吉林大全数码科技股份公司水力发电企业管理软件等一批拥有自主知识产权的软件产品,成为国内知名品牌。

（三）转型升级期

2011 年至 2019 年是软件产业赋能传统产业转型升级和融合发展的时期，全省软件业务收入从 222 亿元增长到 396 亿元。随着软件产业作为国家战略性新兴产业，吉林省以"建设园区、打造平台、资本激励、项目带动"为重点发展模式，以信息产业结构优化升级和转变发展方式为主线，扩大产业总量，提高产业水平，实现重点突破，形成技术和产业优势，努力把信息产业建设成为带动全省经济又好又快发展的支柱产业。

2011 年 3 月，吉林省政府印发《关于促进我省服务外包产业发展的意见》。长春博立电子科技有限公司有国内最早的异构并行计算技术团队，为美国英特尔、高通等业界知名的跨国公司提供相关领域的高端软件开发与技术支持。同时，大量韩资日资企业相继创建并快速发展。2015 年 4 月，吉林省提出促进政务管理创新和服务型政府建设，全面建成满足公共服务、决策支持、行政监督需求的全省电子政务框架体系。长春嘉诚信息技术股份有限公司、长春市万易科技有限公司等软件企业将业务模式从系统集成为主转型为解决方案为主，有力支撑了全省电子政务系统建设。启明信息的管理软件经历几轮的迭代升级愈加成熟，长春启璞科技信息咨询有限公司、长春易加科技有限公司等一些工业软件创业公司脱颖而出。嵌入式软件支撑汽车电子、光电子等领域硬件产品智能化，提升了用户体验，提高了产品附加值。加快建设长春国家光电子产业基地、长春国家动漫产业基地、国家汽车电子产业园、吉林省（延边延吉）中韩软件园、长春和吉林软件产业园，打造产业链，形成产业集群。2018 年 4 月，吉林省政府印发《关于深化工业互联网发展的实施意见》，提出建设协同集聚发展的工业互联网平台，夯实了吉林省制造业数字化转型的基础。

（四）高质量发展期

2019 年 2 月，吉林省委、省政府印发了《"数字吉林"建设规划》，提出以数字政府为先导，以数字经济为主攻方向，以新型智慧城市为依托，以数字基础设施为保障，促进互联网、大数据、人工智能和实体经济深度融合，打造数字经济新增长极。在数字政府建设方面，推进由分散的项目管理模式向"全省统筹、省建市用"模式转型，通过统建"吉林祥云"云网一体化基础设施体系，打造全省政务"一朵云"，覆盖省市县政务部门的全省一体化政务服务平台，推进政务信息资源跨层级、跨地域、跨系统、跨部门、跨业务互联互通和协同共享。在工业软件和大数据方面，涌现出 ERP、MES、SCM、PDM 等众多自主解决方案，在汽车、装备、医药等行业获得推广；遥感卫星、食品溯源、法律诉讼、金融信用等领域，产生多家具有全国影响力的平台型软件企业。2020 年 12 月，长春吉大正元在深圳证券交易所上市，确立了数字安全认证行业龙头地位，成为吉林省软件产业高质量发展的里程碑事件。

新时期，注重发挥产业规划的引领作用，推动软件产业高质量发展。2021 年 9 月，《吉林省电子信息产业发展"十四五"规划》发布，为吉林软件产业发展指明方向。吉林省坚持引培并举、扬优成势、龙头带动、需求引领，以光电子、汽车电子、新型元器件为基础，做大电子信息制造业；以特色软件为支撑，做优软件和信息服务业，打造电子信息千亿级产业规模。随着数字经济发展的牵引及制造业智改数转工作的大力推进，吉林软件产业在"芯、光、星、车、网"等核心领域实现突破，抢抓云计算、人工智能、大数据、元宇宙等新一代信息技术的创新，积极赋能制造业、农业、服务业各类场景，打造软件产业集聚区，创造产业发展新局面。

二、发展成就

近 30 年来，吉林省软件产业从起步到成集群，从小规模到大发展，实现跨越式升级。

（一）产业规模迅速壮大

据工信部统计，2023 年吉林省软件业务收入达 556 亿元，其中软件产品收入 117 亿元，占软件业务收入的 21.08%；信息技术服务收入 316 亿元，占软件业务收入的 56.94%；信息安全收入 28 亿元，占软件业务收入的 5.05%；

嵌入式系统软件收入 94 亿元，占软件业务收入 16.94%；软件行业实现利润 82 亿元；从业人员 3.8 万人。在规模以上软件企业中，登记软件产品 1800 个，软件业务收入超亿元的企业 25 家，超 5000 万元的企业 37 家；国家鼓励的重点软件企业 1 家，国家鼓励的集成电路设计企业 1 家，上市公司 12 家，认定软件企业技术中心 15 家。2009 年以来的吉林软件收入和增速见图 1-17，2023 年吉林软件收入构成见图 1-18。

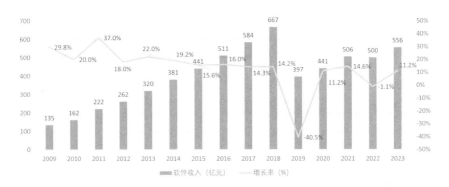

图 1-17　2009—2023 年吉林软件业务收入和增速情况
数据来源：工信部历年软件行业统计数据，部分为推算数据。

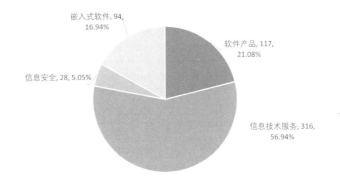

图 1-18　2023 年吉林软件收入构成
数据来源：工信部 2023 年软件和信息技术服务业年度统计数据。

（二）产业创新发展动能增强

一是关键核心技术能力提升。吉大正元全力打造新一代数字安全体系"元安全"（MetaSec），全面转型为新型数字安全基础设施服务商。启明信息打造完全自主可控的企业级云原生 PaaS 平台，并且作为一汽集团唯一的数字化底座。在低代码平台上多点开花，启明信息的"启巧板"、易加科技的"EAI"在各自领域得到实践验证。长光卫星技术股份有限公司在 2015 年 10 月首次成功发射"吉林一号"首组 4 颗卫星，开创了中国自主研发商业高分遥感卫星的先河，到 2023 年 6 月，"吉林一号"在轨卫星数量增至 108 颗，标志着"吉林一号"卫星星座组网工程成功实现"百星飞天"的阶段性目标，为打造全球遥感大数据平台提供了有力支撑。①吉林省吉科软信息技术有限公司研发的重要农产品及食品质量安全追溯一站式综合解决方案，实现了重要农产品、食品"从农田到餐桌"的全过程质量监控及可追溯管理。此外，嘉诚信息的公益诉讼大数据平台、万易科技的金融大数据平台、东北师大理想软件股份有限公司的教育大数据平台也获得广泛推广。在人工智能上，博立电子的行为识别技术全国领先。

二是创新平台承载力提高。华为云（长春）联合创新中心利用华为公司在 ICT 领域的技术优势，联合华为云合作伙伴，逐步推进云计算、工业互联网、软件开发、物联网等项目的落地，助力长春国家区域创新中心建设，加速企业数字化、智能化转型升级。达索系统赋能长春创新中心依托虚拟仿真、大数据、人工智能等信息技术为企业提供共享平台与技术支持。长春算力中心采用昇腾 AI 构架，构建软硬件开放生态，全面支撑科技创新、产业升级，赋能区域产业集群发展。

三是行业资质和标准体系建设持续强化。2022 年，全省获得软件企业评估 275 家，软件产品评估 151 个。2022 年，CPMM（软件项目管理能力评估）开始推广。全省累计获得 CMMI（软件能力成熟度模型）认证企业合计 30 家，其中通过 CMMI5 有 9 家，全省 ITSS 认证企业合计 39 家，其中三级 29 家、二级 4 家。

（三）工业互联网基础能力不断提升

一是工业互联网平台建设加速。吉林省工业互联研究院为中小软件技术

---

① 徐微. 产业园为长春新区高质量发展升级聚能［N］. 长春日报，2023-07-05（006）.

赋能，研发低代码平台和SaaS入口平台，夯实行业基础底座。钊铭公司的工业互联网标识解析平台（综合性）二级节点上线运行，东数科技的工业互联网标识解析平台开始建设，鲲鹏公司的吉林省工业互联网平台全面推广。

二是工业互联网行业应用深入推进。启明信息的汽车行业工业互联网平台、长春丽明科技开发股份有限公司的汽车电子工业互联网平台、长春市东杰信息咨询有限公司的矿山工业互联网平台、吉林省智信网络科技服务有限公司的纺织工业互联网平台、吉林通钢自动化信息技术有限责任公司的医药工业互联网平台、吉林市东北电院开元科技有限公司的清洁能源工业互联网平台，从布局到深入应用，引领行业数字化水平提升。

三是工业App加速赋能。易加科技的制造运营系统在省内外全面推广，长春启璞科技信息咨询有限公司的数字化运营管理平台为客户一体化实施理念引领趋势，长春市闻荫科技有限公司的智慧工厂套件深耕汽车零部件行业，吉数研院（吉林省）信息技术咨询设计有限责任公司的生产监控系统实现精益管理思想落地，吉林省誉衡工业电气有限公司的组态软件在流程制造行业有广阔的市场空间，长春泰坦斯科技有限公司的工业拧紧机系统在整车厂得到深入应用，吉林省裕林信息科技有限公司的医药数字化系统在医药制造行业和医药流通行业全面实施。

（四）市场主体培育成效显著

一是龙头企业做强做大。2022年，吉林省软件业务收入10亿元以上的企业有5家，收入1亿元至10亿元的企业有20家。吉林省软件行业企业A股上市数量达到7家，包括启明信息技术股份有限公司、长春吉大正元信息技术股份有限公司、吉林吉大通信设计院股份有限公司、中通国脉通信股份有限公司、吉视传媒信息服务有限责任公司、迪瑞医疗科技股份有限公司、吉林省高升科技有限公司，截至2022年12月，7家上市企业总市值达335亿元。

二是重点企业快速成长。2022年，吉林省软件业务收入3000万元至1亿元的企业有35家，收入1000万元至3000万元的企业有105家。新三板上市软件企业有 15 家，正在筹备 A 股上市的企业还有吉林省吉科软信息技术有限公司、长春嘉诚信息技术股份有限公司、长春丽明科技开发股份有限公司等。

三是创新创业氛围浓厚。2022 年，在全省各类创新创业大赛中，软件相关创业企业非常活跃，有 40 多个项目脱颖而出，虚拟现实、SaaS、光电智能、产业互联网、数据采集、管理软件、智能驾驶等领域不断涌现优秀创业人才。2022 年，吉林省软件大赛有来自高校和企业的 106 支队伍共 406 人报名，带动了数字化人才投身软件产业的热情。

（五）产业集聚发展态势凸显

一是软件企业区域集聚程度更高。吉林省软件企业主要集中在长春、吉林和延吉三个城市，其他城市只有少量软件企业。2021 年，吉林省软件业务收入百强企业中长春市企业有 92 家，吉林市有 2 家，延边州有 2 家。

二是软件园区创建加快推进。长春高新区和净月区获评国家自主创新示范区，推动软件园区建设加速。净月高新区数字经济产业园已有华为、京东、网易、神州数码等 20 多家数字龙头企业和服务机构签约入驻和落位运营。长春高新硅谷数字经济产业园规划以长春吉大正元信息技术股份有限公司上下游产业生态为依托，致力于打造数字经济领域的企业运营中枢、专家教授权威讲坛、大学生梦幻工场等。此外，东北亚文化创意科技园发展软件和数字创意产业，北湖科技园发展软件和光电产业，航天信息产业园发展卫星和无人机产业，长春国际影都发展数字媒体产业。

（六）产业发展生态持续优化

一是重点行业发展优势凸显。以启明信息技术股份有限公司、长春易加科技有限公司、长春启璞科技信息咨询有限公司为代表的汽车软件，以东北师大理想软件股份有限公司、长春金阳高科技有限责任公司、吉林省慧海科技信息有限公司为代表的教育软件，以长春吉大正元信息技术股份有限公司为代表的安全软件，以长春嘉诚信息技术股份有限公司为代表的公检法软件，以吉林省吉科软信息技术有限公司为代表的食品溯源软件在全国具有一定优势地位；以长春博立电子科技有限公司、长春六元素科技有限公司、长春必捷必信息技术有限公司为代表的服务外包软件，以长春中顺科技有限公司、吉林省鑫泽网络技术有限公司为代表的游戏软件在省内的规模相对较大。以联宇合达科技有限公司、长春市博鸿科技服务有限责任公司为代表的系统集成企业加速软件转型。

二是产品发展趋势"五化"引领。一是服务化，长春启璞科技信息咨询有限公司的制造运营管理软件和吉林省裕林信息科技有限公司的药品流通管理软件完成产品 SaaS 化改造；二是网络化，吉林华翰云数据分析有限公司与吉林省春雨秋风科技有限公司的教育软件、聚法科技（长春）有限公司的法律软件基于互联网发布；三是融合化，吉林省科英激光股份有限公司的医美设备、吉林吉大通信设计院股份有限公司的点餐系统、长春光华科技发展有限公司的地铁闸机实现软硬件融合提升价值；四是平台化，吉林省通联信用服务有限公司的金融软件、吉林省吉科软信息技术有限公司的食品溯源软件打造大数据平台；五是智能化，长春易加科技有限公司的机器视觉技术支撑汽车线束行业智能生产，长春博立电子科技有限公司的人工智能技术支持行为识别。

三是产业服务体系逐步完善。2022 年，省级工业产业链试点示范新一代信息技术与制造业融合创新工程有 12 个项目入库，吉林省鲲鹏工业互联网有限责任公司的吉林省工业互联网平台和吉林省钊铭工业互联网有限公司的工业互联网二级解析节点获得专项资金支持。2022 年，全省专精特新认证软件企业合计 45 家，其中国家级专精特新认证企业有 7 家，包括长春吉大正元信息技术股份有限公司、长春市万易科技有限公司、长春合心机械制造有限公司、吉林省科英激光股份有限公司、长春荣德光学有限公司、长春长光辰芯微电子股份有限公司、吉林省吉科软信息技术有限公司等。软件产业二十周年论坛召开，"名人""名企""名品"获得表彰。工业互联网联盟成立，持续开展数字化转型培训，平台生态稳步构建。

三、发展经验

吉林省软件产业经过 20 多年的规模化发展，形成了独特的发展路径，取得了历史性成就，也积累了产业发展的经验。

（一）注重政策的支持引导作用，助力软件产业发展

在软件产业发展的关键时期，吉林省政府紧跟产业发展大势，适时推出相关政策，对产业发展的引领作用明显。从 2001 年《关于建设软件产业强省的配套政策措施的通知》到 2005 年《关于加快全省电子信息产业发展的指导意见》，从 2007 年《关于推进企业信息化改造和提升传统产业的意见》到 2013 年《关于扶持遥感卫星及应用产业发展的意见》，从 2015 年《关于促进服务外包产业加快发展的实施意见》到 2018 年《关于深化工业互联网发展的实施意见》，从 2020 年《关于促进制造业数字化转型的指导意见》到 2023 年《吉林省大数据产业发展指导意见》《加快推进吉林省数字经济高质量发展实施方案（2023—2025 年）》，这些政策对促进软件企业发展、引领产业升级起到了重要作用。

（二）注重软件人才培养，确保软件产业发展的人才支撑

吉林省拥有近 70 所专科以上院校，其中大部分开设计算机相关学科，每年培养数量可观的专业人才。吉林大学软件学院是国家 35 所示范性软件学院之一，2021 年被评为首批特色化示范性软件学院。2000 年初，吉林大学、东北师范大学、长春理工大学等参与创办多家企业，包括长春吉大正元信息技术股份有限公司、东北师大理想软件股份有限公司、吉林吉大通信设计院股份有限公司、长春吉大工易软件有限公司、长春市万易科技有限公司等。同时，高校与软件企业形成紧密的产学研合作，比如启明信息与吉林大学、长春当代信息产业集团有限公司与吉林大学的合作都形成了很好的科研成果，为产业发展提供了支撑。近年来，来自高校的优秀创业者不断涌现，凭借科研成果转化在产业占据一席之地，为产业提供创新动力。

（三）注重培育软件产业龙头企业，壮大吉林软件产业实力

软件企业发展需要有竞争力的软件产品，更需要足够的市场规模。软件产品的研发需要一定的周期，更需要具有特色和面向全国市场的试用和磨合。启明公司在汽车管理软件领域、长春吉大正元信息技术股份有限公司在信息安全领域、长春嘉诚信息技术股份有限公司在公检法解决方案领域、吉林省吉科软信息技术有限公司在食品溯源领域、吉林省科英激光股份有限公司在医美设备领域都在全国有一定优势，这得益于企业的全国市场发展战略布局。这些公司的成功激励了更多软件企业面向全国，提高市场竞争力，树立吉林软件品牌。

第四节　黑龙江省软件产业发展情况

黑龙江软件产业发展始于 1956 年成立的哈尔滨工业大学计算机专业，这是新中国最早建立的两个计算机专业之一，其中包括软件教学和开发应用。在计划经济时期，软件主要依附于计算机硬件，为特定的需求服务，当时以邮电事业为应用起点，形成了以大专院校和科研院所为支撑的计算机软件专业群组。

国家经济信息化联席会议成立后，启动了"金卡""金桥""金关"等"金字"工程，引发了信息化建设带动软件应用的热潮，催生了一批黑龙江省的软件企业，并奠定了软件工程化基础。黑龙江省软件从单纯技术导向下的研究和实验室的作业中外延出来，将科研成果及时转化为商品，出现了软件产业的雏形，黑龙江省委、省政府适时提出"大力发展软件产业，建设黑龙江省软件基地"的重要部署，加快了全省软件产业发展的进程。

一、发展历程

黑龙江软件产业从起步至今 20 多年，主要经历了产业孕育阶段、高速起

步阶段、平稳发展阶段、产业转折阶段、产业变革阶段。

（一）产业孕育阶段

20 世纪末，国家大力推进"十二金工程"，在全国范围推动信息化工程，拉动了软件产业发展。1998 年，黑龙江省政府出台了《发展信息产业专题推进实施方案》，开始孕育软件产业，并陆续建立黑龙江大学软件园、哈尔滨工业大学软件园、哈尔滨工程大学软件园、大庆软件园、哈尔滨理工大学软件园五个软件园区，以及一个计算机网络与评测中心、一个重点实验室，构建了黑龙江软件基地框架，基本形成了软件研发应用体系。2000 年 6月，国务院发布了《鼓励软件产业和集成电路产业发展的若干政策》（国发〔2000〕18 号），软件产业成为国家重点支持的发展领域。黑龙江省政府同年机构改革时组建了信息产业厅，主要职责是推动软件产业发展，特别设立了年度 5000 万元发展信息产业专项资金，对孕育软件产业起到了重要促进作用。

（二）高速起步阶段

2000 年至 2007 年是黑龙江软件产业高速起步阶段。为了落实国家支持软件产品和软件企业发展的税收优惠政策，由黑龙江省信息产业厅、省国家税务局、省地方税务局联合发文，并由黑龙江省软件行业协会作为"双软认定机构"，开始软件企业和软件产品认定登记。省信息产业厅设立省计算机信息系统集成资质认证工作办公室，授权黑龙江省计算机网络与评测中心为省资质认证机构，负责资质认证日常管理工作。2002 年，省信息产业厅牵头组织哈尔滨工业大学、哈尔滨工程大学及有关企业，制定黑龙江省地方标准《企业管理信息化软构件》，并在全省企业信息化中进行构件库实用化试点。为提高软件企业的国际竞争力，亿阳信通、伊思特软件、省通信软件工程局 3 家企业通过 CMM2 认证，成为国内最早一批介入国际软件业竞争的引领者。随着软件产业规模的扩大，出现了一批有一定规模和实力的知名软件企业，如亿阳信通股份有限公司、哈尔滨工业大学八达集团公司等企业，开发了一批具有自主知识产权的软件产品。^①到 2003 年，黑龙江有 37 家软件企业营业收入超过 1000 万元，有 12 家软件企业营业收入超过 5000 万元，亿阳信通股份有限公司、哈尔滨工业大学软件工程股份有限公司等 6 家企业超过亿元，有 3 家企业入围国家规划布局内重点软件企业。亿阳信通股份有限公司、黑龙江大通计算机有限公司两家企业入选信息产业部 2003 年度软件产业百强。"十五"期间，黑龙江软件产业增速高于全国平均水平。据工信部统计资料，2007 年黑龙江软件企业达到 300 家，软件业务收入为 51.7 亿元，同比增长 12%，其中软件产品收入 17.5 亿元，同比增长 14%；信息技术服务收入 31.8 亿元，嵌入式系统软件收入 17.9 亿元，产业规模跃上 50 亿元的台阶。

（三）平稳发展阶段

2008 年至 2014 年，黑龙江软件产业进入平稳发展阶段，产业规模位列全国中游，产业收入增速与全国平均增速持平。黑龙江省政府设立了发展服务外包产业专项资金，"信息产业专项资金"整合并入服务外包专项资金。2009 年，哈尔滨、大庆成为国家级服务外包示范城市，集中力量发展软件与服务外包产业。软件企业整体发展逐渐进入市场化轨道，大部分实现了与原有大型国有体制的主体剥离，全省软件企业 A 股上市达到 4 家。亿阳信通股份有限公司连续 8 年入选中国软件百强，是中国最大的应用软件开发和集成商之一。2010 年，全行业从业人员从 7000 人上升至 3 万人，其中技术人员比例为69.9%。2011 年，全省软件业务收入达到 92.4 亿元，同比增长 18%，略低于全国平均水平，其中软件外包服务收入同比增长 52.2%。哈尔滨、大庆两座中心城市占全省收入比重为 98%。2011 年底，全国最大的金融业外包企业"京北方"入驻大庆，成立大庆京北方信息技术有限公司，发展金融数据处理等外包业务。大庆英辰作为国内首家以软件服务模式提供影像云服务的软件服务商，超过 1000 家影楼、冲印车间在云端实现冲洗一体化。但随着云计算产

① 孙金梅.哈尔滨市软件产业发展对策建议［J］.东北林业大学学报，2003（04）：66-67.

业的兴起，大庆英辰创新科技有限公司、哈尔滨嘉鸿科技开发有限公司等数据处理类企业逐渐将业务端转移至人力成本更低的中西部地区。石油石化、电力、电信、铁路、交通、制造业等实体经济用户增长放缓，嵌入式系统和优势行业的信息化项目所占市场份额逐步缩减。

（四）产业转折阶段

2015 年至 2018 年是黑龙江软件产业发展的转折期。2015 年 4 月，黑龙江省政府将"双软认定"、信息系统集成资质认证列入行政事项取消名单，终结了行政审批式认定制度。黑龙江省内软件产业政策逐步并入数字经济政策框架内，专项资金拨付统筹在高新技术专项，全省软件与信息技术服务业向产业数字化和数字产业化转型。哈尔滨市获批为国家云计算服务创新试点城市，大庆入选国家智慧城市试点示范城市。受外汇汇率波动等影响，软件出口出现下滑，对日、对韩、对欧美的传统服务外包源头订单减少。传统能源市场陷入低迷，严重依赖实体经济的市场需求不足，软件企业间竞价现象增多，从业人员流失率升高，软件企业负担培训成本意愿降低，处于弱势地位。

（五）产业变革阶段

随着"大智移云"时代的来临，黑龙江软件与信息技术服务业以"数字龙江"建设为引领，进入转型发展的新时期。2019 年，黑龙江省政府印发了《"数字龙江"发展规划（2019—2025 年）》，提出了以信息流带动资金流、物流、商流、人才流等资源要素高效流动，不断创新发展模式，构建数据驱动、融合发展、共创分享的新经济形态。哈尔滨市获批成为国家第三批跨境电子商务综合试验区。2020 年，黑龙江省成功举办世界 5G 大会，推进 5G 网络全面覆盖，促进 5G 技术应用升级，以技术创新、产品创新和模式创新催生发展新动能。2021 年，黑龙江省政府印发了《推动"数字龙江"建设加快数字经济高质量发展若干政策措施》，围绕政务数据共享、卫星应用推广、人工智能行动、智能制造示范、全域智慧旅游、数字农业升级、智慧供暖建设、智慧矿山建设和营商环境优化，实施九大优先行动，带动经济社会数字化转型升级。产业数字融合步伐加快，培育形成一批国家智能制造试点示范企业，机器人行业加快发展，部分智能装备制造和高档数控机床产品在全国市场占有率提高。2022 年，《黑龙江省现代信息服务业振兴行动方案（2022—2026 年）》出台，提出聚焦数字技术创新、信息产品服务和生产生活转型，完善信息服务产业体系，努力将现代信息服务业发展成为全省支柱产业之一。

二、发展成就

黑龙江省软件产业发展取得的成就，主要表现在产业规模的增长和企业数量的增加，也体现在重点产业园区的建设和发展上。

（一）实现软件产业从高速发展向高质量发展的转变

2000 年起的十年间，黑龙江全省软件产业规模增长了 5.5 倍，年平均增长率为 55%，所占电子信息产业的比重由 17% 提高到 42.2%（2008 年），使软件产业成为全省 IT 产业的重要主体，信息产业成为六大新兴产业之一。黑龙江 2009—2023 年软件业务收入和增速情况见图 1-19。

图 1-19　2009—2023 年黑龙江软件业务收入和增速情况

数据来源：工信部历年软件行业统计数据，部分为推算数据。

2014 年，黑龙江全省业务收入 133 亿元，同比增长 12.5%，占电子信息产业比重超过 40%，成为黑龙江省国民经济中不可或缺的"加速器"，主要服务对象涉及制造业、电信、电力、石化、铁路、财税等关键民生领域。

2018 年调整入统标准后，虽然整体产业规模有所下降，但产业竞争力持续提高，推动了软件产业高质量发展。2023 年软件收入为 69 亿元，同比增长 16.4%；从业人员超过 1.12 万人，从业企业超过 108 家。

（二）形成特色鲜明的软件产业结构

据工信部统计资料显示，2023 年黑龙江省入统软件企业 108 家，实现软件业务收入 68.86 亿元，其中软件产品收入 23.54 亿元，信息技术服务收入 36.72 亿元，信息安全收入 0.69 亿元，嵌入式系统软件收入 7.91 亿元，占比分别为 34.19%、53.33%、1%、11.49%。2023 年的软件业务收入分类结构见图 1-20。

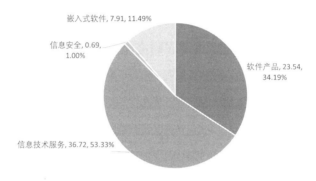

嵌入式软件, 7.91, 11.49%
信息安全, 0.69, 1.00%
软件产品, 23.54, 34.19%
信息技术服务, 36.72, 53.33%

图 1-20　2023 年黑龙江软件收入构成

数据来源：工信部 2023 年软件和信息技术服务业年度统计数据。

（三）建设软件园区为产业集聚发展创造条件

基于对外开放的政策环境，黑龙江省充分发挥高等院校和科研院所的科研成果和人才优势，形成了依靠园区发展软件产业的特色之路。通过建设软件产业园区，不仅为产业发展提供了物理空间，而且促进了入驻企业间的合作和创新，形成了产业链、价值链、创新链协调发展的产业集群。

（四）保持政策连续性支持软件产业发展

黑龙江省软件产业发展在各个阶段都得到了优惠政策的大力扶持。特别是在"十五"期间，黑龙江软件产业在税收政策支持下，产业规模、收入增速、企业数量和市场占有率等指标，均取得了高于全国平均水平的发展成效。仅 2005 年，税务部门就为 59 家软件企业退税 9305 万元，体现了真金白银的支持。

（五）着眼长远奠定软件产业发展基础

黑龙江省基于自身区位特点和产业结构，抓住机遇创造条件，促进电子信息产业特别是软件产业规模和质量提升，为新时代发展数字经济和建设"数字龙江"，加快数字产业化和产业数字化进程，实现数字经济与实体经济融合发展，奠定了重要基础。[①]

三、发展经验

黑龙江省通过政府推动、示范引导、重点突破等策略，发挥软件产业园区的载体作用、软件人才的关键作用，支持重点企业成长，加强示范城市建设，促进软件和服务外包产业的持续发展。

（一）注重发挥产业政策推动作用

深入贯彻落实国发〔2000〕18 号文件精神，结合黑龙江实际制定实施特色政策，支持软件产业发展。在要素配置方面，园区土地使用、资金融通、企业上市、政府采购、优秀软件产品奖励、人才引进与培养、知识产权保护、软件产业基地建设、鼓励出口等方面给予软件企业政策支持。在推进措施方面，全面推进企业信息化、社会信息化，优先推介经省软件协会认定的软件企业和产品，为软件企业营造良好的发展空间。在财政资金支持方面，积极争取国家和省软件产业专项资金，加大政府直接投入，财政、科技部门设立软件产业发展专项资金，专门支持软件研发和中小软件企业发展种子资金，重点支持有发展前景的外向型软件企业和项目。自2000 年至 2009 年底，黑龙江省累计财政引导扶持资金投入 23703 万元，其中软件产业专项扶持资金 15583 万元，共有 450 个软件及服务外包项目得到了财政支持。

---

① 丁晓钦.深入实施数字经济发展战略〔J〕.当代贵州，2023（32）：68-69.

（二）注重发挥规划引领作用

通过编制《黑龙江软件产业发展规划》，省信息产业厅明确信息化建设以优先发展软件业为突破口，带动信息产业高速发展，广泛应用信息技术改造传统产业，实施重大信息化工程，加强网络基础设施建设，有效开发利用信息资源，重视信息产业人才培养。规划要求制定优惠的人才吸引政策，建立起有规模、高水平的软件人才队伍，营造软件企业良好的市场发展环境，建立完善的知识产权保护制度。比如在"十五"期间，省政府每年从发展高新技术产业专项资金中划出1000万元，用于软件产业发展启动引导资金，后增至5000万元归入发展信息产业专项资金，5年间列入软件产业发展项目149项，投入资金52亿元。

（三）注重发挥软件园区的载体作用

为加快黑龙江软件建设步伐，为软件产业发展扩大空间，省政府集中力量支持软件园建设，大力支持哈尔滨工业大学、哈尔滨工程大学、黑龙江大学、哈尔滨理工大学等创办软件园，不断完善配套设施，形成哈尔滨软件园集中区。同时，卫星制造与应用产业园、北斗导航产业园、地理信息产业园也初步建成。

（四）注重发挥软件人才的关键作用

为了稳定软件人才队伍，构筑软件人才高地，统筹研究建立软件人才引进、教育培训等机制。通过制定优惠政策，吸引国内外高级软件管理和技术人才来黑龙江工作；采取职工认购股权、期权奖励，支持以技术和贡献作为资本入股等措施，留住现有软件人才。扩大软件人才教育和培训规模，鼓励支持在哈尔滨市的大学创办软件学院，建立系列化高、中、初级多层次人才培养体系。对经省软件协会认定的软件企业，年收入7万元以上的软件人才，个人收入调节税的80%由财政予以返还，实施期间达到了预期效果。

（五）重点培育软件龙头企业和骨干企业

一是在现有软件企业中，选择基础好、有前景的企业，加大政府支持力度，把企业做强做大；二是以市场为导向，进行资产重组、强强联合、优势互补，增强市场开拓能力；三是瞄准国内外大型软件企业，主动出击，吸引其来哈尔滨市设立分公司或设立研发机构，扩大哈尔滨软件产业影响力和知名度；四是抓住产业结构调整时机，推动软件企业与其他产业中大型企业和企业集团联姻，扩大规模壮大实力，成为带动产业发展的主力军。

（六）加强软件企业国际化进程

依托东北三省软件联合行动计划，加快软件产业国际化步伐。哈尔滨鼓励软件企业通过多种渠道与国外软件企业和客户建立关系，为软件开发人员创造方便的进出境条件。在软件企业中大力推行 ISO9000 和 CMMI 等国际标准认证，政府对认证企业可给予补贴，以提高软件企业管理水平和开发水平，促进了与国际业务的接轨。

（七）注重发挥平台机构助力作用

充分发挥社会组织作为政府和企业之间的桥梁纽带作用，形成政府政策引导、企业自主发展、行业协会助推，共同推动软件产业发展的合力。政府行业主管部门授权软件行业协会承担"双软"认定等初审和推荐等工作，发挥了软件与信息服务业协会作为政府助手、企业帮手、产业发展推手的作用。协会通过开展市场调查，进行数据收集与行业分析，参与政府部门的政策制定和执行过程；通过为企业服务，反映企业呼声，开展会员培训和业务咨询；通过制定行规行约，规范行业行为，提高行业自律性，维护行业发展环境。同时通过协会对产业发展提出政策建议，协助政府加强对软件行业的指导和管理工作，有效推动软件产业发展。

第二章

东北副省级城市软件产业发展概述

东北的沈阳、大连、长春、哈尔滨4个副省级城市，是沈大长哈城市群及经济带的节点城市，是东北软件产业的起源地、集聚地、核心区，也是反映东北软件产业发展状况的重点区。东北软件业务收入份额大部分集中于此，其软件产业情况基本上可以反映东北软件产业的发展概貌。

第一节　沈阳市软件产业发展概述

沈阳作为辽宁省的省会城市，工业基础雄厚，行业门类齐全，装备制造业特色突出，产业链配套能力强，高等院校和科研院所众多，软件人才资源丰富，具有发展软件产业的基础和条件。在改革开放的大潮中，沈阳软件产业从无到有、从小到大，已经形成了千亿级的产业规模，在推动沈阳数字化转型升级、加快辽宁智造强省建设中发挥着不可替代的作用。

一、发展历程

沈阳软件产业的发展与计算机应用相伴而生，相辅相成。沈阳是我国计算机应用领域起步最早的地区之一，伴随着我国第一个科学技术发展远景规划纲要的实施，中科院以及国家相关部委于1958年就开始在沈阳进行计算机相关领域的布局。1958 年，东北工学院（东北大学前身）设立自动控制系计算机技术专业，是我国最早建立计算机专业的大学之一。同年，中国科学院沈阳自动化研究所和中国科学院沈阳计算技术研究所相继成立，中科院沈阳自动化所是以制造科学与计算机自动化控制为学科方向的国家级研究机构，中科院沈阳计算所是我国首批建立的以计算机科学及相关技术为主要研究方向、以高技术创新和产业化为目标，集产、学、研为一体的综合性科研院所。1981 年，东北大学创建了国家首批且唯一一个计算机应用博士点，在软件工程和网络协议工程领域展开前沿研究；1984 年，中科院沈阳自动化所启动国家机器人示范工程，成为我国机器人事业的摇篮。沈阳在计算机领域积累了雄厚的科研实力，为日后计算机软件产业发展打下了良好的基础。改革开放以来，特别是 20 世纪 90 年代以来，软件产业进入了快速发展阶段。沈阳软件产业发展大致经历了三个阶段，即初具规模期、高速发展期、转型升级期。

（一）初具规模期

20 世纪 90 年代，中国开始实施信息化建设，先后启动了政府上网工程、企业上网工程、农业上网工程、家庭上网工程等信息化工程，实施了以"三金工程"著称的"金桥工程、金卡工程、金关工程"，此后逐渐演变为"十二金工程"，大型企事业单位也纷纷启动信息化建设，信息化市场不断扩大，拉动了软件产业规模化发展。沈阳准确地捕捉到计算机软件产业未来的发展潜力，于 1991 年 4 月在全国率先出台了《沈阳市促进计算机软件产业发展若干规定》，推动了计算机软件产业的快速崛起。1991 年 6 月，东北大学下属的沈阳东大开发软件系统股份有限公司和沈阳东大阿尔派软件有限公司成立，逐步发展成为东软集团。以东软为龙头的众多企业，以系统集成业务形式，依靠从电子政务、企业信息化市场拿到的订单，快速发展壮大。1996 年，东软集团在上交所上市，成为中国第一家上市的软件公司。

沈阳基于雄厚的工业基础，在计算机软件与先进制造结合方面走在全国前列。1991 年，计算机软件国家工程研究中心在东北大学设立；1993 年，中科院沈阳计算所获批建立高档数控国家工程研究中心；1996年，中科院沈阳自动化所获批建立机器人技术国家工程研究中心；2000年，东软集团获批建立国家数字化医学影像设备工程技术研究中心。这些国家级创新平台，确立了沈阳在工业机器人、数控机床、高端医学影像设备等领域的全国领先地位。

（二）高速发展期

21世纪前10年是沈阳软件产业高速发展期。2001年，中国加入世贸组织，融入全球经济大循环，随着劳动力密集型产业大量迁至中国，制造业快速崛起，中国逐步成为世界工厂。同时，知识密集型产业如软件和服务外包产业，也形成了向中国大规模转移的趋势。率先进行软件产业转移的日本企业，利用沈阳得天独厚的优势，开展软件外包合作。沈阳市出台了《关于促进沈阳服务外包产业发展的若干意见》，大力发展沈阳东大软件园、沈阳动漫产业基地、辽宁先锋国际软件外包出口基地、沈阳东北亚软件开发基地、沈阳昂立软件园、沈阳软件出口基地、奥园动漫产业基地等园区，打造承接国际外包的示范基地，积极创建国家级服务外包示范区。

以东软为龙头的一批企业抓住外包机遇，积极对接软件国际化、工程化需求，依靠源源不断的国际订单快速发展壮大。东软集团连续十多年为软件外包第一，成为软件外包时代的中国标杆。国际软件外包业务也带动了沈阳软件企业工程能力的提升，并在国内解决方案市场取得较大突破，在电力、电信、交通、医疗、教育、社保等领域都获得快速发展。2010年，沈阳市软件业务收入从2006年的92亿元增长到449亿元，5年间软件服务业以年均40%以上的速度增长。

（三）转型升级期

21世纪第二个10年是沈阳软件产业转型升级期。2010年以来，软件行业的外部环境发生了明显变化。一方面，发达国家对向中国的技术性外包防范意识渐强，国内的人力成本上涨很快，外包利润空间大幅压缩；另一方面，云计算、大数据、移动互联网兴起，中国软件水平与国际先进水平的差距逐步缩小。从地区差异来看，东南沿海地区电子信息制造业、互联网产业快速超越日韩等国家，形成了良好的软硬件创新生态。而沈阳市由于创新能力不足以及地域方面的劣势，软件产业发展进入了瓶颈期，发展速度明显落后于东部和中部地区。沈阳市逐渐改变发展模式，由粗放式规模化的扩张向质量提升的方向进行转型，充分发挥本地软件企业和系统集成企业的传统行业解决方案优势，面向汽车电子、装备制造、医药化工、冶金等重点行业，以软件赋能促进传统产业转型升级，同时拉动软件企业高质量发展。2016年，沈阳市获批启动沈阳国家大数据综合试验区建设，借此打造国家级工业大数据示范基地，推动软件企业开展大数据服务业务，逐步向建立大数据服务平台转型。2021年，沈阳获批建设国家新一代人工智能创新发展试验区，通过探索新一代人工智能发展的新路径、新机制、新模式，发挥人工智能对沈阳制造业转型升级和东北全面振兴的带动作用。

二、产业规模

根据工信部统计数据，2023年，沈阳软件业务收入为1240亿元，占东北软件业务收入的41.9%，占全国的1%，在15个副省级城市中规模排名第11位，同比增长14.1%。

软件从业人员15.58万人，全员劳动生产率为79.62万元，利润总额48.75亿元，利润率为3.9%。软件企业研发经费收入占比8.98%，低于全国平均水平（10.15%）。2006—2023年沈阳软件业务收入和增长率变化情况见图2-1。另据2022年沈阳市统计数据，沈阳市纳入统计范围的1008家软件企业中，收入亿元以上的软件企业达206家，拥有东软集团、荣科科技、奥维通信、新松机器人等软件领域上市企业20家，占全市软件企业的比重超2%。高成长性软件企业占全市软件企业的比重达12.6%，其中种子"独角兽"企业3家，潜在"独角兽"企业1家，"瞪羚"企业45家，"专精特新"小巨人企业74家，处于上市辅导期（上市后备）的企业13家。

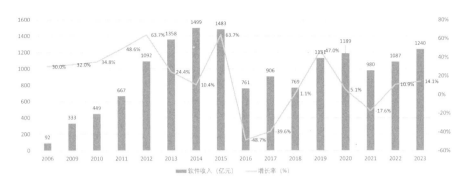

图 2-1   2006—2023 年沈阳软件业务收入和增速情况

数据来源：工信部历年软件行业统计数据，部分为推算数据。

三、产业结构

根据工信部提供的数据，按照软件产品、信息技术服务、信息安全、嵌入式系统软件的分类，对沈阳 2023 年各类软件收入构成占比见图 2-2。针对四个软件分类，全国平均占比情况是 22.41%、66.13%、1.19%、10.26%，而沈阳的占比情况为 67.15%、28.05%、4.06%、0.74%，差异比较突出。

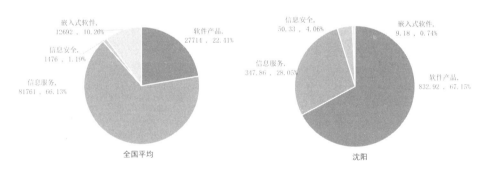

图 2-2   沈阳 2023 年各类软件收入构成对比

数据来源：工信部 2023 年软件和信息技术服务业年度统计数据。

从沈阳软件产业结构特点来看：第一，软件产业比较单一，集中在传统的软件产品开发上，主要是承接委托的定制开发，比较集中在应用层面。第二，系统集成和信息化解决方案业务不多，互联网平台所带来的数据服务和运营服务业务较少。第三，信息安全方面基础较好，形成一批从事网络安全和终端安全的企业，但企业个体规模不大，缺乏核心引领。第四，制造业企业在嵌入式系统软件开发方面投入明显不足，工业产品数字化、智能化方面发展空间较大。沈阳软件产品收入构成细分情况见图2-3。

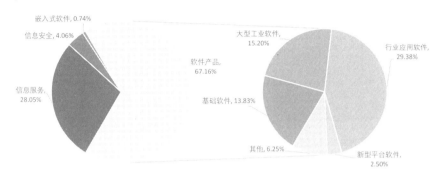

图2-3　沈阳软件产品收入构成细分情况

数据来源：工信部2023年软件和信息技术服务业年度统计数据。

从中可以看出，行业应用软件占比较高，说明沈阳行业应用软件方面基础较好，特别是针对行业细分领域深度定制方面具备一定的优势。目前，沈阳行业应用软件已经覆盖能源、钢铁、石化、汽车、电子、机械、医药、航空等行业，其中医疗、汽车电子、机器人等领域，处于市场领先地位。另外，近年来沈阳推进结构调整"三篇大文章"，为工业软件的研发应用提供了丰富的场景资源，大型工业软件业务收入占比从2019年的4.55%攀升至2023年的15.2%，工业软件发展步伐明显加快。

四、产业特点

（一）软件创新资源丰富

截至2022年底，沈阳拥有省级以上软件创新载体347个，其中，国家级重点实验室、工程技术研究中心8个；省级重点实验室、技术创新中心278个；众创空间61个。其中东北大学流程工业综合自动化国家重点实验室、中国科学院沈阳自动化研究所机器人学国家重点实验室、中国科学院沈阳计算技术研究所高档数控国家工程研究中心、东软集团国家数字化医学影像设备工程技术研究中心等，代表国家在智能制造、机器人、数控机床、高端医疗设备方面的最高水平，为沈阳推进软件与先进制造业结合，大力发展工业软件提供了基础性创新平台。

（二）工业场景丰富多元

沈阳立足深厚的工业基础，不断推进"数字沈阳、智造强市"建设，持续拓展智能化应用场景，推动软件技术在工业领域的深化应用。2015年以来，沈阳共推进智能升级项目152个，开展了500余家规上工业企业数字化转型诊断评估，组织数字化应用场景供需对接会28场，发布2378个需求。2021—2022年，沈阳市围绕创新型经济、服务型经济、开放型经济、总部型经济、流量型经济，推出两批共1357个场景项目，总计释放14000多亿元的投资与合作机会。目前，全市重点企业数字化研发设计工具普及率达76.4%、关键工序数控化率达62.9%，均高于全国平均水平，为沈阳软件产业发展提供了有效牵引。

（三）部分领域全国领先

沈阳凭借多年来在行业的深耕细作，在数字医疗、汽车电子、机器人等领域形成了深厚的积累，确立了市场独特地位。在数字医疗领域，东软集团股份有限公司医疗信息化系统连续十多年保持市场份额第一；东软医疗系统股份有限公司形成8大系列高端医疗设备产线，产品远销全球110多个国家和地区；东软熙康健康科技有限公司建成国内最大的云医院网络；荣科科技股份有限公司的智慧医疗系统取得不俗的市场表现。在汽车电子领域，东软集团智能座舱系统在国内前装市场排名第二，国产品牌第一，5G/V2X-BOX产品市场份额排名第一；东软睿驰汽车技术（沈阳）有限公司的商用车智能驾驶、汽车基础软件国产供应商排名第一；沈阳美行科技有限公司在位置服务领域处于领先地位。在机器人领域，中科院沈阳自动化所打造全国首个机器人行业工业互联网平台；沈阳新松机器人自动化股份有限公司的工业机器人、服务机器人、智能物流系统始终保持国内领先，无人操作系统的市场份额已经占据全国第一；沈阳通用机器人技术股份有限公司的通用智能交互服务机器人也有很好的市场表现。

（四）数字文创产业成为新亮点

随着3D、全息投影、虚拟现实（VR）、数字孪生等数字技术在生产生活中广泛渗透，依靠创意和技术进行数字内容开发、视觉设计、策划、数字产品制作等需求快速增长，产业步入发展快车道。第一，文创产业人才培养体系健全。沈阳拥有沈阳音乐学院、鲁迅美术学院、沈阳体育学院等艺术类院校，是全国为数不多的拥有较全的艺术体育类科教资源的城市，充分利用这些资源，可以培育大量数字文创人才，为发展数字文创产业提供坚实保障。第二，发展文创产业有产业载体支撑。沈阳高新区整合国家级文化产业示范园区、国家级动漫产业基地等资源，实施"文化＋"发展战略，培育壮大电子竞技、直播电商、广告设计等细分领域，助力产业集聚发展。沈阳VR文创产业园——以专业服务功能、创新加速化功能、多资源聚合功能、产学研用转化功能于一体的产业新平台，成为技术研发、应用、产业化的示范基地。第三，重点企业成为文创产业发展主力。东软集团研发的媒体信息化系统成为全国最大的互联网媒体信息化系统。沈阳设计谷科技有限公司、沈阳创新设计研究院有限公司、沈阳金冉科技有限公司等企业在工业设计和VR、AR领域全省领先。体验科技股份有限公司成为首批国家评定的文化科技融合基地核心企业，先后承担了北京科技馆、上海世博会联合国馆等文化示范工程主要技术研发制作。一批重点企业支撑文创产业成为沈阳软件产业的新亮点。

五、发展成效

（一）工业软件发展迅速，供需双方对接有力

沈阳市基于自身丰富的工业数据与工业场景资源，以智能制造为主攻方向，推动工业软件研发与应用。在需求侧，制造业企业"制造单元—智

能化生产线—数字化车间—智能化工厂"全流程与关键环节智能制造改造，为工业软件提供了广阔的应用空间。在供给侧，沈阳鸿宇科技有限公司等软件企业、通用技术沈阳机床股份有限公司等工业企业与中科院沈阳自动化所等科研机构共同发力，已研发 MES、PLC、SCADA 等多种类型的关键工业软件。沈阳市把握制造业数字化转型发展契机，聚焦工业领域重点行业，开展软件企业与工业企业赋能对接。其中 2021 年共组织数字化应用场景供需对接会 28 场，针对 2378 个需求提供解决方案 300 余个，涉及签约项目 30 余个。

（二）企业培育成效显著，骨干企业实力突出

沈阳市综合运用政策、资金、项目等多种举措，支持软件企业做大做强，成效显著。2022 年，全市纳统软件企业总计 926 家，其中，亿元以上软件企业 206 家，上市软件企业 20 家，"独角兽"、"瞪羚"、专精特新"小巨人"及上市后备企业等高成长性软件企业高达 136 家、骨干企业持续壮大。东软集团股份有限公司 2023 年营业额超百亿，连续三年位居中国软件出口企业首位，荣获"中国软件出口（服务外包）最具竞争力品牌"；荣科科技股份有限公司服务国内超 50% 的百强三甲医院，荣膺"中国智慧医院十大品牌"奖；沈阳易讯科技股份有限公司 IPv6 改造相关服务居国内市场领先阵营。

（三）创新能力显著提升，自主产品备受认可

沈阳市着力引育创新人才，加快建设创新载体，全方位提升创新能力。2021 年，全市软件著作权登记数达 2.5 万余件，同比增长 43%；累计主导或参与软件领域国际、国家、行业标准制修订 46 项，拥有省级以上软件创新载体 347 个；近三年，东软集团股份有限公司、沈阳格微软件有限责任公司、辽宁向日葵数字技术股份有限公司、沈阳安新自动化控制有限公司等 21 家企业的 29 个项目获评国家试点示范项目。沈阳美行科技有限公司车载导航引擎和移动互联网位置服务上榜 2021 智慧交通创新五十强；沈阳雅译网络技术有限公司小牛翻译系统在国际顶级机器翻译评测中获 10 项第一；沈阳安新自动化控制有限公司"安新云控工业设备互联云数据管控"等 7 个 App 入选工信部工业互联网 App 优秀解决方案。

（四）软件应用覆盖广泛，重点行业成效突出

沈阳市软件应用已全面覆盖重大工程、传统支柱产业及重点城市服务领域。从广度看，软件应用试点示范在数字化效率提升中覆盖率超过 90%，国产软件在党政机关及国企中推广应用，在政府信息化建设中投入占比接近 100%。软件应用场景开放数量在重点行业超过 150 个，在城市服务领域超过 160 个。从深度看，软件应用于传统优势制造业，如汽车零部件制造业、通用专用装备制造业等行业，可大幅节约企业生产成本、提升企业经营效率，推动高质量发展；应用于城市服务领域，如政务、教育、医疗、交通等，可打造"一网通办""一网统管""一网协同"，提升办事效率，服务广大市民。

（五）产业集聚效应渐显，载体环境持续优化

沈阳市依托沈阳国际软件园持续打造企业集聚中心，园区已集聚千余家软件企业，包括 30 余家本土细分领域领军软件企业，以及 48 家世界五百强企业、23 家中国软件百强企业，并吸引飞利浦医疗研发中心、辽宁鲲鹏生态创新中心等落地。沈阳国际软件园被授予"2019 年全国影响力园区"荣誉称号，连续三年被评为"中国最具活力软件园"，6 家企业入选"国家重点规划布局内软件企业"。此外，沈阳市着力健全产业服务体系，已拥有 6 家国家级、5 家省级中小企业公共服务平台，通过构建覆盖知识产权保护、投融资支持、人才培训、品牌推广等的产业全方位服务体系，不断夯实软件产业高质量发展根基。

第二节 大连市软件产业发展概述

大连市位于中国东北地区最南端，东濒黄海，西临渤海，南与山东半

岛隔海相望，具有独特的地理位置。大连市是中国重要的港口、工业、贸易、金融和旅游城市，是东北亚国际航运中心、国际物流中心、国际贸易中心和区域性金融中心，东北对外开放的窗口，同时也是国务院批复确定的中国北方沿海重要的中心城市、港口及风景旅游城市，辽宁沿海经济带中心城市。

软件产业曾是大连的一张亮丽名片。1998年，以大连软件园建设为开端，大连软件产业快速崛起，一度成为中国软件产业的领跑者。大连是全国第一批10个国家软件产业基地之一，6个国家软件出口基地之一，第一个服务外包基地城市，第一个软件知识产权保护示范城市，获得软件产业国际化示范城市、软件人才国际培训基地和创新型软件产业集群等荣誉称号，并成为中国国际数字和软件服务交易会（原软交会）的举办地。

一、发展历程

大连软件产业发展经历了从无到有、从小到大、从大到优，不断向高质量发展的过程，经历了四个阶段。

（一）萌芽起步阶段

20世纪90年代是大连软件产业发展的萌芽阶段。1991年3月，大连获批设立首批国家级高新区。1992年成立大连高技术产业园区管理委员会，主要发展软件和信息技术服务业，标志着大连软件产业化发展迈出实质步伐。随着全球产业分工不断细化，人力成本迅速上升，发达国家劳动密集型产业纷纷向低成本优势国家转移。大连凭借独特的地理位置和经济文化优势，成为日韩转移信息服务环节的首选之地。大连抓住机遇，结合自身资源禀赋，开始面向国外市场承接少量软件服务业务。应运而生的大连软件行业协会，秉持"为企业服务、做政府支撑、促产业发展"的宗旨，为促进大连软件产业的持续发展，在政府和企业之间发挥桥梁和纽带作用。

1997年底，大连市政府提出建设大连软件园，并确定了"官助民办"的运作模式，大连知名民营企业亿达集团主动挑起建设与运营软件园的重担，着手规划建设大连软件园。1998 年，以组建大连市信息产业局和大连软件园奠基为标志，拉开了大连软件产业崛起发展的序幕。这一时期，软件产业发展层次低、规模小，企业以民营科技企业为主，产品以面向国外市场为主，尤其是面向日本的软件服务外包业务，大连华信、文思海辉等企业均在这一时期成立。

（二）快速发展阶段

2000—2008 年是大连软件产业快速发展阶段。2000 年，《国务院关于印发鼓励软件产业和集成电路产业发展若干政策的通知》（国发〔2000〕18 号）文件下发，全国软件产业蓬勃兴起。大连结合软件产业发展情况，明确提出了支持发展软件出口、形成产业集聚的策略，确定了大连软件产业国际化发展道路，带动了软件业的兴起。2003 年，大连发布了《大连市软件产业发展专项资金管理暂行办法》，积极推动软件产业快速发展。

2001 年，大连市政府与日本松下签订合作协议，成立大连松下通信软件工程有限公司，成为大连引入的第一家世界五百强日资企业。2003 年，大连在日本东京举办大连软件产业说明会暨首届人才招聘会，开创了中国在海外举办软件细分领域招商说明会的先河。此后，大连开始举办中国国际软件博览会暨大连软件和信息服务国际博览会，作为国家级软件交易会和国家推动软件和信息服务产业发展的重要工作平台，促进了大连软件和信息服务产业的发展。

2008 年 12 月，大连（日本）软件园在东京正式开园，这是大连软件产业"走出去"战略历史性突破，也是中国首个海外软件园区，标志着软件产业呈现出可喜局面。一是对日外包增长，企业数量激增。东软集团股份有限公司、中国软件与技术服务股份有限公司、信雅达科技股份有限公司等一批国内知名软件企业设立分支机构开展对日业务，东软集团（大连）有限公司、大连华信计算机技术股份有限公司、大连海辉科技股份有限公司等本土企业成为中国软件对日出口的主力军，GE、IBM、埃森哲等世界五百强企业先后在大连设立中国或亚洲地区的研发中心。软件出口额从 2001 年的 0.3 亿美元迅速增长到 2008 年的 10.5 亿美元。大连软件产业增加值占地区生产总值比重由 2001 年的 0.6% 提高至 2008 年的 5.3%，从业人员数量达到 7.6 万人，企业达到 800 余家。大连由此成为全球重要的软件产业基地。二是投资踊跃，产业环境优良。新加坡腾飞集团投资建设大连软件园腾飞园区，香港瑞安集团投资建设黄泥川软件园，东软国际软件园、七贤岭产业基地相继建成使用。2003 年 6 月，大连旅顺南路软件产业带暨大连软件园二期工程开工建设。为解决企业对实用型人员的需要，大连市构建了以 30 所高等院校软件相关专业、5 所高校软件学院和近百家社会力量办学机构组成的多层次人才培养体系，开展"订单式"人才培养。大连高新区出台了全国第一个高层次人才税收奖励政策，吸引留住大批企业骨干和关键人才。2007 年，美国 IDC 公司发布的软件服务外包全球交付指数（GDI）城市排名中，大连名列全球第五、中国第一。三是产业氛围浓厚，城市品牌树立。大连市政府为营造产业环境和氛围，每年举办中国国际软件和信息服务交易会，为提升大连软件产业知名度和城市美誉度发挥了重要作用，软件产业成为大连城市耀眼的名片。大连一跃成为亚太区软件和信息服务中心。

（三）创新转型阶段

2009—2018 年是大连软件产业创新转型阶段。2008 年金融危机发生后，发达国家经济持续低迷，软件外需市场增长缓慢，大连软件产业面临巨大挑战。国内正处于全面建成小康社会、加快转变经济发展方式的关键时期，内需不断扩大，软件市场需求增长较快，又为大连软件产业发展创造了机遇。大连软件企业纷纷将目光转向国内，大力开拓国内市场，转型升级和创新成为企业发展的主旋律。大连软件产业在互联网浪潮、智能经济时代大背景下步入转型期。

大连软件产业积极引进国外先进技术、先进管理和创新理念，为自主创新奠定良好基础。2011 年，积极培育战略性创新企业群，着力完善创新服务体系，推进各类公共创新服务平台建设，同时实施以海外引进、产业应用为特点的孵化模式，促进软件创新企业快速集聚发展。大连高新技术产业园区获得"国家创新型软件产业集群"称号。大连软件产业在转型升级过程中，一是由过度依赖国外市场转向国际国内并重。亿达信息技术有限公司、大连华信计算机技术股份有限公司、大连东软集团股份有限公司等企业通过并购、股份合作等多种方式快速占领国内市场份额，并将国际先进的技术和服务引入国内，带动大连从"软件加工厂"向"解决方案提供商"转变。二是国际软件服务业务向高端化转变。国际合作从简单代码编写等低层级业务为主，开始向咨询服务、系统设计等高端化业务迈进。三是由以服务为主的单一业态向多应用领域的创新业态转变。很多企业持续跟进新技术，利用云计算、大数据、AR/VR、人工智能等技术研发自主知识产权的产品。四是从产业"聚集"向产业"融合"转变。依托"互联网+""大众创业、万众创新"，探索用 IT 技术引领新兴产业，与传统制造业、生产性服务业和生活性服务业跨界融合发展。大连市与华为公司基于云计算的合作模式，被工信部定义为"大连模式"，在全国推广。

这一阶段大连软件产业发展速度由快转慢，发展氛围保持活跃，发展环境日臻完善，创新创业平台日趋成熟，新兴业态不断涌现。产业发展重心转向创新与转型升级，软硬件趋于整合集成和相互渗透，围绕主流软件平台构造产业链的模式逐渐普及。2018 年，大连市印发了《大连市软件和信息服务业 2028 行动纲要》及《大连市支持软件和信息服务业发展的若干政策》，全面促进软件产业提质增效，助推软件产业二次腾飞。

（四）高质量发展阶段

2019 年以来，随着全球新一轮科技革命和产业变革深入推进，人工智能、大数据、云计算、物联网、互联网成为核心驱动力，以信息技术革命为基础的新经济快速发展，大连软件产业进入高质量发展阶段。2021 年，大连软件产业拥有注册企业 3000 余家，其中包括分公司 486 家，外资独资及合资企业 231 家，高新技术企业 636 家，拥有软件著作权企业 2028 家，纳税信用 A 级企业 1019 家。形成了以高新区和旅顺南路软件产业带为核心的产业集聚区，集群规模超千亿，从业人员约 24 万人。在国际化方面，持续推进开放合作，在大连落户的索尼信息、软银科技等世界五百强企业由分支机构升级为中国区总部，一批国际企业研发中心也纷纷入驻。在创新实力方面，技术水平及研发能力不断提升，信息化与工业化融合加深，建成一批创新中心和技术联盟，数字经济赋能传统制造业，催生一批国际国内领先的自主知识产权产品。在人才培养方面，构建软件人才培养、引进、使用、服务"四位一体"工作体系，与高校合作开展"订单式"培训，全市有 22 所高校开设了软件相关专业，拥有百余家软件人才社会培训机构，年培训能力近 20000 人次，源源不断地为软件产业输送人才。

这一阶段，大连软件产业加速向垂直行业渗透，传统产业加速向数字化转型，软件产业拥有更大的市场空间。关键核心技术领域专利储备不断增强，有力支撑了软件产业向更高层级转变。自主可控意识增强，产业链上下游协同研发，并在多领域实现深入应用和创新迭代。大连市政府着力培育软件产业新优势，推进软件产业向更高质量发展。

二、产业规模

大连软件产业持续发展的主要标志，是软件业务收入规模从小到大，从年收入几十亿元到上千亿元。尽管有些年份因软件企业入统标准调整出现过下降，但总体上是不断发展的。大连 2001—2023 年软件业务收入和增速情况见图 2-4。

图 2-4　大连 2001—2023 年软件业务收入和增速情况

数据来源：工信部历年软件行业统计数据，部分为推算数据。

近 30 年来，全市软件业务收入增长 100 倍，出口额增长 60 倍，软件企业数量增长 10 倍，从业人员增长 40 倍。2022 年，软件业务收入接近千亿元，软件出口达 25 亿美元，软件企业 3000 多家，从业人员 20 余万人。一批重点企业规模快速扩张，埃森哲、文思海辉从业人员规模超过 10000 人，华信、IBM、东软等十余家企业年软件业务收入超 10 亿元。

三、产业结构

工信部将软件和信息技术服务业分为四类行业，包括软件产品、信息技术服务、嵌入式系统软件及信息安全。以 2023 年数据为例，软件产品营业收入占比 42.3%，信息技术服务收入占比 50.45%，嵌入式系统软件收入占比 6.89%，信息安全行业规模占比 0.35%。2023 年大连软件业务收入构成见图 2-5。

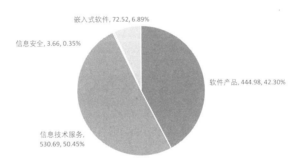

图 2-5　2023 年大连软件业务收入构成

数据来源：工信部 2023 年软件和信息技术服务业年度统计数据。

在软件产品领域，大连企业以定制软件开发为主，首先根据客户指定的需求进行开发，其次在特定的领域研发应用软件，包括教育软件、金融软件、医疗软件、管理软件等。工业软件具有一定规模，包括生产控制、工业管理软件等；基础软件和平台软件相对薄弱。目前在该行业，大连在全国具有竞争力的产品数量不多。

在信息技术服务领域，大连发挥国际化优势，集聚了众多世界知名企业的服务中心，积累了大量企业、人才和案例，尤其以信息技术手段为国际厂商提供服务。具体业务包括信息技术咨询、系统集成、运维服务、数据服务、互联网服务等。目前该行业营业收入规模约 600 亿—700 亿元,未来 5 年将以平均 15% 的年增速,达到千亿产业规模。

在信息安全行业领域,大连产业规模很小,目前仅有秘阵科技、九锁科技等个别企业从事咨询和产品研发。

在嵌入式系统软件领域,大连嵌入式企业多集中在工控系统、医疗硬件、汽车硬件、通信设备、传感器等专业领域,从业人员 1 万人左右,是软件行业的高端人群和紧缺人才。

在软件出口方面,大连软件外包服务占软件出口总收入的 85%,其他软件业务出口只占 15%。日本是大连软件和信息技术服务业最大出口国。在出口收入国家和地区排名中,日本排在第一位、占比 62%,美国排在第二位、占比 10%,英国排在第三位、占比 4%,中国香港占 3%,德国占 2%,韩国占 2%,东欧占 1%,其他 16%。大连软件和信息技术服务业出口国家和地区分布情况见图 2-6。

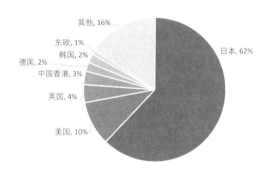

图 2-6　大连软件和信息技术服务业出口国家及地区分布情况
数据来源:大连市软件行业协会统计数据。

四、产业特点

(一)国际化和软件服务外包特色明显

大连毗邻日本、韩国,处于东北亚中心地带,是国际航运中心的区域枢纽,有利于发展软件产业。在软件产业发展初期,大连凭借地理优势、环境优势和人才优势，主要面向日本市场承接软件和信息技术服务业务，之后逐渐扩大至欧美市场，继而面向全球提供软件和信息技术服务。大连软件产业抓住全球产业转移浪潮的机遇，形成了以软件和信息服务业务出口为主导，软件开发、教育培训、创业服务等综合配套的国际化发展道路。大连的国际化特色还表现在引进世界五百强和国际领先企业，引进国际化企业管理和服务质量标准，引进国际化人才和进行人才的国际化培养。目前在大连落户的世界五百强企业及分支机构百余家，其中多家公司在大连设立了研发中心。大连软件企业坚持按照国际管理标准生产软件，不断增强融入国际市场的能力。为适应企业对国际化人才需求，大连还引进国际教育机构以及国外人才，提高企业技术、市场及管理水平。

（二）"官助民办"运营模式建设软件园

1998 年，大连软件园开始建设，采用了独创的"官助民办"运营模式。所谓"官助"，就是政府不做投资，而集中精力营造投资、创业、发展环境和区位优势，对园区具体运作不予干涉。所谓"民办"，则是由企业按照市场化原则，设立投融资平台，提供专业服务，合理配备产业、居住、商业等功能，带动产业升级和就业。这种模式充分发挥了政府和企业各自优势，既为软件企业提供适宜的发展环境，又满足了软件从业人员工作、生活、教育娱乐等方面的需求，将软件融入生活，打造出独特的工作与生活紧密结合的软件产业园区，形成了产城融合、和谐发展的国际化产业园区，并带动产业发展，促进区域繁荣。

（三）产教互动培养软件人才体系

软件人才是软件产业发展的核心要素，软件产业的竞争根本上是人才的竞争。大连经过 20 多年的积淀，建立了具有大连特色的人才培养体系和产业发展模式。软件产业发展初期，主要由部分高校教师承接软件开发业务及相关课题研究。随着产业规模扩大，人才需求上升，一方面通过政府支持推动，各大高校相继开设软件相关专业及课程，大连软件园与东软集团合资创办了中国第一所专门培养 IT 人才的民营高等学院东软信息学院；另一方面引入专业 IT 人才培训机构、科研院所，同时尝试产学研一体化，鼓励校企合作，企业直接在高校定制人才，高校学生可以在企业及科研院所实训，形成了人才教育与产业互动的培养模式，从而不断提高大连软件人才整体水平。

五、发展成效

（一）坚持产业集聚，持续扩大产业规模

大连注重加强产业规划布局，逐步形成了以大连高新区和旅顺南路软件产业带为核心的产业集聚区，汇集了 3000 多家软件企业，20 余万软件从业人员，形成了超过千亿的产业规模。目前软件和信息服务业已成为大连特色主导产业之一，产业集聚效应不断凸显，大连软件园、腾飞园区、天地园区、华信（国际）软件园、东软软件园等集聚了大批企业和人才，软件收入和从业人员均占全市的 80% 以上。一批重点企业快速发展，埃森哲、大连文思海辉从业人员规模超过 10000 人；中国华录集团、信华信技术股份有限公司等18 家企业年营业收入超 10 亿元。大连佳峰自动化股份有限公司、航天新长征大道科技有限公司、大连日佳电子有限公司入选国家"专精特新"小巨人企业名单。遨海科技有限公司、亿达信息技术有限公司、东软云科技有限公司等 42 家软件企业入选辽宁省"瞪羚""独角兽"企业名单。

（二）坚持开放合作，持续加快国际化步伐

大连始终把软件和信息服务业纳入全球产业链条之中，抢抓全球服务外包转移的历史机遇，在国际 IPO、BPO 业务上争得一席之地。[①] 在惠普、思科、戴尔、埃森哲等百余家世界五百强企业及分支机构落户大连的基础上，索尼信息、软银科技升级为中国区总部，IBM 中国区最大创新工作室揭牌，美国科文斯、亚马逊、特斯拉、德国拜耳、SAP，日本乐天创研、东芝医疗等一批国际企业研发中心先后入驻。近十年来，大连每年至少引入 5 家世界五百强或全球行业领军企业落户。软件业务出口收入一直位列全国副省级城市前

---

① 夏德仁.以创新的姿态抓住机遇迎接挑战——大连软件业的经验回顾与未来展望 [J].信息化建设，
　　2008（09）：6-8.

列，信华信、东软集团、大连文思海辉多年保持国内出口前三强业绩，对日外包承接能力尤其突出，整体发展水平和交付能力处于全国领先地位。

（三）坚持技术创新，持续提升研发能力

大连大力促进信息化与工业化深度融合，建成十余个面向自动化控制、数字化制造、云计算、智能航海、智能交通等领域的软件创新中心和技术联盟。面向数控机床、工业机器人、柔性生产线等高端装备方向，研发了一批国际先进、国内领先、填补空白的自主知识产权产品。重点支持智能网联汽车、无人水面航行器、足迹识别、互联网医疗等项目，产品技术水平或市场占有率均在行业细分领域居国内领先水平。大连市政府与华为公司共建软件开发云平台，累计服务本地近 1000 多家企业，支撑 15000 余个软件项目开发，有效提升了大连在全国软件行业的影响力。英特工程仿真技术（大连）有限公司的工业互联网、大连鑫海智桥信息技术有限公司的智能制造系统等 5 个应用解决方案，入选工信部工业互联网 App 优秀解决方案名单。大连倚天软件股份有限公司的倚天安全可控协同办公系统、大连睿海信息科技有限公司的人像案情分析系统、睿芯（大连）股份有限公司的电子标签及服务系统等 46 个软件产品（技术）入选辽宁省"专精特新"产品（技术）名单。

（四）坚持政策引领，持续优化产业环境

2018 年，大连市出台了《大连市软件和信息服务业 2028 行动纲要》以及配套政策，支持全市软件和信息服务业企业创新发展。近年来，连续安排近 3 亿元专项资金，支持 206 家软件企业 390 个软件项目，有效提升了企业自主研发和创新能力，促进了产业转型升级和高质量发展。

第三节　长春市软件产业发展概述

长春市是吉林省省会、副省级城市，是东北亚区域中心城市，是东北振

兴的重要节点城市。长春制造业曾先后创造了新中国多个"第一"：新中国第一辆汽车、第一辆轿车、第一辆轨道客车、第一辆有轨电车、第一辆地铁客车、第一台激光器、第一台电子显微镜、第一支基因工程乙肝疫苗、第一批基因工程干扰素、第一块人工合成橡胶等。长春作为吉林省"一主六双"战略的"一主"核心区域，在引领吉林全面振兴全方位振兴、辐射带动各地区协同发展中，发挥着"主引擎"作用。

长春是吉林软件产业的集聚地，软件产业规模占据吉林全省的绝大部分市场份额，大部分的软件企业和软件人才集聚在长春，支撑着吉林数字经济的发展。目前，长春软件产业已形成以高新区为主要基地，净月区和北湖区为羽翼，其他区为辅助的全面发展的格局。

一、发展历程

（一）产业初创期

20 世纪 80 年代末至 20 世纪 90 年代末是长春软件产业的初创期。在国家软件产业起步的背景下，长春软件产业亦悄然兴起。这一时期，长春依托本地的高等教育资源，如吉林大学等高校，开始培养第一批软件专业人才，为后续发展奠定基础。大学、国家科研院所以及大型国有企业是孕育首批软件企业的主体。1980 年组建的中国第一汽车集团公司电子计算处，建立了启明信息技术股份有限公司发展的基础。1990 年成立了鸿达高新技术集团有限公司，是中国最早开拓生物特征识别技术领域的公司。1999 年，长春吉大正元信息技术股份有限公司成立，是中国最早从事密码技术和信息安全的企业。尽管规模有限，但这些早期企业为长春软件产业的萌芽提供了宝贵的实践经验。1991 年，作为国务院批准建立的首批国家级高新技术产业开发区，长春高新区正式成立。高新区以医药健康、信息技术、先进装备制造为主导的格局，为软件产业提供了市场需求和发展基础。同时，政府开始关注软件产业的潜力，出台了一系列初步的鼓励政策，如税收优惠、资金扶持等，吸引了一些小型软件开发企业落户。

（二）产业成长期

进入新世纪，随着全球信息技术的飞速发展，长春市软件产业迎来了快速扩张的黄金期。2000年，长春软件园的成立标志着长春软件产业步入集群化发展阶段。长春软件园依托一汽集团的产业和市场优势，大力发展制造业管理软件；依托吉林省丰富的农业资源，大力发展粮食行业管理软件；依托长春优越的科教基础，大力发展教育软件；依托长春的光电产业基础，大力发展模式识别技术软件。软件园为软件产业发展壮大提供了载体，通过自主培育和招商引资，一大批具有自主知识产权的软件企业在此集聚，包括长春吉大正元信息技术股份有限公司、长春鸿达信息科技股份有限公司、长春市长白实业公司在内的多家知名企业，年产值超千万元的企业数量迅速增长。[①]2001年，我国最早从事教育领域信息化的企业东北师大理想软件股份有限公司成立，我国最早从事司法领域信息化的企业嘉诚信息技术股份有限公司成立。2008年，启明信息技术股份有限公司在深圳证券交易所挂牌上市，成为吉林省首家上市软件公司。

（三）产业升级期

2010年以来，长春市软件产业积极响应国家创新驱动发展战略，加快了技术创新的步伐。云计算、大数据、人工智能等新一代信息技术成为推动产业发展的新引擎。2014年前后，长春高新区明确的四大软件产业集群策略进一步巩固了其在行业中的地位，特别是利用光电产业优势，模式识别技术软件得到了快速发展。2012年，长光辰芯微电子股份有限公司成立，成为我国最早专注于高性能CMOS图像传感器设计研发的国际化企业。2014年，长光卫星技术股份有限公司成立，成为我国第一家从事商业遥感卫星领域技术研发的专业化企业。同时，政府和企业共同推动的云计算中心、大数据示范园等项目，不仅提升了长春市在高端信息技术服务领域的竞争力，也为传统产业的数字化转型提供了重要支撑。

---

① 杨伟清，于雷.长春高新区：开拓软件产业创新集群新格局［J］.中国高新区，2007（03）：75-78.

（四）高质量发展期

2022 年，长春净月高新区获批国家自主创新示范区后，抢抓数字经济产业发展机遇，谋划数字赋能、融合创新的数字经济高质量发展格局，重点打造数字经济产业园，瞄准人工智能、区块链、在线消费、数字内容等领域，开展全产业链的企业引入，形成数字经济增长极。数字经济产业园快速成为数字产业化的集聚地、产业数字化的驱动器、数据资产化的示范区。长春净月高新区已建和在建大数据中心 6 个，规划机柜总量 28295 个，占全市的 82%，其中已建机柜 2650个，为数据存储、数据开发、数据应用奠定基础。区域内汽车电子与智能网联汽车率先布局，数字媒体与影视产业集中发力，光电信息与光谱芯片重点培育，数字孪生与城市治理统筹推进，搭建产业平台深耕拓展数字农业。以建设"全市数字经济发展核心区、全省数字经济产业集聚区、东北数字经济创新增长极"作为目标，力争到 2025 年，全区数字经济主营业务收入突破 400 亿元。

二、产业规模

长春作为吉林省软件产业最主要的集聚区，在多年发展基础上，软件业务收入从 2012 年的 131 亿元增长到 2023 年的 472 亿元，占全省软件业务收入比重达到 84.89%，这期间收入和增速情况见图 2-7。

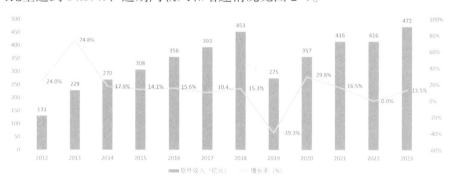

图 2-7 长春 2012—2023 年软件业务收入和增速情况
数据来源：工信部历年软件行业统计数据，部分为推算数据。

2023 年，长春有软件企业 400 余家，其中规模以上软件企业 158 家，软件业务收入 472 亿元，同比增加 13.5%。

三、产业结构

在长春软件业务收入构成中，软件产品收入 101.62 亿元，占比为 21.55%；信息技术服务收入 251.64 亿元，占比为 53.35%；信息安全收入 28.17 亿元，占比为 5.97%；嵌入式系统软件收入 90.23 亿元，占比为 19.13%，具体占比见图 2-8。

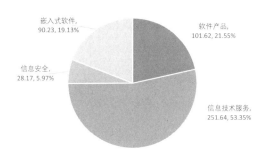

图 2-8 2023 年长春软件业务收入构成

数据来源：工信部 2023 年软件和信息技术服务业年度统计数据。

长春市软件产业构成有着自身鲜明的特征。一是信息安全软件占比大。长春信息安全软件占比高达 5.97%，远高于 1.19% 的全国平均水平。长春市的信息安全软件企业发展水平呈现出多样性。长春市拥有综合性较强的信息安全软件企业，如吉大正元，是中国信息安全领域中的佼佼者，尤其在密码技术和信息安全解决方案方面拥有显著优势。同时，长春也拥有一批在专业信息安全领域深耕细作的公司，如长春鸿达信息科技股份有限公司、长春市卓尔科技有限公司等。这些企业在各自领域内取得了一定的成就，部分企业甚至已成为国家级重点软件企业，标志着长春市信息安全软件行业整体实力的提升。二是嵌入式系统软件占比大。长春嵌入式系统软件占比高达 19.13%，高于 10.26% 的全国平均水平。长春拥有以汽车电子为核心的一批嵌入式企业，如启明信息技术股份有限公司、西门子威迪欧汽车电子（长春）有限公司、长春丽明科技开发股份有限公司、吉林省科英激光股份有限公司、长春市长光芯忆科技有限公司等，涵盖了从汽车电子、物联网、工业控制到消费电子等多个领域，随着技术的不断进步和市场需求的增长，长春的嵌入式系统软件行业将持续扩展其技术能力和市场影响力。

四、产业特点

（一）汽车电子成为产业龙头

长春是我国最大的汽车生产基地之一，发展汽车电子产业具有得天独厚的环境和基础，软件和汽车的融合更为软件产业提供了重要的应用突破方向。长春市一直把发展汽车电子产业作为重点，2005年汽车电子企业达57家，主要产品覆盖汽车发动机控制燃油喷射电控单元、发动机点火控制器、汽车电磁涡流缓速器、防盗报警系统、安全气囊控制器、车载网络和信息系统、车载影音系统、汽车专用液晶仪表产品、GPS车载端系列产品、GIS地理系统等大部分汽车电子技术。2012年9月，长春国家汽车电子产业园成立，以"产业园＋加速器＋孵化器＋众创空间"一体化发展模式，全力打造创新驱动型汽车电子产业孵化基地。园区以"孵化产业化、运营企业化、服务信息化"为目标，吸引长春一汽延锋伟世通电子有限公司、南京奥联汽车电子电器有限公司、长春丽明科技开发股份有限公司、长春天火汽车技术有限公司等53户企业入驻，园区产值近10亿元，获得专利159项、软件著作权254项。2017年8月，国家智能网联汽车应用（北方）示范基地在净月启明软件园正式开工，总投资1.4亿元。2018年7月，工信部、吉林省政府、中国一汽共同启动国家智能网联汽车应用（北方）示范区运营。

（二）卫星信息产业异军突起

长春依托中国科学院长春光机所、长光卫星技术有限公司，实现高端装备制造与航天信息服务的融合，构建航天信息产业生态；依托航天信息产业园，打造以卫星研发、生产及数据应用开发为核心的产业集群。[①] 长光卫星发

① 景洋.握住创新"金钥匙"打造产业新格局［N］.吉林日报，2022-08-06（001）.

展载荷系统，推动小卫星产业化，打造以星载一体化技术为核心，以卫星遥感、航天信息集成应用为重点的民用航天信息产业链，形成高效集约的航天信息产业体系。长光卫星通过 21 次成功发射，使 108 颗"吉林一号"卫星进入轨道运行，形成了目前全球最大的亚米级商业遥感卫星星座。①"吉林一号"在遥感信息服务领域占有主导地位，逐步发展成为全球航天遥感信息的重要提供者，每天可对全球任何地点进行大约 35 次的重复观测，全球一年覆盖 3 次，全国一年覆盖 9 次，为国土安全、地理测绘、土地规划、农林生产、生态环保、智慧城市等多个领域提供高质量的遥感信息和产品服务。

（三）光电信息发展潜力巨大

光电子产业是将光学技术、电子学技术、信息学技术相融合的高新技术产业。长春市是我国光学科技的摇篮，是国内重要的光电子信息技术研究和生产基地，拥有中国科学院长春光学精密机械与物理研究所、中国科学院长春应用化学研究所、长春理工大学、吉林省激光研究所等科研和教育机构，底蕴深厚，潜力巨大。2004 年 6 月，国家发改委批准长春为国家光电子产业基地，赋予长春重点发展光显示器件及上下游产品、光电子器件及材料、光电仪器仪表与设备，建立从应用基础研究到工程技术研究、产业化的技术创新体系的职责。经过多年发展，已形成以长春希达电子技术有限公司、长春市芳冠电子科技有限公司、吉林环宇科技有限公司等为重点的光显示产业，以中科光电（长春）股份有限公司、吉林莱特照明工程有限公司等为核心的 LED 照明产业，以吉林省科英激光股份有限公司、长春奥普光电技术股份有限公司、长春光机数显技术有限责任公司、迪瑞医疗科技股份有限公司、长春希迈气象科技股份有限公司等为重点的光电仪器设备产业，以长光辰芯、新产业、奥莱德、禹衡光学等为重点的光电器件材料产业。2018 年 6 月，长春市发布《"十三五"光电信息产业发展规划》，提出 2020 年光电产业产值达 200 亿元。长春在激光、光学成像、半导体等领域集聚了一大批具备比较优势

---

① 何泽溟.聚优势力量促稳中向好［N］.吉林日报，2023-11-01（001）.

的优质企业，形成"芯、光、屏、端、网、云、智"全领域、高端化的光电信息制造能力，建设新的长春"光谷"。

（四）数字动漫涅槃重生

2009 年 8 月，长春高新区印发了《关于鼓励和扶持动漫产业发展的若干政策》。吉林动画学院、吉林动漫游戏原创产业园，长春动漫和软件服务外包产业园、东北亚科技文化创意产业园等发挥产业孵化作用，推动高端动漫产业链逐步形成，吉林铭诺文化传播有限公司、吉林禹硕动漫游戏科技股份有限公司被认定为国家级动漫企业。到 2010 年末，长春市动漫企业已达 50 家。吉林省风雷网络科技股份有限公司研发了东北最大的棋牌类休闲网络游戏平台，注册用户 4500 万人，实现销售收入 8000 多万元。吉林省中顺网络科技有限公司、吉林省鑫泽网络技术有限公司等大型游戏研发运营公司相继创建，支撑动漫游戏产业进一步发展。吉林省凝羽动画有限公司矢志原创动画创作，从 2014 年开始推出《茶啊二中》系列动画，2023 年推出的《茶啊二中》动画电影成为爆款，票房超过 3.7 亿元。

五、发展成效

（一）创新能力持续增强

长春软件产业近 30 年经过几轮迭代发展，依靠创新始终站在产业前沿。产业发展初期，主要抓住了应用产品研发的机遇，在汽车、公安、教育等行业及安全、企业管理等通用产品领域，涌现出不少在全国有影响力的企业。随着互联网和移动互联网时代的到来，企业在技术迭代和商业模式变革方面紧跟潮流，保持持续竞争力。面对智能时代，软件企业坚持与行业深度融合，在不断创新中推动产业高质量发展。

（二）应用软件蓬勃发展

长春软件企业面对汽车、农业、公安、教育、电力、通信、金融等行业的需要，加快发展应用软件，并在全国占有一席之地。一汽启明公司经过 6 年的创新和努力，销售收入由 2001 年的 1 亿元增长到 2006 年的 7 亿元，利润由 150 万元增加到 3500 万元，员工队伍由 106 人壮大到 901 人。目前已开发出具有独立知识产权的 cPDM/ERP/PLM/TDS/CAPP/SCM/OA/CAE 系列软件产品，其中启明 ERP 和 cPDM 已达到国内领先水平，成为行业主导软件产品，并立志"打造汽车业 IT 第一品牌"。东师理想与教育部数字化学习支撑技术工程研究中心、全国现代教育技术培训中心、吉林省教育软件重点实验室，联合建立研、产、培、用一体化的智慧教育研究与服务平台，面向全国各地系统开展教育信息化统筹规划与顶层设计咨询，覆盖基础教育、职业教育、高等师范教育和学前教育。

（三）服务外包持续发力

长春市分别于 2012 年 1 月和 2017 年 8 月发布两个关于支持服务外包的政策文件，体现了对发展服务外包业务的重视，希望抓住国际服务业产业转移的战略机遇，加快长春与国际经济接轨，提升长春城市综合竞争力。多年来，信息技术服务外包（ITO）一直是长春市服务外包产业的重点，培育了一批有竞争力的信息技术服务外包企业，如以欧美业务外包为主的长春博立电子科技有限公司、长春径点科技有限公司等，以日本业务外包为主的 NTT 数据长春分公司、长春六元素科技有限公司、长春必捷必信息技术有限公司、长春海和信息技术有限公司等。这些企业迅速发展，成为长春市 IT 服务外包的主力。

（四）大数据发展战略深入推进

发展大数据产业，是提高政府治理水平，转变农业治理模式，促进制造业综合竞争力，提升服务业创新能力的重大战略。长春市积极推动"一基地、两中心"建设，以加速数据的开发和应用。"一基地"即长春大数据深加工基地，其业务覆盖全国乃至东北亚地区，不断产出数据产品；"两中心"包括长春算力中心和长春数据交易中心。长春算力中心为城市提供了大规模的高性能计算能力，并将加入全国智算网络，服务吉林、覆盖全国。[①] 长春数据交易中心建立了大数据交易平台，上线了 59 项服务产品，积极探索解决数据确认权、定价等问题，完善数据流通交易机制。

---

① 丰雷. 数字经济长春经济发展新的增长极［N］. 长春日报，2023-06-07（005）.

（五）产业集群集聚效应显著

软件企业在区域内集聚，既有利于企业之间分工合作，更有利于公共服务的设计和实施。长春高新区集聚了长春软件产业一半以上的企业，尤其是在全省乃至全国有一定影响力的龙头企业。2022年，吉林省软件业务收入百强企业中有41家注册在长春高新区，其中有7家收入超过1亿元。长春高新区对长春软件产业发挥了引领作用，更通过溢出效应带动净月、北湖等区域软件产业发展。净月区聚焦数字技术研发、数字内容生产、数字金融服务等领域，吸引了一批具有创新能力和发展潜力的企业，成为长春数字经济发展的核心引擎。北湖未来科学城基于创新全链条、全流程、全周期，促进创新链、产业链、资金链、人才链"四链融合"，打造创新要素集聚的新型科技综合体。

（六）数字长春建设全面加速

长春市高度重视数字政府建设，致力于构建由"云、网、数、智、安"五大要素构成的数字化基础平台，包括一体化的政务云平台、电子政务网络平台、数据资源管理应用平台、基础能力支撑平台和网络安全集约化管理平台。在工业互联网方面，建设工业互联网标识解析综合型二级节点，涵盖汽车、装备、农产品、医药、光电等重点行业；建设国际级互联网骨干直联点，提升互联网传输效率和质量，先后涌现出吉林省光学仪器制造产业数字化服务平台、易加数字化服务平台、合心凯达智能制造平台、启璞工业互联网平台等一批创新能力强、品牌影响力突出的应用典型。2023年3月，长春市《工业企业数字化转型升级实施方案》明确了未来三年围绕促进管理数字化、生产数字化、销售数字化三大核心环节，推动1400家规上工业企业开展数字化转型升级，带动工业软件企业强劲增长。

第四节 哈尔滨市软件产业发展概述

哈尔滨市作为黑龙江省省会，拥有雄厚的工业基础，高等院校和科研院所众多,人力资源丰富,具有发展软件产业的基础和条件。哈尔滨市软件产业发展借助于本地优势,从计算机应用开始,起步相对较早,但也错过了发展机遇,目前产业规模较小。进入新时代,哈尔滨坚持扬长避短、扬长克短、扬长补短,坚持创新驱动发展战略,利用哈尔滨成为国家级互联网骨干直联点、IPv6 技术创新和融合应用综合试点城市、建设国家新一代人工智能创新发展试验区、东北新一代信息产业示范区等有利契机,注重特色发展,做强做优软件和信息技术服务业。新战略目标定位于充分发挥应用场景优势和数字技术研发基础,发展面向"老字号""原字号""新字号"的软件和信息技术服务,大力培育壮大"专精特新"的软件和信息服务企业。

一、发展历程

哈尔滨作为新中国最早开始研制和应用计算机的城市之一,早在 1956 年,在哈尔滨工业大学就诞生了新中国第一个计算机专业,1957 年 1 月研制出我国第一台结构式模拟计算机,1958 年研制出中国第一台数字计算机,被誉为中国人工智能的开端。1958 年成立的黑龙江省邮电科研所,是全省最早面向社会提供计算机相关服务的科研机构,该所在交换技术、传输技术、邮政自动化技术领域,为邮电企业提供了大量的实用技术设备。20 世纪 60 年代初,哈尔滨工程大学研制出我国首台全晶体管化 411B 军用计算机。哈尔滨市计算机专业队伍起步于为装备、石油、化工、能源、食品、电信、医药、林业等"156 工程"项目提供配套计算机设备和人才,形成了计划经济时期具有哈尔滨特色的"计算机事业"集群。苏联援华 156 项工程中落地哈尔滨的项目,成为第一批计算机软件应用的用户群体。

(一) 产业初创期

20 世纪 80 年代初,黑龙江省邮电科学研究所利用机器编译语言自主开发了多项技术。黑龙江省电力科学研究院、哈尔滨量具刃具集团有限责任公司、哈尔滨阿继电器有限公司、哈尔滨电工仪表研究所等国有企业出现了第一批从事计算机事业的技术部门和团队。90 年代,在国家信息化"金字工程"

的牵引下，哈尔滨市利用信息技术改造传统产业的步伐加快，企业信息管理系统普及率位居全国前列。哈工大科软 ERP V1.0 是首个具有自主知识产权的国产 ERP 软件，基于 ERP 的电子商务被列为国家高技术产业化示范工程。哈尔滨工业大学、哈尔滨工程大学、航空工业哈尔滨飞机工业集团有限责任公司等相关单位制定了企业信息化软构件标准，搭建构件库，推动了基于企业信息化的软构件标准体系的正式实施。90 年代后期，涌现了大量公有参股的有限责任公司，软件企业群体初具雏形。企业主要集中于电力、电信、铁路、汽车电子、农业、交通、制造业等传统行业的大型国企与公共事业机构，以及一批校办企业，奠定了软件企业独立发展的基础。

（二）快速成长期

"十五"期间，哈尔滨涌现了一批全国知名的软件企业，如 2003 年全国软件百强企业亿阳信通股份有限公司和黑龙江省大通计算机系统工程有限责任公司，以及哈尔滨工业大学软件工程股份有限公司、黑龙江黑大同庆软件工程股份有限公司、哈尔滨新中新电子股份有限公司等一批国家重点规划布局企业。重点培养了哈尔滨九洲电气技术有限责任公司、哈工大威瀚科技发展有限责任公司、哈尔滨威帝电子股份有限公司、哈尔滨四海数控科技股份有限公司、哈尔滨华崴焊切股份有限公司等知名企业。进入"十一五"，全球信息产业向亚洲转移趋势明显，哈尔滨市充分利用获批为中国服务外包示范城市的契机，出台《关于促进服务外包产业发展的意见》(哈政发〔2009〕15 号)，以承接全球产业转移。哈尔滨乐辰科技有限责任公司、哈尔滨黑大伊思特软件有限公司、哈尔滨嘉鸿科技开发有限公司、哈尔滨兰诺数码有限公司、黑龙江省海天地理信息技术股份有限公司、哈尔滨中和科技开发有限公司、黑龙江新洋科技有限公司等各具特色的软件服务外包企业相继问世，初步形成了以经开区服务外包示范园区为核心，以哈工大科技园、工程大学科技园、理工大学软件园、黑大软件园、省地理信息产业园、平房区动漫产业园等为集聚区的服务外包产业空间布局。"十一五"时期，哈尔滨市产业增速高于全国平均水平，年均增速超过 20%。

（三）转型升级期

21世纪第二个10年，国内外软件行业的外部环境发生明显变化，哈尔滨软件产业进入转型期。面对信息技术变革，以东南沿海为核心的软硬件创新生态加快生成，哈尔滨市由于产业结构短板、地理位置偏远、运营成本较高、中高端人才短缺等因素叠加，发展进入瓶颈期，速度明显放缓。"数字龙江"建设规划启动后，哈尔滨市积极调整产业结构，向新业态进军。2019年，哈尔滨市获批成为国家第三批跨境电子商务综合试验区，同年5月，哈尔滨工业大学人工智能研究院成立。2022年，哈尔滨市与北大荒集团、东北农业大学共建"智慧农场技术与系统全国重点实验室"，向智慧农业进军。2023年成功获批国家第一批中小企业数字化转型城市试点，推动哈尔滨市制造业数字化转型发展，为软件产业发展带来新机遇。

二、产业规模

从历史数据来看，哈尔滨市2004年入统软件企业为32家，软件收入为29亿元，2016年发展达到历史高峰，入统软件企业达到174家，软件收入达到168亿元，12年间企业数增长近6倍，收入增长5.8倍。2018年收入规模严重下滑，之后处于平稳增长。哈尔滨市2004—2023年软件业务收入和增速情况见图2-9。

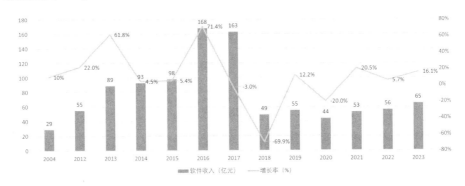

图2-9 哈尔滨2004—2023年软件业务收入和增速情况

数据来源：工信部历年软件行业统计数据，部分为推算数据。

2023 年有各类软件纳统企业 101 家，其中开发能力较强的有 34 家，通过省软件协会认定的软件企业 11 家，通过省软件协会认定的软件产品 25 种。纳统软件从业人员约 10571 人，其中软件企业超过 100 人的有 11 家，50—100 人的也有 11 家。

三、产业结构

依据 2023 年统计数据，在哈尔滨市软件业务收入构成中，软件产品收入占比为 36.35%，信息技术服务占比为 50.48%，信息安全收入占比为 1.03%，嵌入式系统软件收入占比为 12.13%，具体占比见图 2-10。

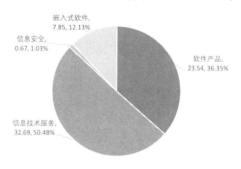

图 2-10　2023 年哈尔滨软件收入构成

数据来源：工信部 2023 年软件和信息技术服务业年度统计数据。

哈尔滨软件产业结构特点鲜明。第一，软件产品供应链形式单一，大多数软件企业依然是独立软件提供商，主营收入来自受托的定制开发项目，管理偏重于传统软件工程的线性管理，资金占用率高、投入回报比低，无法带来高溢价预期，对社会流动资本的吸引力较低，未能形成"复利"式增长。第二，系统集成和信息化解决方案产出不高，基于移动互联网等新兴业态的数据处理和运营业务较少。第三，信息安全细分领域基础较好，形成一批从事网络安全和终端安全的企业，但规模效应尚未形成龙头带动的企业群体。第四，嵌入式系统的软件开发受限于区域市场需求，规模较小。

总体上，哈尔滨软件产品以服务企业端为主，缺乏面对消费端的平台企业和产品，与传统经济的相关性较强，实体经济的发展情况对软件产业有很大的影响。哈尔滨的软件企业多数由国有企事业单位的信息化部门改制而来，计划经济色彩浓重，以服务母公司和所在行业为主，市场开拓效果有限。民营软件企业受限于地理位置、服务对象和运营出版的限制，偏向于选择传统行业的滚动式发展模式。软件企业通常需要一对一服务的营销策略，营销成本较高，市场服务半径受到制约。哈尔滨软件产业以行业应用软件为主，行业客户高度集中于行政管理、企业管理、智慧农业、能源（电力/煤炭/石油/天然气）、装备、钢铁、汽车等领域，有待于通过数字化、智能化、网络化的推进，为软件产业发展提供更大的发展空间。

四、产业特点

哈尔滨软件产业对实体经济依赖度较高，主营收入主要来源于行业应用项目，随着数字化转型升级的步伐加快，在行业细分领域的深度定制需求增加，呈现出嵌入式系统及软件居多的特性，成为哈尔滨软件的特色。目前，行业应用软件已经覆盖农业、能源、装备制造、石化、汽车电子、铁路、医药、物流等行业，其中电力电子、电信、汽车电子、机器人、医疗等应用领域，出现一些关键节点型企业，值得注意的是，在近 400 家从业企业里，从业 20 年以上的"老品牌"规上企业近 40 家，数量占总体的 10%，收入占全市的 80%。

（一）农业应用软件国内领先

服务智慧农业是哈尔滨软件的重要方向。黑龙江农业全产业链数字化、智能化已经成为现代数字农业的全国样板，农业物联网、3S 等领域的农业科技水平始终走在全国甚至世界前列，地理信息系统（GIS）及遥感技术（RS）实现全覆盖，监测精度达到 85% 以上。2021 年，北大荒集团数字经济增加值达 87.38 亿元，占集团企业增加值的 16.6%，农业科技进步贡献率达 77.07%，农业数字经济渗透率达 13.95%，高出国家指标 5.75 个百分点。[①]

哈尔滨以北大荒数字农服平台为载体，构建专业化服务、社会化分工、标准化流程、企业化运营、平台化赋能的农业社会化服务体系。BDH® 智慧农业解决方案，采用物联网、大数据、人工智能、5G、机器人等新一代信息技术，通过对设施、装备、机械的智能调度，打造水田天空地一体化农情长势监测系统体系，努力实现水田全产业链智慧农业，建设全国水田智慧种植样板。围绕农人、农地、农金、农资、农机、农服、农品、农信的"八大生产要素"，打造种、管、收、储、运、加、销农业全产业链数字化转型模式。哈尔滨鸿德亦泰数码科技有限责任公司作为全国农村水利行业的旗舰级公司，已形成全国"前店后厂"的战略格局。黑龙江惠达科技股份有限公司在国内农机智能装备的市场占有率居行业第一，在智能终端系统设计、农机作业质量监测感知技术、车联网技术、基于北斗导航的自动驾驶技术、无人机技术以及无人农场解决方案等方面处于行业领先地位。[②]

（二）电力软件独具特色

哈尔滨于 2019 提出建设"电力大数据人工智能综合分析平台"，是全国首个将泛在电力物联网建设纳入政府工作报告的省会城市。为满足全过程工业用电需求，在发电侧、配电侧、用电侧提供了优质高效的智能电气成套设备和技术支持，电能管理实现了"电力流、信息流、业务流"的高度智能一体化融合，科技研发能力和技术装备水平居于国内同行业前列。在发电侧，中小型火电机组分布式控制系统（DCS）、锅炉炉膛安全监控技术及燃烧管理系统是行业级服务云平台，串联千万个人用户、用热单位、供热单位、热源站网的计量物联网，实现了智慧供热覆盖全国供热区。核电站辅机控制系统应用，服务对象遍布国内近 20 个省（区、市）以及近 10 个国家，核电辅控领域占有率都超过了 50%。在配电侧，一批"专精特新"中小企业群，构成了电工仪表自动化细分领域的嵌入式系统提供商群组；

---

① 白雪，卢美丽，陈丛伟，等. 丰收背后的"科技密码"［N］.北大荒日报，2021-11-18（001）.
② 薛婧，孙思琪. 深哈联手打造北方"深圳湾"［N］.黑龙江日报，2023-08-31（001）.

另有一批拥有近 30 年大型软件产品研发经验的傲立信息，专注电网自动化的哈尔滨光宇电气自动化有限公司等"老资历"软件企业。在用电侧，黑龙江省电力营销现代化项目，形成了应用近 30 年的电力行业信息化解决方案和网络系统集成方案。

（三）交通物流软件呈现较好的发展势头

哈尔滨在轨道交通领域拥有一批技术成熟、能力出众的嵌入式系统提供商，覆盖了铁路系统的"八大段"，在轨道交通信号列车站用检查技术领域市场占有率全国第二，在国内车辆段和机务段市占率超过一半，全路智能装备研发能力出众，使得哈尔滨在轨道交通智能化领域处于全国第一梯队。哈尔滨拥有交通物流软件供应商，包括在全球智能物流产业领袖峰会中荣获 2022 中国物流知名品牌服务商的哈尔滨飞扬软件技术有限公司，以及用于邮政信息化建设、开发、运维及发展的邮政物流软件，用于发展农村电商的物流平台，完善"最后一公里"服务，有助于商品快速进入全国消费市场。

（四）智能控制软件具有广泛的发展潜力

哈尔滨在汽车、石油化工、大数据、物联网领域，也有一批软件和嵌入式系统服务商。在客车车身控制技术、基于柔性配置的汽车 CAN 总线控制系统、客车用中央处理器、汽车轮胎压力温度无线监测系统、彩色液晶仪表产品、汽车发动机电喷嘴清洗检测仪等产品处于行业领先。哈尔滨致力于将信息技术与制造技术深度融合，打造"5G+ 工业互联网 + 智能制造装备"综合竞争优势，助力更多制造业企业向数字化、智能化转型升级和高质量发展。在物联网领域，无线射频卡技术、智能一卡通系统、移动互联网技术、近场支付及互联网支付技术等方面占有一定市场份额。在供水、供热、环保、数字乡村等行业应用上，已经为全省城市及乡村居民和 800 余家机构，织就了一张数字化智能化网络化的物联网络，累计服务全国政府机构与企业单位用户 1000 余家，超 30 万执法用户使用 5G 移动终端。

五、发展成效

（一）信创产业生态加快形成

作为软件产业的重要事件和成果，2022年黑龙江鲲鹏生态创新中心落户哈尔滨新区，"鲲鹏"生态为龙江数字经济发展开辟"新赛道"，为各行各业数字化转型注入新动能。哈尔滨聚焦推动高质量发展，加速现代产业体系建设，积极发展新兴产业，打造引领全省的"大智移云物"新一代信息技术产业集群。几年来，在全国产业竞争的大格局中，哈尔滨软件产业积极与传统产业融合发展，抢抓移动互联网时代的发展机遇，加快实现技术和产品迭代，推进软件工程化向服务化、市场化升级，深度挖掘数字经济时代软件产业的发展潜力。

（二）制造业数字化优势扩大

哈尔滨聚焦食品、医药、汽车、化工等传统产业，加快产业数字化、网络化、智能化、绿色化升级改造步伐，推动传统产业焕发新活力、再造新优势，不断满足先进制造业数字化过程中的新需求，前瞻布局太空极地和深海探测等技术应用，加快建设国家航天高端装备未来产业科技园，加快培育形成新质生产力。

（三）持续降低要素综合成本

基于哈尔滨人均收入与消费水平较低，软件企业用房用地，公用事业服务、生活消费资料价格、物业成本、劳动力成本较低，降低企业的要素成本，提高企业产品和服务的性价比，提高软件企业的市场竞争力，促进哈尔滨软件产业的高质量发展。

（四）发挥对俄、日、韩的合作优势

哈尔滨与俄、日、韩等国相距较近，交往历史悠久，民俗、文化、语言、经济各方面有着千丝万缕的联系，并建立起了相互交流、合作的良好环境，在俄语、日语、韩语人才培训方面，具有比较优势，在国家向北开放过程中，扩大软件服务外包业务，推动软件领域的国际合作。

（五）打造东北算力中心

作为东北地区新一代信息产业示范区项目，哈尔滨建设了东北区域唯一具有独立一体化运营能力的超大型数据中心，也是中国移动集团在东北地区算力网络的中心节点。目前已有百度、阿里、腾讯、字节跳动、京东等120余家行业客户落地 IDC 业务。[①] 哈尔滨建有哈南新区"云谷"大数据基地、高新区"云飞扬"大数据基地、地理信息产业园大数据基地，哈尔滨市超级计算中心可提供超过1000PFlops算力。黑龙江鲲鹏生态创新中心基于国产自主可控的超算节点、AI集群和适配云资源池等服务功能，已逐步应用到政府、金融、运营商、电力、交通、制造等领域，正在助力本地信创产业发展，推动传统行业转型升级。

---

① 桑蕾，孙铭阳. 探访承载龙江数字经济发展新基座［N］.黑龙江日报，2022-07-14（005）.

第三章
东北软件重点领域发展情况

软件核心技术及产品的发展水平直接影响着一个国家或地区的信息化进程、技术创新能力、产业竞争力以及经济社会数字化转型的深度和广度。本章以东北软件企业拥有的核心技术及研发的软件产品为主线，基于 2018 版软件产品分类国家标准，结合东北软件产业发展特点，按照基础软件、工业软件、嵌入式软件、信息安全软件、新兴软件几大重点领域分类，介绍东北软件产业在各领域的核心技术与典型产品，展示东北软件产业重点领域发展情况。

第一节　基础软件

基础软件包括操作系统、数据库、中间件、语言处理系统、工具软件、办公软件等。目前，国产基础软件在技术水平、市场占有率等方面与国外相比还存在差距，"十四五"以来，国家大力推动信创产业的自主研发和自主可控，国产化基础软件得到了快速发展。东北在基础软件方面相对薄弱，应对优势领域加大投入，推动基于国产基础软硬件的中间件、工具软件的开发，以及应用软件适配工作。东北基础软件发展情况如表 3-1 所示。

表 3-1　东北基础软件一览表

类型	细分领域	典型厂商
操作系统	通用操作系统	大连红旗自由软件
	嵌入式操作系统	沈阳东软睿驰、哈尔滨严格集团、沈阳新松机器人
数据库	通用数据库	—
	实时数据库	大庆紫金桥软件
	新型数据库	沈阳东软集团
支撑软件	中间件	—
	工具软件	大连高德瑞信
办公软件	通用办公	—
	企业办公	沈阳明致软件
信创软件	信创软件	辽宁省信创产业园、联想全生态研发中心、金蝶数字经济与信创产业创新中心

一、操作系统

在计算机操作系统领域，大连红旗自由软件有限公司承袭自中科院软件所红旗 Linux，并以"火牛羚"新品牌独立运营，推出了桌面操作系统和服务器操作系统。"火牛羚"桌面操作系统以优异的软硬件兼容性，支持海光、龙芯、飞腾、鲲鹏、申威、兆芯等多种架构，集成国产网络浏览器、邮件客户端、金山 WPS 办公套件、图像处理、多媒体播放等多种系统应用工具。"火牛羚"服务器操作系统突破版本构建、安全可控、工控系统等核心技术问题，广泛应用于物理场景和虚拟环境，以及公共云、私有云和混合云等大数据环境，为政企信创、数字城市、东数西算提供基础底座。

在嵌入式操作系统领域，一些以智能终端设备生产制造为主的企业，在核心技术上不断突破，研发出具有自主知识产权的产品。东软睿驰汽车技术（沈阳）有限公司 2018 年起相继发布国产汽车操作系统 NeuSAR，最新发布的 NeuSAR 4.0，不仅全面支撑汽车开放式系统架构技术标准，还推出了面向跨域融合阶段的全新汽车软件应用开发框架，成为中国广义操作系统成熟的标志。目前，东软睿驰汽车操作系统已在本田、广汽、吉利等众多车厂得到广泛应用。严格集团股份有限公司推出的机器人操作系统，支持多核处理器上多 OS 在线运行模式，具有强实时和智能计算统一架构的特性，支持并行计算、硬件加速、云端智能开放服务等主要功能，已经在军工、航天、工业、石化、高校等领域进行推广应用。沈阳新松机器人自动化股份有限公司研发的 DUCO-Core 协作机器人操作系统，突破了传统机器人的物理连接限制，支持有线、无线、移动终端、PC 等不同交互方式，提高了机器人的便捷程度。新松协作机器人产品通过 CE 和 SEMI 认证，出口东南亚、北美、欧洲等国家和地区，形成广泛的品牌影响力。

二、数据库

东北从事数据库开发的软件公司较少，主要集中在实时数据库以及新型云数据库领域。比较有代表性的产品有大庆紫金桥软件技术有限公司开发的实时数据库系统和东软集团股份有限公司开发的数据仓库系统。

大庆紫金桥是国内较早研发大型实时数据库产品的公司之一，先后承担了国家"九五"攻关项目、国家 863 项目等工作。公司推出的紫金桥跨平台实时数据库系统，支持 Windows、麒麟系列及多种 Linux 操作系统，可运行于 x86、龙芯、兆芯、飞腾、申威等处理器上，消除了系统间的壁垒，实现了分布式跨平台兼容。产品推广到石化、钢铁、水电、机械、制药、采矿等行业自动化过程控制和管理监测等系统，其可靠性、方便性和强大的功能得到用户的高度评价，荣获中国自动化产业年会"2020 年度最具竞争力创新产品"奖。

东软集团适应云计算、大数据应用的市场需求，推出数据仓库软件产品东软思来得。产品基于 MPP 架构，采用开源平台，适用于云原生环境的分布式数据库。产品在客户管理、数据仓库、数据集市等项目上体现出较高性能，可实现数据均匀分布到所有节点，由系统自动完成并行处理。东软思来得支持私有云、公有云等多种使用场景，降低企业管理运维成本，为企业提供海量数据的管控及并行处理能力。产品入选中国国产数据库产品名录，在华晨宝马的汽车车身质量分析检测系统中展现出很好的效果。

三、支撑软件

支撑软件是在系统软件和应用软件之间，提供应用软件设计、开发、测试、评估、运行检测等辅助功能的软件，往往以中间件或工具软件的形态存在。东北主要是工具软件产品研发。

大连高德瑞信科技有限公司研发的应用性能管理（APM）系统，为开发、运维、质量控制提供一站式解决方案。软件获得了中国电子工业标准化技术协会颁发的"中国IT服务十大创新产品奖"，进入工信部运维工具图谱，经公安部检测获得安全销售许可证。产品已与华为、飞腾、龙芯、海光、鲲鹏、麒麟等生态组织完成适配认证。

四、办公软件

东北从事办公软件的公司，比较具有代表性的有沈阳明致软件有限公司，其研发的明致协同办公系统，是一套产品化的办公自动化系统，主要用于实现政企单位内部高效的行政办公管理，包括个人中心、信息中心、交流中心等八大模块，内置强大的工作流引擎，支持引用外部数据源，支持可视化流程设计，流程的每一步可提供上百种选项。该产品现已发展到第四代，在全国有上千家客户，涵盖政府、教育、医疗、金融、生产制造、商贸、房地产、工程建设等众多行业。

五、信创软件

信创产业关乎国家的信息安全和自主可控，也直接关系到产业创新和转型升级。国家持续出台一系列支持政策，促进信创产业快速发展。东北作为国家重要的工业基地，具有国产基础软硬件配套研发以及应用适配的发展环境。

辽宁省信创产业园于 2020 年 12 月开始运营，目标是构建立足辽宁、覆盖东北的全场景信息化技术应用创新高地和生态体系。目前正在按照国产芯片、整机设备、基础软件、网络安全、系统集成、行业应用六大主题，聚集信创核心企业，已有东华软件、联想集团、麒麟软件、中国软件、上海兆芯、东方通、福昕鲲鹏、奇安信、北京宝兰德、北京网御星云等 18 家信创头部企业在信创产业园运营。联想全生态研发中心、金蝶数字经济与信创产业创新中心等平台开始建设运行。其中，联想全生态研发中心是由上海兆芯和联想集团共同打造，包括生产基地、结算中心、适配中心等。金蝶数字经济与信创产业创新中心是由金蝶集团、科大智谷共同打造，已经聚集了金蝶软件（中国）有限公司沈阳分公司、金蝶天燕云计算（沈阳）有限公司、沈阳金利通软科技有限公司等多家科技企业。

第二节　工业软件

东北工业软件涵盖行业较多，伴随着企业信息化的发展步伐，形成了一批在工业控制、工业自动化、产业数字化领域的软件企业，覆盖了汽车、航空、机械、炼钢、化工、造船、电力等行业。东北工业软件总体水平有待提高，具体表现在设计仿真类高端工业软件企业较少，产品通用性以及市场占有率较低。东北工业软件企业应面向老工业基地振兴需要，加速传统产业的深度融合，推动软件与自动化技术、制造技术、管理技术相互渗透，研发一批国际先进、国内领先、替代国外产品的具有自主知识产权的软件和服务产品。

工业软件大体上分为嵌入式软件和非嵌入式软件。嵌入式软件就是嵌入在工业设备和工业产品中的软件，非嵌入式软件是指用于执行独立功能的专用计算机系统。非嵌入式软件又分为传统工业软件和新型工业软件，传统工业软件包括设计研发、生产控制、管理经营、运维服务四大类，新型工业软件主要是基于大数据、云计算、工业互联网技术的平台类软件。[①] 表3-2给出了东北工业软件的相关情况。

表3-2　东北工业软件一览表

类型	细分领域	典型厂商
设计研发类	CAD/CAE	长春光机所、大连英特仿真、中科院沈阳自动化所、大连卓志创芯
	CAPP	长春启明信息、大连比特软件、沈阳西赛尔
	PDM/PLM	长春启明信息
生产制造类	DCS/SCADA	沈阳东软集团、大连比特软件、沈阳大来软件、沈阳荣林科技
	MES	中科院沈阳自动化所、长春启明信息、大连信华信、沈阳鸿宇科技
	EMS	鞍钢自动化、沈阳鸿宇科技
	APS/MOM	长春启明信息、沈阳鸿宇科技、中科院沈阳自动化所、东大自动化、大连信华信、大连鑫海智桥
运维服务类	APM	沈阳鸿宇科技、大连比特软件、沈阳中科博微
	MRO	沈阳东软集团、沈阳鼓风机、沈阳鸿宇科技
	PHM	大连美恒时代、大连圣力来、沈阳天眼智云
经营管理类	ERP	长春启明信息、长春国基软件、长春吉成科技
	SCM	长春启明信息、大连信华信
	CRM	长春启明信息、沈阳东软集团、大连信华信
	HRM	沈阳东软集团、大连信华信

[①] 陈立辉，卞孟春，刘建. 求索：中国工业软件产业发展之策［M］. 北京：机械工业出版社，2021：12-20.

续表

类型	细分领域	典型厂商
新型工业软件	工业互联网平台	中科院沈阳自动化所、大连航天新长征、沈阳中科博微
	工业大数据	大连云动力、大连达硕信息、沈阳鸿宇科技
	工业智能	鞍钢自动化、沈阳东软集团、长春启明信息
	AR/VR	沈阳东软集团、沈阳新松教育、大连奥托股份

一、设计研发类

东北设计研发类工业软件主要集中在计算机仿真软件（CAE）以及计算机辅助工艺规划软件（CAPP）方面。

在 CAD/CAE 领域，中国科学院长春光学精密机械与物理研究所在光学设计仿真、英特工程仿真技术（大连）有限公司在多物理场耦合分析、中国科学院沈阳自动化研究所在轨道交通、大连卓志创芯科技有限公司在芯片仿真测评领域展开深入研究，推出一批国内领先产品。长春光机所发布自研的光学设计类仿真软件，包括成像光学设计分析软件、杂散辐射分析软件、光学联合仿真软件三款产品，打破国外技术垄断，已广泛应用于航空、航天、兵器、电子等领域的设计与仿真。英特仿真推出的多物理场耦合分析软件是目前国内同类产品中物理场完整度、耦合方法体系成熟度最领先的产品，实现了进口软件基本可替代，成功部署于申威系列自主安全处理器和"神威·太湖之光"超算系统，应用于航空、航天、核电、船舶、电气、汽车工程等领域，助力解决行业"卡脖子"问题。中科院沈阳自动化所开发的轨道交通试验仿真管理系统，对标德国西门子、法国阿尔斯通等国际巨头产品，实现了全球首创轨道交通装备试验仿真流程自动化新模式，成为轨道交通系统集成国家工程实验室核心支撑，支持了 600 公里 / 小时超高速列车组、复兴号、和谐号等产品型号的试验验证。卓志创芯的芯片自动化智能分析测评软件，应用于集成电路行业的工业芯片设计研发、性能和功能评测，实现全新芯片智能测控方法，产品通过国际芯片巨头厂商瑞萨公司的评测试用，并于 2022 年开始在工业 MCU 的量产芯片中实际应用。

在 CAPP 方面，比较典型的产品有启明信息技术有限公司的计算机辅助工艺过程设计系统、大连比特软件有限公司的工艺规划设计仿真平台、沈阳西赛尔技术有限公司的智能工厂虚拟仿真软件。启明信息公司的计算机辅助工艺过程设计系统能够支持冲压、焊接、涂装、总装等多种工艺规程的编制及管理，能够对工艺规程所使用的设备、工装、材料等进行有效管理，实现了人、技术、管理集成，在一汽解放汽车等制造业企业得到实际应用。大连比特的工艺规划设计仿真平台，是专业用于制造项目规划、工艺设计、模拟仿真、工艺流程分析改进的技术系统，产品成功应用在中车长春轨道客车、中车唐山机车车辆等企业，取得预期效果。沈阳西赛尔推出的全方位工业智能制造虚拟仿真系统，能够帮助企业在研发前期进行工程规划、工程验证、工艺分析、逻辑验证以及产能确认等工作，已在智能制造领域得到应用。

在 PDM/PLM 方面，主要有启明信息公司的协同产品开发管理系统，可以将概念设计、工程分析、工艺流程设计、制造、销售直至产品报废整个生命周期与产品相关的数据予以定义、组织和管理，并保持一致、有效、共享及安全。启明软件不仅为企业提供了产品开发的管理平台，还可延伸至供应商、客户、合作伙伴等相关企业，实现虚拟企业的协同，在一汽等制造类企业得到应用推广。

二、生产制造类

生产制造类软件主要应用于工厂生产制造现场管控，包括集散控制系统（DCS）、数据采集与监控系统（SCADA）、制造执行系统（MES）、能量管理系统（EMS）、高级计划与排程软件系统（APS）、制造运营管理

（MOM）等。东北软件企业紧密结合细分领域应用场景，形成了以自主产品为主实施生产制造自动化解决方案，涌现出中科院沈阳自动化所、启明信息技术有限公司、沈阳东大自动化有限公司等一批技术全国领先的优秀企业。

在 DCS 领域，中科院沈阳自动化所开发的离散行业智能现场管理与集成控制及系统平台，提供了集底层设备集成、生产现场智能管控、车间管理决策为一体的智能现场管理与集成控制，将大量行业先进的管理方法引入企业，快速提升车间管理水平。

在 SCADA 领域，大连比特软件有限公司、东软集团股份有限公司、沈阳大来软件信息技术有限公司、沈阳荣林科技发展有限公司等企业都推出了成型产品。大连比特的生产过程实时监控平台，是针对装备制造企业的生产过程监控和三维可视化展示系统，支持制造业企业构成制造过程的"数字双胞胎"，实现实时数据可视化显示、分析和辅助决策，产品成功应用在中车长春轨道客车、唐山机车车辆等制造型企业。东软集团 SCADA 系统，提供厂区及园区数据采集和监视控制解决方案，帮助客户对分散厂区的大量设备进行集中运维，实时掌握被监控设备的运行状态，产品在中国石油、西安航空动力等企业得到推广应用。大来软件推出的 SCADA 系统，对企业内部车间生产、人员、设备等数据进行实时采集、存储、处理，实现数据采集、设备控制、测量、参数调节以及各类信号报警等各项功能。荣林科技研发的 RL-SCADA 系统，面向燃气、电力、给水、采暖等领域的综合数据采集与监视控制系统，提供对线路或管网的运行监控和管理，提高了企业生产效率、调度效率和安全性能。

在 MES 领域，比较典型的有中科院沈阳自动化所、启明信息技术有限公司、信华信技术股份有限公司等。中科院沈阳自动化所推出了 MES 系统开发平台产品，用于企业定制化业务需求的制造执行系统的快速开发，提供面向不同行业的可视化建模和基础核心服务；同时还推出了面向电子制造、整车制造、零件加工与装配、制药、铝电解等行业专用的 MES 系统。启明信息的制造执行系统代表了汽车和机械行业 MES 工业软件的最高水平，产品为制造企业提供车间执行层的生产信息化管理功能，对从生产计划下达到产品完成的全过程进行优化管理，为企业提供一体化解决方案，产品成功应用于一汽解放等公司的生产系统。信华信公司自主研发的精益生产系统，将制造资源深度数字化、信息化、结构化，全方位管控企业产品制造过程，产品在中车南京浦镇车辆有限公司等得到推广应用。另外，沈阳鸿宇科技有限公司分别推出耐火材料行业 MES、装备制造业 MES、铸造行业 MES、电子行业 MES、汽车配件行业 MES 等系列产品，其中装备制造业 MES 系统获评"2021 卡恩奖十大优秀 MES 集成案例"。

在 EMS 领域，鞍钢集团自动化有限公司、沈阳鸿宇科技有限公司有较好的业绩表现。鞍钢自动化自主研发的钢铁企业能源管控系统，将能源知识显性化、模型化、图谱化，实现全系统能耗动态评价、多时空尺度能源流预测及耦合、生产与能源计划调度整体优化，实现全流程碳排放核算与分析等能源全生命周期智能服务，入选《国家工业节能技术装备推荐目录（2020）》，荣获 2021 年钢铁行业智能制造最佳解决方案、首届国企数字场景创新专业赛一等奖。鸿宇科技的 EMS 能源管理系统，通过建立能源产耗预测模型、能源介质管网模型、多能源介质协同优化调度模型，实现能源平衡及优化调度，进而实现能源计划与管理功能，提高企业设备运行效率和节能增效。

在 APS 领域，启明信息、鸿宇科技、中科院沈阳自动化所推出了自主知识产权的产品。启明信息的高级计划及排程软件利用先进的规划管理技术，有针对性地创建计算模型，综合客户需求、关键资源限制、生产能力等约束条件进行优化求解，产品应用在红旗工厂，实现了缩短计划编制时间的预定目标。鸿宇科技 APS 高级计划和排程系统可超高速地制作多品种、多工序的生产计划，将每台机器、每个人的生产计划精确到秒单位，并输出可执行的工作指示。沈阳自动化所的优化排产仿真系统软件，可以进行基于规则的智能算法排产仿真，广泛用于车间生产调度排产场景。

在 MOM 软件领域，沈阳东大自动化有限公司、信华信技术股份有限公司、大连鑫海智桥信息技术有限公司等企业，推出了自主产品并实现行业应用。东大自动化是依托东北大学流程工业综合自动化国家重点实验室建立起来的高科技企业，公司研制的全流程综合自动化系统，是中国流程工业第一个实现综合生产指标优化和管理扁平化的综合自动化系统，已成功应用于冶金、有色、选矿领域，显著提高了企业精矿品位和金属回收率，并延伸到电力、环保、制造等行业。信华信研制的制造运营管理平台软件，是对工厂实行全方位数字化管理的信息系统，广泛应用于电力、机械、汽车、电子、航空、航天、船舶等行业，产品荣获"2021—2022 工业互联网优秀产品"奖。鑫海智桥推出工业互联网平台，基于工业互联网思维、微服务组件库、工业建模分析、云部署、工业大数据、边缘层接入、解析与计算，采用新的架构模式，为离散制造业用户提供自动触发协同，便捷用户操作。

三、运维服务类

运营服务类软件用于产品的售后运维服务，主要包括资产性能管理（APM）、维护维修运行管理（MRO）、故障预测与健康管理（PHM）。东北的运维服务类工业软件较多关注数据采集与数据监控，具有简单的评估预测能力，在数据和经验积累、工程应用场景深度融合方面还有较大的提升空间。

在 APM 领域，比较典型的公司有沈阳鸿宇科技有限公司、大连比特软件有限公司、沈阳中科博微科技股份有限公司。鸿宇科技推出的 TPM 系统是一套完整的设备管理解决方案组合，用来管理、监督和控制过程及制造行业中的全部维护作业，通过提供有关机器和维护的前瞻性在线数据，实现预防性维护和作业单的自动化，有助于用户监控维护成本及计划维护预算。比特软件的企业资产运营管理平台，是针对企业的厂区、建筑物、基础设施、管道缆线、设备等生产资源进行管理的综合信息化平台，该产品应用于中车长春轨道客车股份有限公司，对全公司 100 多亿元资产进行日常管理和资产内部流程管理，实现了资产采购、运维、处置的优化。中科博微的企业资产管理系统，面向资产密集型企业提供覆盖资产购置、资产部署、资产服务、资产处置等全生命周期管理解决方案，该产品通过华为云为广大中小企业提供云服务。

在 MRO 领域，比较典型的公司有东软集团股份有限公司、沈阳鼓风机集团测控技术有限公司、沈阳鸿宇科技有限公司等。东软集团推出的物联网智能分析平台，从海量设备、环境、业务系统等多源异构数据中获得洞察，实时对设备进行综合监控，通过使用大规模机器学习算法对海量传感器数据进行统计分析，准确探测故障发生的趋势，实现对设备的预测性维护，在国家电网风电场智能运维等场景得到广泛应用。沈阳鼓风机测控技术有限公司推出的因思云平台，将现场设备、智能传感、远程诊断、云端等节点连接起来，形成完整的生态系统，可提供从数据采集、安全传输到数据分析和诊断，可以实时洞察工厂整体运营情况，精确、安全、可靠地控制流程和业务，并实现远程及移动应用，确保工厂安全且高效地在线运营。鸿宇科技推出的设备云平台产品，面向设备厂商提供全托管的云服务，帮助设备厂商建立设备与云端之间安全可靠的双向连接，以支撑海量设备的数据收集、监控、故障预测等各种物联网场景，产品支持分布在各地的运行设备进行远程管理、固件升级、故障诊断和维护。

在 PHM 领域，大连美恒时代科技有限公司、大连圣力来监测技术有限公司、沈阳天眼智云信息科技有限公司等公司，针对不同的应用领域推出了自主产品。美恒时代推出的起重机信息管理系统软件，面向冶金、矿山、钢铁、物料搬运等行业场景，通过对起重机运行数据的采集与分析，以及对安全监控数据的深度挖掘和针对性处理，实现了起重机设备健康管理和预测性维护，使起重机停机率减少 10%、备件成本降低 20%、维护人员成本降低 50%。圣力来研制的设备监测大数据管理系统及健康分析平台，可通过实时采集连续生产过程中设备的运行数据，依据大数据分析设备实时运行状态，找出潜在的故障信息并预警，已应用在中石化、中石油下属的十多个企业。天眼智云推出的电力变压器故障预测与健康管理系统，提供三维可视化展示、视频采集及传感器采集、数据分析及状态评估、故障预测与健康管理等功能，对设备日常运行、识别维护、设备管控等数据进行综合分析评价，并为用户提供决策性维护建议。

四、经营管理类

经营管理类软件侧重于工业企业的全生命周期的运营管理，主要包括企业资源计划（ERP）、供应链管理（SCM）、客户关系管理（CRM）、人力资源管理（HCM）等。目前国内大中型企业的高端 ERP 软件仍以国外厂商为主，国内用友、浪潮和金蝶等不断扩大市场份额。东北软件企业在一些特定领域有一定优势。

在 ERP 领域，启明信息技术有限公司、长春国基软件科技股份有限公司、长春市吉成科技有限公司推出自主产品。启明信息的企业资源计划管理系统，以汽车整车及零部件制造企业为研发原型，将先进的企业管理思想、管理方法与信息技术高度集成，覆盖诸多管理功能，已在一汽等公司展开全面应用。国基软件推出的神犬 ERP，集成了财务、物流、成本、生产、计件工资等功能，把企业运作中的每一个流程之间相互联系、相互控制，产品被列为国家火炬计划，拥有大量的中小企业用户。吉成科技是唯一拥有饲料行业 ERP 系统软件著作权的厂商，在国内首家推出饲料行业 ERP 系统，在吉林斯麦尔、鞍山辽河饲料、青岛先进饲料等上百家客户使用，成为本行业最大的供应商。

在 SCM 领域，主要有启明信息与信华信公司在开展相关研发业务。启明信息的供应商关系管理系统，覆盖了对供应商全生命周期的管理，支撑企业采购部门统一资源、统一订货、统一付款、分别交货，产品在长春一汽应用取得良好效果。信华信的供应链协同平台，为装配制造企业提供综合解决方案，支持从客户合同签订到物流配送、仓储入库等全流程管理，产品在中车南京浦镇车辆有限公司等企业得到应用。

在 CRM 领域，主要有启明信息、东软集团、信华信等公司推出自主产品。启明信息的客户关系管理系统打破传统营销方式，打造全媒体客户接触途径，通过向客户提供交互服务过程，加快市场响应速度，产品应用于华菱星马汽车（集团）股份有限公司，客户接待能力提升 5 倍。东软集团的 CRM 产品为企业级售后平台提供的售后服务，通过电话、短信、微信、App 等多种方式为客户建立无处不在的服务接触渠道，并且跟踪各自的订单信息，让服务管理变得实时有效，该产品为海尔、海信等建立了售后服务平台。信华信客户关系管理系统主要针对中小企业提供一系列服务功能，通过数据分析帮助企业掌握客户需求，有效提升客户忠诚度，已广泛应用于金融、房地产、营销策划、电子商务、教育培训等领域。

在 HRM 领域，东软集团、信华信等公司的产品在市场上具有较好的表现。东软慧鼎战略人才资本管理系统专注于大中型企业的一体化人力资源管理，产品提供人才供应链等五大板块以及员工自助等 32 个业务模块，产品获得国家级荣誉资质 80 余项，在人力资源管理软件市场占有率多次排名第一。信华信的人力资源管理平台，依托"分层递进式"人力资源管理理念，打造出人力资源、基础信息、业务管理和战略管理四层次递进管理模式，形成高效的人力资源管理信息化流程。

五、新型工业软件

新型工业软件将物联网、云计算、大数据、人工智能、数字孪生等新一代信息技术，与工业机理、行业物理模型精确契合，以工业互联网平台及工业 App 的形态，为制造类企业提供全场景数字化解决方案。新型工业软件可分为工业互联网平台、工业大数据、工业智能、工业数字孪生等细分领域。

在工业互联网平台领域，中国科学院沈阳自动化研究所、大连航天新长征大道科技有限公司、沈阳中科博微科技股份有限公司等企业推出了具有业界影响力的产品。中科院沈阳自动化所的"中科云翼"工业互联网平台，以工业 PaaS 云为核心集成开发工具、微服务组件、模型 / 知识库和 AI 大数据中台等基础服务，通过 SaaS 核心服务支撑面向产品设计、制造、物流与销售的工业互联网应用，面向各类制造企业和产业集群提供公有云、私有云和混合云的制造服务，平台先后获评 2020 年度中国自动化产业年会年度最具竞争力创新产品、2022 年全球工业互联网大会融合创新应用典型案例。航天大道的"长征云"工业互联网平台，应用于先进智能制造、安全生产监管、设备远程运维应用领域，获评 2022 年工业互联网平台创新领航试点示范项目、工业互联网大赛一等奖，入选工信部工业互联网平台监测分析数据源、2023 年国家级"双跨"平台。中科博微推出的博微云平台（SyberWare），具备强劲的多源异构数据接入、大数据分析处理、工业机理模型沉淀能力和工业应用培育能力，内置企业资产管理、设备健康管理、生产运营管理、云组态工具等多种工业 App，为工业企业提供全场景数字化解决方案，该平台被列为 2022 年辽宁省重点培育省级工业互联网平台。

在工业大数据领域，东北基于大数据分析应用的工业场景较多，但大部分是局限于特定领域特定场景。大连云动力科技有限公司的工业互联网多维度数据融合软件，实现了工业级应用标准的环境数据智能化感知、厘米级高精度测距定位，以及低功耗无线数据通信等功能，主要应用于工业生产、智能制造等多维度、高精度数据场合，产品已在中车、美团、大连理工、中国建筑等单位得到实际应用。大连达硕信息技术有限公司开发的复杂化学相关领域大数据处理云平台，通过系列复杂数据智能挖掘算法和高通量数据处理核心技术，针对化学及生物领域复杂高通量仪器生成的海量数据进行挖掘、处理、分析，涵盖制药、烟草、酿酒、食品、环境等领域。沈阳鸿宇科技有限公司的生产过程大数据分析系统对大量的生产过程数据和质量结果数据进行采集和存储，充分利用这些数据的深层次信息，使用"机理 + 数据解析"相结合的方式，建立分析模型，给出生产过程建议原料配比及工艺参数，提升生产质量。

　　在工业智能领域，主要是将图像视频识别、知识图谱、深度学习等人工智能技术应用于产品质量检测、生产辅助决策、安全生产等场景。鞍钢集团自动化有限公司研发的基于深度学习的表面检测系统，对带钢表面缺陷图像的准确分析，解决了以前无法实现的复杂检查、分类和定位应用问题，提高了产品缺陷的检出识别率，产品应用在鞍钢股份冷轧厂生产线，对提高生产效率和产品质量发挥了重要作用。东软集团股份有限公司推出的工业知识图谱平台，利用自然语言处理及知识图谱等技术，将各类工业数据进行知识分类，并根据业务本体构建知识图谱，通过快速搜索和推理，将知识转化为决策依据，该系统为电厂各系统流程和应用提供图谱查询、检索、推理、决策辅助等服务，确保安全生产。启明信息研发的 AI 智能服务平台，帮助数据科学家和开发人员快速准备、构建、训练和部署高质量的 AI 模型，帮助实现各类 AI 应用场景落地，产品应用于一汽红旗工程索赔工单识别、不规范生产操作识别等场景，产生良好效果。

　　在 AR/VR 以及数字孪生的工业应用领域，东北的一些软件企业也展开了积极探索。东软集团推出了数字孪生场景建模平台，提供一站式的 2D、3D场景建模工具，支持多种格式模型及模型自动轻量化，支持数据绑定、动画和交互的可视化配置，实时数据交互，低代码快速实现数据可视化、模拟仿真、VR 等应用。基于该产品构建的井场压裂施工数字孪生场景，实现 3D 压裂场景可视化，以及漫游巡检、电子围栏、人员定位、故障报警等功能，运营效率提高 50%。新松教育科技集团有限公司推出了用于机器人培训和考试的系列产品，采用创新型"增强培训"模式，用虚拟与实操相结合，取代传统枯燥的焊接培训教学；新松机器臂虚拟装调实训考核系统，针对机器臂装配产线装配联调工位的在线虚拟仿真实训需求，通过三维模型、渲染和布置等技术，获得接近真实环境的体验。大连奥托股份有限公司研发的数字孪生虚实互联系统，综合运用数字孪生、工业大数据、工业互联网等技术，将物理工厂的生产状态、设备信息等关键数据采集后，发送至以数字孪生技术创建的 3D 虚拟工厂内，驱动虚拟工厂运行，现已成功应用在上汽大众、华晨宝马，解决了生产过程不透明、信息反馈不及时、异常响应不及时、生产质量追溯难，以及管理决策无数据支持的痛点。

第三节　嵌入式软件

嵌入式软件是嵌入到电子设备中，用于控制设备的各种操作和功能的软件系统。随着信息化、智能化、网络化的发展，电子、电气、机械设备、仪器仪表等设备智能化趋势越来越明显，嵌入式技术也将获得广阔的发展空间。嵌入式软件往往与专用硬件一起形成一体化终端产品，因而往往是终端厂商主导嵌入式软件开发，终端厂商的技术、品牌、市场能力对嵌入式软件发展起着主导作用。经过多年的积累，东北在汽车电子、机器人、数控机床、数字医疗设备等方面形成了全国领先的优势，这些领域的嵌入式软件开发是东北软件产业的重要组成部分。相关情况见表3-3。

表3-3　东北嵌入式软件一览

细分领域	典型厂商
智能汽车	大连东软集团、沈阳东软睿驰、长春启明信息、沈阳美行科技、长春丽明科技、哈尔滨威帝电子
智能机器人	沈阳新松机器人、哈尔滨严格集团、沈阳通用机器人、哈尔滨博实
数控机床	沈阳中科数控、大连科德数控、沈阳通用机床、大连通用机床
数字医疗	沈阳东软医疗、沈阳新松医疗、长春迪瑞医疗、吉林科英医疗
无人机	沈阳无距科技、沈阳壮龙科技
其他	大连贝斯特、大连义信、大连渔航、大连锦达、黑龙江瑞兴、哈尔滨永立盛联

一、智能汽车

在智能化汽车电子领域，东软集团（大连）有限公司、东软睿驰汽车技术（沈阳）有限公司、启明信息技术有限公司、沈阳美行科技有限公司、长春丽明科技开发股份有限公司、哈尔滨威帝电子有限公司等公司均已形成自己的产品体系，在各自细分赛道上取得领先优势。

东软集团（大连）有限公司及东软睿驰汽车技术（沈阳）有限公司面向下一代汽车技术提供广泛的智能化汽车电装产品，包括基础软件平台、智能座舱、自动驾驶、EV动力系统、车云一体、智能通信、车载安全等。东软参与了50多项国际/国家行业标准的制定，建立了以中国、德国、美国、日本、马来西亚为中心的全球产品研发与交付网络，合作的国内外主流汽车厂商超过50家。[①]2022年，东软集团与东软睿驰同时入选中国百强供应商，东软的智能座舱产品在前装市场中排名第二，东软睿驰的汽车基础软件、商用车智能驾驶产品在国产供应商中排名第一。

启明信息技术有限公司是一家在中国智能化汽车电子领域具有较高知名度的企业，公司为整车企业提供前装导航、车载T-BOX、行驶记录仪、国六法规监控模块等智能网联终端产品的定制开发、生产及售后服务。启明整车电检系统用于车辆生产阶段的整车控制器电气性能系统测试，已应用于一汽、长城、东风、江淮、北汽等车厂；启明汽车行驶记录仪在一汽解放、华晨雷诺等重卡车上装配，装配量超25万台；启明汽车故障诊断仪用于检测汽车故障的便携式智能汽车故障自检仪，为一汽解放、一汽红旗等众多车型提供试制阶段诊断产品。启明后装GPS产品是基于GPS/北斗卫星定位的终端设备，已装配一汽物流下属53家运输商8350辆车。

美行科技聚焦于智能驾舱与自动驾驶领域，在智能网联导航、人车共驾导航软件（Co-Pilot）、高精度地图等业务方向拥有核心技术和领先优势，是大众、本田、马自达、丰田、福特、奔驰、长安、广汽、一汽等国内外一线

---

① 黄超. 东软集团软件定义未来［N］. 沈阳日报，2022-06-27（T07）.

整车厂的重要供应商。美行智能网联导航产品，是基于大数据分析技术、AI算法打造的以地图鲜活、数据鲜活、服务鲜活为特征的智能服务产品，具有车载导航与云导航无缝衔接、场景化导航、车线级导航、AR 导航等强大功能，入围"2022 第四届金辑奖中国汽车新供应链百强"榜单。

丽明科技专注于汽车电子产品研发及车联网服务。汽车电子产品包括车载娱乐系统、中控遥控系统、智能安全辅助系统、智能辅助泊车系统、新能源汽车 VCU 产品、车载充电系统产品等，客户涵盖一汽大众、上汽集团、北汽新能源、吉利集团、比亚迪汽车等知名企业。在车联网领域，公司推出面向汽车后市场经销商（4S 店）开发的一站式互联网化解决方案，包含面向经销商的 V 服商家管理平台、面向车主的 V 服爱车 App/ 微信端及乐行系列车联网智能终端，提供面向 4S 店、保险、物流、新能源汽车等行业领域的解决方案及运营服务。

哈尔滨威帝电子有限公司专注于从事汽车电子产品研发，形成了与整车厂电器系统配套的完整产品体系，包括汽车 CAN 总线、汽车仪表、汽车行驶记录仪、传感器、ECU 控制单元等百余种不同产品。公司开发的拳头产品"基于柔性配置的汽车 CAN 总线控制系统"填补了国内空白，具有国内领先、国际先进的技术水平；客车用中央处理器在国内率先实现客车电器智能化控制；汽车轮胎压力温度无线监测系统产品达到国际先进水平，彩色液晶仪表产品达到国内领先水平。

二、智能机器人

在智能机器人领域，东北拥有沈阳新松机器人自动化股份有限公司、严格集团股份有限公司、沈阳通用机器技术股份有限公司、哈尔滨博实自动化股份有限公司等一流企业。

新松机器人拥有具备自主知识产权的工业机器人、移动机器人、特种机器人三大类核心产品。新松工业机器人智能产品现已具备智能感知、智能认知、自主决策、自控执行等功能，在各行业进行了深度的应用实践与工艺融合，积累了数千个项目工程经验；新松智能移动机器人已研发出十大类百余款产品，其创新技术积累及产品高端市场占有率，均位列世界领先地位。新松特种机器人包括液压重载机器人、桁架机器人、钻井平台机器人以及各种特种环境应用的机器人，已广泛应用于国防、海洋及核工业等众多国民经济重点领域。

严格集团推出了工业机器人、服务机器人、特种机器人、文旅机器人、医养康助机器人等各种用途的百余种产品。公司开发的智能控制器产品，针对机器人智能化和柔性化发展趋势，解决复杂环境下机器人协同控制和自主规划与决策问题，建立通用性的机器人智能控制算法库，提供一体化智能实时控制器硬件。在工业机器人方面，推出了哈工现代机器人、6轴协作机器人、双臂机器人、智能单臂移动机器人、轻巧型并联共融机器人等产品。在服务机器人方面，推出了清洁机器人、政务服务机器人、巡检机器人、AI语音智能机器人等产品。在特种机器人方面，推出了海洋观测水下机器人、中小型核化机器人、侦察机器人、消防机器人等产品。在文旅机器人方面，推出了表情机器人、体感机器人、书法机器人、投篮机器人等产品。

通用机器人公司专注于多关节机器人、机器人应用及机器人新技术等方向的研发与产业化，公司拥有自主研制开发的精密差动行星减速器、肿瘤手术机器人、立体停车机器人等。公司推出的消化道肿瘤手术机器人为全球首创，完成了全球首个内镜手术机器人的科研临床试验，实现"微微创"精准治疗，提高内镜治疗的有效性及安全性。公司推出的质子治疗机器人，是国内首个用于颅内、胸腹腔实体肿瘤质子治疗的机器人，成功交付医院，定位精度国际领先，产品销往全国以及欧盟、南美、亚洲等区域的18个国家。公司推出的超薄停车机器人，可应用于平面移动库、垂直升降库等的超薄智能搬运机器人，将机器人相关技术植入到立体停车库当中，有效解决了自动化程度低、使用不便、故障率高等问题，赢得客户的广泛认可。

哈博实是专业从事工业机器人及自动化系统研发、生产，并围绕自主产品提供智能工厂整体解决方案的高新技术上市企业。产品包括工业机器人、冶炼机器人装备、称重设备、包装系统、码垛系统、输送检测设备、智能物流系统、橡胶后处理装备、节能环保装备等，智能解决方案覆盖化工、冶炼、物流、食品、饲料、建材等领域。

三、数控机床

在数控机床领域，东北拥有沈阳中科数控技术股份有限公司、大连科德数控股份有限公司、通用技术集团沈阳机床有限责任公司、通用技术集团大连机床有限责任公司等优秀企业。

中科数控研制出我国第一台高档数控系统"蓝天一号"，并对中国的数控行业做出了许多开创性的工作。目前"蓝天数控"已形成了以高性能数控系统为主，覆盖普及型和专用型的系列化数控系统产品，主要包括基于国家科技重大专项成果的总线式全数字高档数控系统等。公司的数控系统及伺服驱动单元、机床电气等产品，目前已广泛应用于航空、航天、军工、汽车等工业制造领域，并实现批量出口。

大连科德研制了业界领先的 GNC 系列高档数控系统，并完成了数次迭代，功能达到西门子 840D 的 95.85%，处于国外先进产品的同等水平。产品具备良好的开放性、可适配性，具备强大的多通道多轴控制能力，支持 12 种标准五轴机床的 RTCP 功能，以及采用倾斜主轴方案的特殊结构机床的五轴 RTCP 功能。以 GNC62 高档数控系统为核心，研制各类高档数控产品，广泛应用在航空、航天、兵器、船舶、汽车等产业领域，打开了欧洲及亚洲市场，实现了五轴联动数控机床的海外销售。其中，平台化高档卧式五轴加工中心，荣获由中国科学技术协会颁发的"2021 年'科创中国'榜单·装备制造领域突破短板关键技术"奖项。

沈阳机床是国家重点建设和发展的机床骨干企业，主要产品包括卧式加工中心、立式加工中心、卧式数控车床、立式数控车床等 7 大类 40 多个系列 170 余款产品。公司倾力打造的 i5 系列数控机床，使得数控机床成为工业互联网创新模式中的智能终端，由 i5 智能机床组成的 i5 智能工厂将连接至工业云 iSESOL，合力打造共享经济下的共赢生态，推动中国装备制造及自动化行业从"功能机"时代跨入"智能机"时代。

大连机床是中国机床行业的排头兵企业，数控机床和功能部件的综合生产制造规模居于全国前列，成为我国数控机床、柔性制造系统及自动化成套技术与装备的研发制造、功能部件产业化的重要基地。公司积极发挥在国家机床技术创新体制中的作用，参与汽车发动机关键零件高效精密加工技术创新平台、数控功能部件研发等重大科技专项近 60 项。

四、数字医疗

在数字医疗设备领域，拥有东软医疗系统股份有限公司、沈阳新松医疗科技股份有限公司、迪瑞医疗科技股份有限公司、吉林省科英医疗激光有限责任公司等优秀企业。

东软医疗是中国高端医学影像设备的开创者和行业龙头，公司坚持自主创新与开放式创新相结合，把嵌入式软件、图像重建与数字设备的软件系统与设计相融合，以核心的软件技术能力大幅改善医生的诊断效率。东软医疗数字设备已经覆盖了计算机成像系统（CT）、磁共振成像系统（MRI）、数字减影血管造影系统（DSA）、通用 X 线成像设备（GXR）、超声诊断设备（US）、核医学成像设备（PET/CT）、放射治疗产品（RT）以及体外诊断设备及试剂（IVD）等多个品类，已成为中国最大的 CT 制造商、CT 出口商，产品远销 110 余个国家和地区，为全球客户提供产品和服务。

新松医疗主要从事研发生产制造医用氧气机、无创呼吸机等呼吸康复产品，客户覆盖 100 多个国家和地区，是中国唯一一家进入全球呼吸康复服务行业主流市场的企业。公司推出的"无创呼吸机""医用氧气机""远程医疗监护系统""医用氧气机"等产品，分别获得省、市科技进步奖。

迪瑞医疗专注于高品质医疗检验产品的研发、生产、营销与服务，拥有化学发光免疫分析、血细胞分析、分子诊断分析等八大产品线，覆盖医院检验科 80% 以上检测项目，能为医学实验室提供整体解决方案。迪瑞医疗已构建具有国际水平的医疗检验产品研发平台，其中全自动尿液分析系统、尿液干化学分析质控物、妇科分泌物分析系统等产品技术达到行业先进水平。科英医疗主要生产二氧化碳激光治疗机、Q 开关 Nd：YAG 激光治疗机、强脉冲光治疗仪、半导体激光治疗机及光谱治疗仪等多个系列产品，广泛应用于皮肤科、外科、耳鼻喉科、口腔科、妇科、整形美容科、康复理疗科、眼科等领域，并远销欧洲、中东、南美、东南亚的多个国家与地区。公司专注于医院多科室使用的激光治疗设备，拥有一批高精尖光学、机械、电子跨学科研发人才，从精密机械加工、电路、导光臂、电源到整机装配全产业链生产，全过程严格把控质量，为产品性能稳定性提供保障。公司自主研发的用于碎石的微秒 Nd：YAG 激光治疗机，被国家药监局列入创新项目，进入特别审批程序，实现了吉林省创新医疗器械特别审查申请零的突破。

五、无人机

在无人机领域，东北拥有沈阳无距科技有限公司、辽宁壮龙科技有限公司等优秀企业。

无距科技是一家集无人机飞行控制器、无人机整机及无人机大数据监管云系统设计、研发、生产、销售及服务于一体的高新技术企业。产品包括多行业无人机飞行控制系统、农业植保无人直升机、矢量多旋翼无人机、军警察打一体矢量无人机、垂直起降固定翼无人机、串列翼倾转旋翼无人机等，全面满足客户需求。公司具有较强的软硬件开发实力，研发了无人机飞行控制系统、高精度定位与卫星测向系统、双目自主避障系统、双目仿地飞行系统等自主创新产品。

壮龙科技致力于工业级无人机整机及飞行控制系统的技术研发，为客户提供行业应用整体解决方案。公司自主研发的油动直驱多旋翼无人机，以"大载重、长航时、高安全、易操控"为优势，拥有国际领先技术的多发油动多旋翼无人机技术解决方案，可广泛应用于农林植保、物流运输、航拍航摄、架线巡线、遥感测绘、缉毒缉私、国防军事、环保监测等诸多领域。

六、其他领域

东北企业在船舶导航设备、轨道交通设备、智能仪表等领域，也有较好的表现和发展机会。

在船舶导航设备领域，大连贝斯特电子有限公司研发的领航系列产品、海岸电台通信与控制系统和电子海图系统等产品，尤其是领航产品占国内市场的一半。大连义信科技发展有限公司研发的电子航海图系统，能够兼容国际标准和海军标准。大连渔航电脑有限公司研发的船舶电子海图导航及卫星通信应用软件，得到农业部的支持，广泛应用于沿海渔监渔政及渔船。大连锦达数据技术发展有限公司研发的航行数据记录仪和灾备数据存储器则广泛应用于军品市场。

在轨道交通设备领域，黑龙江瑞兴科技股份有限公司已形成轨道电路系列、微机计轴设备、安全信息设备、智能诊断类等产品，公司主导产品无绝缘轨道电路的核心控制软件，适用于普速铁路、高速铁路、客运专线及电气化改造线路应用，用于轨道区段列车占用检查、钢轨断轨检查、设备状态检查和列控系统通信等功能。

在检测仪表领域，哈尔滨永立盛联科技开发有限公司致力于集中供热、集中空调系统的测温及温控，可根据客户的需求开发各种测温及温控设备。公司开发的恒流量远调阀嵌入式软件，嵌入到恒流量远调阀内，应用于供热领域单元回水管，同时监测单元回水温度，市场份额占 30%；物联温度计显屏模块嵌入式软件产品市场份额占 60%。

第四节　信息安全软件

信息安全软件基本上分为六大类，包括网络安全、终端安全、应用安全、数据安全、身份和数字认证、安全管理软件。东北在信息安全领域涉足较早，信息安全业务的收入占比较高，信息安全软件形成一定规模。随着信息安全互联网服务模式的兴起，传统的网络安全盈利模式被打破，东北信息安全软件企业发展受到一定局限，除哈尔滨安天科技集团股份有限公司在反病毒领域、长春吉大正元信息技术股份有限公司在信息加密身份认证领域全国领先之外，在整体创新能力、服务模式及市场占有率等方面尚存在一定差距。相关情况见表3-4。

表 3-4　东北信息安全软件一览

分类	典型厂商
网络安全	东软系统集成、哈尔滨安天科技、长春吉大正元、沈阳雷安泰德、沈阳风驰软件、沈阳北方实验室
终端安全	哈尔滨安天科技、沈阳通用软件、沈阳邦粹科技
应用安全	哈尔滨安天科技、沈阳东软集团、黑龙江亿林网络、沈阳通用软件
数据安全	沈阳东软集团、沈阳通用软件
身份和数字认证	长春吉大正元、大连秘阵科技、大连佳姆软件
安全管理	长春吉大正元、沈阳东软集团、哈尔滨安天科技、大连致远网安、黑龙江亿林网络、长春金阳高科

一、网络安全

网络安全软件包括：网络防火墙、入侵检测与防御、网络隔离和单向导入、防病毒网关、上网行为管理、网络安全审计、VPN、抗拒绝服务攻击、网络准入等。

东软系统集成工程有限公司拥有下一代防火墙、集成安全网关入侵防御系统、防病毒网关、网关等近10种网络安全产品，全面覆盖网络防火墙、入侵检测与防御、网络隔离和单向导入、上网行为管理、网络安全审计等细分领域。东软防火墙获得赛迪顾问颁发的2020—2021年信息技术应用创新奖，业务安全网关获得中国网络安全产业联盟颁发的 2020 年网络安全创新产品优秀奖。

哈尔滨安天科技集团股份有限公司在威胁检测引擎、高级威胁对抗、大规模威胁自动化分析等方面具有技术领先优势。安天探海威胁检测系统、入侵检测系统、入侵防御系统、网关防火墙系统、防病毒网关系统、安全隔离与信息单向导入系统、漏洞扫描系统等系列产品，覆盖网络威胁检测、入侵检测防护、网络与网关安全等细分领域。

长春吉大正元信息技术股份有限公司推出的可信访问网关是集身份检测、访问控制、链路加密等安全功能于一体的网络安全产品，部署在企业内外网边界区域，通过对用户、设备、应用等不同实体的身份验证，确保只有合法的用户使用合法的设备访问已授权的应用，并持续对终端环境、用户访问行为进行动态监测，发现异常行为时通过发起二次认证、阻断会话等技术手段，确保安全访问，产品荣获 2021 年度中国网络安全与信息产业金智奖。

沈阳雷安泰德科技发展有限公司是一家为客户提供信息安全产品及整体解决方案的供应商。雷安泰德的网络安全产品包括下一代防火墙、上网行为管理等，其中上网行为管理软件连续 9 年中国市场排名第一。

沈阳风驰软件股份有限公司针对视频监控资源安全接入问题，研发了视频安全接入防火墙，通过对监控信令和媒体会话数据实施基于数据链路帧的安全检查和过滤技术，保障了大流量下的视频监控数据的安全性和可靠性。目前该产品主要应用于全国铁路系统及公安系统，取得良好的社会效益。

北方实验室（沈阳）股份有限公司是一家以网络安全检测评估为主营业务的服务商，主要聚焦关键信息基础设施安全，覆盖电子政务、公共通信和信息服务、医疗卫生、能源交通、国防科技等重要行业。公司是国家密码管理局发布的全国 48 家商用密码应用安全性评估试点机构之一，并拥有涉密资质、认可实验室、检验检测机构资质，以及其他开展国防科技工业检验检测业务的资质。

二、终端安全

终端安全软件包括主机检测与审计、安全操作系统、主机/服务器加固等。比较突出的有哈尔滨安天科技集团股份有限公司、沈阳通用软件有限公司、沈阳邦粹科技有限公司等企业。

安天科技推出了智甲终端防御系统、终端检测与响应系统、服务器防护版、恶意代码辅助检测系统、终端防御系统（信创版）、主机监控与审计系统等系列产品。产品在政府、军工、能源、金融、制造业等领域广泛使用，典型案例包括南方电网、华能集团、哈尔滨银行、国防科大、中国人保寿险等。安天"下一代威胁检测引擎"以总分第一的成绩，获得2022年网络安全优秀创新成果大赛优秀创新产品一等奖。

沈阳通用软件在终端安全领域拥有桌面终端安全管理系统、移动终端管理系统、自助设备管理系统等产品。桌面终端安全管理系统对终端进行集中管理和控制，提供安全、管理、运维三位一体的终端安全管理平台，从根源上抑制终端和网络面临的安全威胁。移动终端管理系统以智能手机、平板电脑等移动终端为主要管理对象，从设备、用户、标签三个维度进行统一管控。自助设备管理系统整合金融、医疗行业需求，针对自助设备量身定制了一套终端安全管理解决方案，以帮助用户对自助设备终端实现"全封闭、高可视、更便捷"的管理。

邦粹科技推出的自主工业无线网络产品，采用工业级硬件设计与国家密码局审核认定的硬件加密芯片和密码机体系，自主研发可控的安全操作系统，同时结合国产SM系列密码算法，为工业场景下的自动化设备提供高安全、高可靠、抗干扰的无线数据硬件级动态加密通信保障。产品广泛用于飞机、船舶、汽车、机床等工厂自动化的测量、监视与控制应用。

三、应用安全

应用安全领域主要包括：云应用安全、Web应用安全、网页防篡改、邮件安全等。从事应用安全领域研发的企业主要有哈尔滨安天科技集团股份有限公司、东软系统集成工程有限公司、黑龙江亿林网络股份有限公司、沈阳通用软件有限公司等公司。

安天科技的应用安全产品主要包括：安天智甲云主机安全监测系统、下一代应用防护系统、静态分析安全测试系统等。安天智甲云主机安全监测系统针对各种异构的物理服务器、云主机、容器等工作负载，提供统一的安全防护，产品在大学、医院、制造业等行业广泛应用。安天应用防护系统专注于用户业务安全，是集安全防御、机器人攻击防护、用户业务访问控制以及业务数据分析为一体的综合业务安全分析防护产品，在教育培训、餐饮酒店、电商、运营商、金融、保险等行业广泛应用。

东软系统集成在应用安全领域的产品包括应用交付安全网、N云安全系统、应用防护系统、应用漏洞扫描系统。应用交付的安全网关是首创基于云计算环境、具备卓越安全功能的下一代应用交付控制类产品，为用户提供云环境下安全可靠的应用交付解决方案，支持阿里云、华为企业云等多种云平台。云安全系统通过管理平面与业务平面相分离的模式，帮助用户应对当下面临的云安全问题，有效地满足了用户的安全需求，提升了云计算平台的运营能力。

亿林网络推出的Web应用防火墙系统，结合人工智能机器学习技术，通过灵活的部署方式构建积极防御安全模型，阻挡常见攻击，避免影响应用程序的可用性、安全性或过度消耗资源，降低数据被篡改、失窃的风险，保护关键业务的应用。

沈阳通用软件的应用安全管理系统，采用虚拟沙盒及网络控制等技术，为终端提供与自身系统和网络完全隔离的安全办公环境。系统还提供对终端业务应用系统的安装、维护和升级，大幅减少管理员维护终端业务应用的工作量。

四、数据安全

数据安全领域主要包括：数据库审计与防护、安全数据库、数据泄露防护、文件管理与加密、数据备份与恢复。从事应用安全领域研发的企业主要有东软系统集成工程有限公司、沈阳通用软件有限公司等。

东软系统集成在数据安全领域的产品主要有数据库审计系统、业务安全访问控制系统。数据库审计系统能够对链路上的数据流进行采集、分析、识别、屏蔽、替换、阻断、授权、身份验证和身份识别等操作，形成高效的监督审计机制。[①]业务安全访问控制系统结合专业的数据采集措施，捕获全流量的行为数据，通过对操作行为还原和异常操作分析，阻止恶意操作。通过对在线业务系统的用户访问数据进行分析、判断用户异常行为等功能，识别未知威胁的业务风险。

沈阳通用软件有限公司在数据安全领域的主要产品有电子文档安全管理系统、终端数据防泄密管理系统、邮件数据防泄密管理系统。电子文档安全管理系统针对核心数据文档提供加密保护、对权限管控等进行审计。终端数据防泄密管理系统对企业内敏感文档的共享数据内容进行扫描，阻止用户外发敏感信息。邮件数据防泄密管理系统为用户提供敏感信息识别、审计、拦截等多种管理服务，达到对外发送邮件的监控、审计和泄密管控的管理效果。

五、身份和数字认证

身份和数字认证领域包括数字证书、身份认证与权限管理、运维审计堡垒机、硬件认证等。在这一领域，吉大正元信息技术股份有限公司是全国的龙头企业，大连秘阵科技有限公司是国家网络安全新领军企业。

吉大正元在密码及身份和数字认证领域推出一系列技术领先的产品。包括密码综合服务管理平台、密钥管理系统、智能密码钥匙、云服务密码机、数字证书认证系统、移动证书管理软件等。其中数字证书认证系统是以国家密码标准算法为基础自主创新设计的新一代商用密码产品，在相关领域占据

---

① 夏炜.私有云在高校智慧校园建设中的应用实践［J］.湖北师范大学学报（自然科学版），2023，43（03）：38-43.

重要的市场份额。吉大正元结合多年的身份管理与可信认证经验，打造的基于零信任架构的身份认证与访问控制平台，荣获云安全联盟 CSA2020 安全创新奖。

秘阵科技专注商用密码和身份认证技术服务与应用，公司推出的秘阵产品是完全自主研发的全新动态身份认证产品，其最大的特点在于将高安全强度的"一次性密码"与便于记忆的"图形密码"相结合，用"不变的图形"应对"变化的数字"，使密码认证的便利性和安全性得到了极大提升。公司拥有国家商用密码生产定点单位资质、荣获中国创新创业博览会"人工智能项目组"一等奖，公司在密码及身份认证领域服务用户超过 150 万，成为东北屈指可数的全牌照密码技术资质企业。

大连佳姆信息安全软件技术有限公司拥有最新一代基因多钥动态密码核心技术，致力于具有自主知识产权、自有品牌信息安全产品的开发，具有国家指定的商用密码产品定点单位生产资质。公司研制新一代网银安全系统、下一代广电网三网融合基因信息安全保障系统、机关企事业单位内网安全管理系统等产品，广泛应用于电子银行、三网融合的下一代广电网、政府部门及企事业单位的信息安全系统。

六、安全管理

安全管理领域包括安全管理平台、日志分析与审计、脆弱性评估与管理、安全基线与配置管理、威胁分析与管理、终端安全管理等。长春吉大正元信息技术股份有限公司、东软系统集成工程有限公司、哈尔滨安天科技集团股份有限公司等都有自主产品推出。辽宁交投艾特斯技术股份有限公司聚焦交通专网开发了网络安全态势感知平台，大连致远网安信息技术有限公司、大连前锋科技发展有限公司、黑龙江亿林网络股份有限公司、长春金阳高科技有限责任公司等企业在信息安全规划咨询、系统集成等保服务等方面有较强的实力。

吉大正元推出的产品包括应用安全审计中心、运维管理审计系统、安全监管平台。安全审计系统通过汇聚来自日志采集器等多源异构信息，实现了对日志的集中化存储、索引、备份、搜索、审计、告警、响应。运维管理审计系统是面向运营商、政府、金融、电力等行业，倾力打造的集中运维接入管理与安全审计产品，能够为用户组织构建一个统一的 IT 核心资源运维管理与安全审计平台。安全监管平台通过采用信息监控、风险预警、远程运维等技术，随时掌控被监管设备的运行、资源、服务等相关信息，让运维工作变得轻松高效。

东软系统集成推出的产品有日志审计系统、网站安全监测系统、网络安全态势感知平台。日志审计系统提供日志实时监控、事件挖掘分析、异常告警监控等功能，满足不同行业用户日志分析、审计合规的需求。网站安全监测系统能够通过预先漏洞扫描，可以主动地发现网站存在的安全漏洞，起到防患于未然的作用。网络安全态势感知平台从宏观、微观各个视角评估网络的安全态势，实现历史态势回溯、实时态势评估、未来态势预测。这些产品已广泛应用在政府、金融、医疗、电信、能源、工业互联网、车联网等行业。

安天科技的安全管理产品主要包括安天安全管理平台、运维安全管理系统、日志审计与分析系统、威胁情报综合分析平台。安全管理平台从监控、审计、运维三个维度建立一个全网统一的业务支撑平台，支持业务信息系统的持续安全运营。运维安全管理系统融合运维管理和运维安全的特性，屏蔽终端对服务器、网络安全设备、数据库及其他应用的直接访问，集中实现用户的身份认证、授权管理、访问控制和操作审计。日志审计与分析系统能够对全网海量的日志数据进行集中收集，对海量日志进行统一安全管理与深度分析。

第五节　新兴软件

软件与5G、虚拟现实、人工智能、大数据、区块链等新兴技术融合发展，是软件行业的主流趋势，特别是人工智能技术更是加速成为软件行业的基础支撑技术。新兴软件与服务是新一代信息技术的重要组成部分，主要包括云计算软件及服务、大数据服务、人工智能、区块链、AR/VR，以及物联网应用软件、互联网＋应用服务等。总体而言，东北软件企业在新兴软件领域的研发目前主要集中于应用层面，一方面基于行业积累的经验，针对行业共性需求构建软件平台，降低行业应用新一代信息技术的复杂度和成本，另一方面针对细分行业领域，深入研究新一代信息技术在行业领域的应用场景，构建新的应用模式，促进行业智能化发展。相关情况见表 3-5。

表3-5　东北新兴软件一览

分类	典型厂商
云计算	东软集团、长春嘉诚信息、大连信华信、长春启明信息
大数据	大连华录集团、长春智信创联、东软集团、大连信华信、长春启明信息、长春吉大正元、鞍钢自动化
人工智能	长春鸿达、中科院沈阳自动化所、沈阳雅译、格微软件、严格集团、东软睿驰、心医国际、东软集团、启明信息
区块链	长春吉大正元、沈阳创链、东软集团、大连盈灿、大连元拓科技、大连九州、吉林吉科软
AR/VR	沈阳金冉科技、大连博涛文化、哈尔滨鑫时空、新松虚拟现实研究院、辽宁邮电规划设计院、大连锐森科技、大连致诚兴远

一、云计算

云计算基础软件包括虚拟化技术软件，分布式海量数据存储相关软件、海量数据管理相关软件、分布式计算的编程模式工具、云计算平台管理软件。东北软件企业主要聚焦云计算平台管理软件研发，包括云计算运行支撑和云计算运维管理等，为企业构建私有云平台提供支持，另外，一些软件公司面向私有云的共性需求，积极构建面向企业内部的 PaaS 云服务平台，支撑应用从开发、发布到运维的过程中需要的存储、负载均衡、容错等通用功能。

在云计算平台管理软件领域，东软集团股份有限公司和长春嘉诚信息技术股份有限公司针对云管理和云监控推出系列产品。东软集团公司研制了 SaCaAclome 敏捷云管理平台产品，以及 RealSightAPM 云应用管理套件。SaCaAclome 管理平台涉及云管理的应用场景主要包括私有云环境的统一管理、混合云环境统一管理、PaaS 平台以及 DevOps 环境支撑、统一云数据中心环境监控运维，是目前国内应用最为广泛的云管理平台。典型案例包括中国移动国际信息港、国航 SOA 运维管理、中国文联云管理平台、南方电网组件化监控等。东软产品成功入围央采软件协议供货名单，作为关键云服务商代表入选过 Gartner 报告。RealSightAPM 云应用管理套件是专为企业级客户打造的云应用性能管理平台，可实现对云应用的全方位、全堆栈智能监管，该产品已经应用在宝马、宜昌三峡云、吉林人社、广州电视台、蒙牛乳业、北京东城区等众多企事业单位和政府机构，为客户提供便捷、主动、智能、可靠的云应用性能监管服务；东软的云应用性能监控方案被纳入全球信息化产业顶级标准化组织 OASIS 的 TOSCA 国际行业标准。嘉诚信息的云平台产品家族主要有云管理平台和云监控预警管理系统。嘉诚云管理平台（jiaCloud）是国产自主研发的多云管理产品，运用 SPI 架构、API 架构，灵活管理多种云平台，以跨云、多云计算资源抽象管理为基础，支持多云管理、自建私有云管理、计算资源预先初始化，解决传统私有云在管理和使用中经常遇到的诸多问题。同时具有集群计算资源动态平衡、实例资源可弹性伸缩且符合等保三级等特点。嘉诚监控预警系统是一个可以对集群、主机的硬件资源及软件服务进行监控和预警的产品，该系统基于中央化的规则计算、统一的分析和预警模型，全面监控了资源使用率、服务性能和运行状况，支持多指标监控、自定义预警、自定义可视化面板等功能。

在 PaaS 云服务平台领域，信华信技术有限公司以及启明信息技术有限公司针对企业构建私有云的需求，开展了积极有效的研发工作并推出优秀产品。信华信推出的"信·云帆"企业 PaaS 云平台，以云原生技术和平台化运营管理理念，为用户提供了基于公有云、私有云、混合云基础设施的对接、编排能力，可实现开发资源有效统一、高效配置以及绑定应用程序和数据服务，简化现代应用程序的开发、交付和运维过程，显著提高开发者在云环境中部署和运行应用程序的能力。该平台已经应用于电信、金融、汽车制造、铁路货运、公安和航空运输等行业客户，并荣登 2020 中国 IT 服务创新技术与产品 Top100。启明信息推出启明云原生 PaaS 平台，可为企业客户提供全面的 PaaS 服务、丰富的技术组件和可靠的能力支撑，为用户提供从技术规划、过程管理到设计研发、运行支撑、能力复用、整合治理、数据智能、运维服务在内的全过程技术支撑能力。目前依托该产品完成了一汽自主云原生技术平台的建设及试验验证，并已开始支撑规模化上云换轨迁移。

二、大数据

大数据领域通用软件包括大数据基础设施平台、分布式 / 并行数据库、大数据管理平台、数据应用中间件、数据智能分析工具。东北软件企业主要集中在大数据管理平台、数据应用中间件、数据智能分析工具等领域。

在大数据基础设施平台领域，位于大连的中国华录集团有限公司推出了城市数据湖产品。城市数据湖在传统数据中心的基础上，搭载以蓝光存储技术为依托的低能耗、低成本、适用冷温热各类数据长期存储的光电磁智能混合存储系统，以大数据、云计算、人工智能为支撑，为城市提供数据要素收集、整理、开放流通的能力，可以满足海量数据的大规模存储空间需求，并为人工智能产业发展提供海量数据要素，提供数据要素"收、存、治、用、易"全生命周期服务，产品入选中国计算机协会和中国电子工业科技交流中心评选的"2022—2023 年度中国数字新基建优秀方案"。截至 2022 年，华录集团在全国 20 个省（区、市）落地 32 个城市数据湖，覆盖了"东数西算"工程 8 个国家枢纽节点中的京津冀、长三角、成渝、粤港澳、宁夏、贵州 6 个部分，数据湖累计部署蓝光存储规模近 3900PB，已建成和规划的机架数超 2 万架。

在分布式／并行数据库领域，长春智信创联科技有限公司和东软云科技有限公司推出了数据仓库产品。智信创联的数据仓库系统 ZDW 产品，拥有低延迟、低容错、可扩展和线上整合等特性，既可以操作 HDFS 分布式文件系统，又可以兼容多种数据源，支持使用标准 SQL 直接操作分布式运算，并自动分配查询任务，得到最优化的查询结果。同时推出了数据分析开发工具 ZDA 产品，使开发者可以快速简单地使用 30 多种算法进行数据分析，支持决策分类和聚类，以及链接挖掘、关联挖掘、模式挖掘、机器学习等方面的数据分析工作。东软云科技的数据仓库产品 NSDW 是适用于云原生环境的分布式数据库，产品支持按行／按列存储、查询性能／加载性能线性扩展，以及 Scatter/Gather 并行数据流技术，在客户管理、BI、ODS、数据仓库、数据集市等项目上体现出较高性能；NSDW 支持私有云、公有云等多种使用场景，为企业提供海量数据的管控及并行处理的能力，为 IT 架构的灵活扩展提供数据底座，产品入选中国国产数据库产品名录，在华晨宝马的汽车车身质量分析检测系统中展现出优异的效果。

在大数据管理平台领域，东软集团推出通用数据中台解决方案系列产品，辽宁邮电规划设计院有限公司、长春吉大正元信息技术股份有限公司、鞍钢集团自动化有限公司分别面向智慧城市、电子政务、工业制造领域，推出了大数据管理平台产品。东软数据中台解决方案包含 10 款产品，涵盖数据采集、数据交换、数据转换清洗、数据质量管理、数据比对、统一数据服务、数据目录平台、应用数据连接、元数据管理和大数据分析等众多领域，通过一体化解决方案，完成跨域业务系统的数据融合、治理和开放共享，挖掘数据资产价值。在北京东城区政务大数据体系建设、全国职业招聘信息采集平台、全国投资项目在线审批监管平台等大型项目中得到实际应用。邮电规划院的智慧城市数据中台，实现了数据采集、交换、加工、共享等功能，可以根据项目特点选择不同的模块组合，形成不同的数据服务方案，通过数据技术对海量的数据进行采集、计算、存储和加工，完成数据统一后会形成标准数据，然后再对数据进行存储，进而形成大数据资产层，为用户提供高效的优质服务。吉大正元的政务领域大数据平台产品，以数据处理、数据治理、数据分析、数据挖掘等技术为核心，通过对政务行业现状及问题分析，整合部门业务数据，以综合利用和共享为目标，进行统一规划、制定数据标准、规范数据处理、构建数据模型，实现数据整合、交换、共享和分析，为用户提供全方位的、多角度的数据展现，为辅助决策提供数据支撑。产品先后应用于政府、税务、监狱等多个行业。鞍钢自动化公司的工业领域大数据治理能力平台，根据工业大数据特征、业务特征，提供企业全生命周期数据综合治理平台，包括数据标准管理平台、数据质量管理平台、数据模型管理、指标管理、元数据管理平台、数据资产管理平台、数据服务网关平台、数据安全管理平台等子模块，可以帮助企业实现跨业务领域数据汇聚存储、数据质量持续改善，助力企业提升数据治理能力。

三、人工智能

人工智能产业链包括三个层面：基础层、技术层和应用层。基础层为人工智能提供数据及算力支撑，主要包括 AI 芯片、云计算、传感器等；技术层是人工智能产业的核心，主要包括机器学习、图像识别、计算机视觉、语言处理、自然语音处理等；应用层是人工智能产业的延伸，集成一类或多类人工智能基础应用技术，面向特定应用场景需求而形成软硬件产品或解决方案，主要包括智能机器人、工业机器人、智慧金融、智能教育、智能安防、智能家居、智能驾驶、智能医疗等服务。在基础层，东北软件企业十分薄弱，只是在传感器方面有些基础；在技术层，东北软件企业在图像识别、计算机视觉、自然语言处理方面形成一定的积累；在应用层，东北软件企业在智能机器人、智能驾驶、智能医疗具有全国领先优势。

在生物识别技术领域，长春鸿达光电子与生物统计识别技术有限公司是国内最早的并具有完全自主知识产权的生物识别系统供应商，在光电子与生物统计识别技术方面居于世界领先地位。公司拥有国际领先的最优算法和国内最大的指纹产品生产基地,同时也是中国指纹锁、四指采集仪、掌纹采集仪质量技术标准、行业标准制定者和起草人。[①] 现已开发出六大类 30 余种生物识别系列产品,产品广泛应用于政府、公安、军队、监狱、金融、海关、司法、网络等领域,并远销欧美、东南亚、中东等 29 个国家和地区。

在机器视觉领域,中科院沈阳自动化所推出机器视觉检测系统、新一代机器视觉识别和定位系统。机器视觉检测系统基于计算机视觉技术,通过各种图像运算以及人工智能算法处理生成决策信息,进而控制现场的设备动作,在工业自动化生产中代替人眼进行测量和判断,用于识别、定位、检测和测量,该系统已经成功应用于广东韶钢、上海宝钢等企业,实现炼钢物料自动识别分类。新一代机器视觉识别和定位系统可提供准确和可重复的工件定位和识别,具有二维和三维视觉能力,目前已应用在工业机器人领域,通过测量作业目标在机器人坐标系下的位置和姿态偏差,引导机器人修正运动轨迹,为搬运、分拣、码垛、装配等任务提供精确的作业位姿。

在自然语言处理领域,沈阳雅译网络技术有限公司依托东北大学自然语言处理实验室的多年研究成果,打造了"小牛翻译"多国语机器翻译系统,提供多语种的文本翻译、文档翻译、语料库、模型自主训练等在内的翻译能力,产品荣获辽宁省优秀软件奖。目前,小牛翻译支持 304 种语言,涵盖全球 95% 以上人口,成为世界上支持语种最多的机器翻译引擎,国内外合作伙伴达 100 余家,涵盖了政府服务、互联网服务、教育及文化传播、专利服务、软件服务、语言服务等多个领域。公司于 2020 年承担了科技部科技创新2030——"新一代人工智能重大项目"中的"多模态机器翻译研究"课题任务,在自然语言处理和机器翻译方面处于国内领先水平。

在知识工程领域,沈阳格微软件有限责任公司推出知识标引系统及知识

---

① 苏曼.鸿鹄志远,达显家邦,做中国生物识别行业的开拓者——访长春鸿达光电子与生物统计识别技术有限公司副总经理王佳楠 [J].中国安防,2014(17):10-15.

管理系统。知识标引系统实现专业领域知识图谱的标引与应用探索功能，基于高性能的图数据库，可快速完成百亿级数据导入，实现毫秒级查询响应。支持百亿以上级别的实体和关系的高效标引，支持用户根据业务特性就应用场景进行自定义，在金融风控等多个应用场景得到应用。知识管理系统是应用自然语言处理、机器学习、知识图谱等技术开发的集中化、系统化的平台，用于收集、整理、存储、检索、共享和创新知识资源，使散落各处、形式各异的知识资源得以整合，更使这些资源得以有序化、结构化，从而极大地提升了知识的利用效率和价值。

在智能机器人领域，严格集团股份有限公司和沈阳新松机器人自动化股份有限公司都推出了机器人的"大脑"——机器人控制器产品。严格集团推出的 HRGIRC 智能控制器，通过建立通用的机器人位姿控制、轨迹跟踪、柔顺控制、智能控制等算法库，解决了复杂环境下机器人协同控制和自主规划与决策问题，通过实时性与智能性的有机融合，实现机器人智能化和柔性化，产品成功应用于工业机器人、移动机器人、教育机器人等诸多领域。新松机器人研制出智能应用控制器 DUCOMind，成为新松协作机器人的大脑，产品融合机器视觉与机器人编程二者于一身，以模块化建构支持视觉工程师、机器人工程师等用户便捷使用的强大功能，DUCOMind 配备了高性能深度学习推理模块，并提供独立标注工具和训练工具，二者可高效地完成深度学习模块的应用，帮助用户轻松实现 AI 类、2D/3D 视觉应用类、视觉与机器人结合应用类项目的敏捷开发与实施。基于 DUCOMind 系统研发的新松协作机器人广泛应用于汽车、能源、半导体、3C、食品药品、教育科研等多个行业，并出口东南亚、北美、欧洲的数十个国家和地区。

在自动驾驶领域，东软睿驰汽车技术（沈阳）有限公司连续推出前视智能摄像头产品 X-Cube、行泊一体域控制器 X-Box、自动驾驶中央计算平台 X-Center，在技术与产业化能力方面处于行业领先水平。X-Cube 系列产品基于深度学习感知算法，可实现十余项 L2 级别的高级辅助驾驶功能；X-Box 产品是全国首个高性能行泊一体域控制产品，可提供高速、记忆泊车、智能巡航、遥控泊车等 40 余项功能，打造更流畅的人车交互、更具差异性的驾乘体验，荣登高工智能汽车研究院发布的供应商市场竞争力榜单。X-Center 是高性能大算力整车智能计算平台，平台支持多路激光雷达、16 路高清摄像头、毫米波雷达、超声波雷达接入，可实现整车 360° 的感知冗余，提供 L3/L4 级别自动驾驶功能，在行车和泊车多模感知融合、高速和城市导航辅助驾驶、代客泊车的建图与定位、功能安全和预期功能安全等方面可充分满足高阶智能辅助驾驶系统的需求，平台具备业界最高 FPS 性能与最低功耗，以强大算力支撑，不断扩展整车智能化性能，实现从"域控"到"中央计算"的跨越。

在医疗人工智能领域，东软智能医疗科技研究院有限公司、心医国际数字医疗系统（大连）有限公司等企业展开了大量的前沿探索。东软智能医疗研究院在医疗大数据人工智能、医疗影像智能辅助诊疗、临床智能辅助诊疗等方面处于国内领先水平。在医疗大数据人工智能方面，上线 CareVault 智能医疗研究云平台，提供用于医学研究的 AI 工具和数据集，为医生提供辅助医疗与科研的服务平台，以期不断构建、优化和积累高质量的样本数据和认知模型；推出启悟医疗知识服务平台，以知识图谱为核心的医学知识库，将专家团队的知识体系形成数字化知识库，支持医学经验的传播与应用，支持专病细化知识的提取及临床经验的动态更新。在医疗影像智能辅助诊疗方面，与东软医疗联合发布了 eStroke 溶栓取栓影像平台，并构建了 eStroke 国家溶栓取栓影像平台，这一平台为急性脑卒中静脉溶栓和动脉取栓治疗提供精准指导，实现全国卒中中心医院与国家远程卒中中心影像评估的同质化；推出呼吸系统疾病影像智能分析平台，支持慢性阻塞性肺疾病病灶智能检测及分类、肺血管栓塞精准定位与分析、肺支气管扩张病灶智能检测及分类。在临床智能辅助诊疗方面，推出临床诊疗辅助决策支持系统，提供接诊辅助、智能风险评估、治疗方案推荐、医嘱合理性预警、智能化 VTE 评估、患者信息全景呈现等功能，让智能辅助诊断能力融入医生诊疗全过程。心医国际研发的面向疾病科研的大数据管理系统及数据分析平台，可实现肿瘤患者全程医疗多样化数据的采集处理，构建肿瘤全程多维度数据库，心医国际基于云计算的医疗大数据分析服务平台及应用示范，获评工信部 2020 年大数据产业发展试点示范项目。另外，大连元合科技有限公司研发的 MediTO 心脏专科数据平台，被列为大连医科大学附属一院、二院的采购软件，得到全国顶级心脏病学专家的认可。

在人工智能平台领域，东软集团股份有限公司、启明信息技术有限公司等公司具备较强的研发能力。东软集团推出的 SaCaNeuAI 人工智能平台，提供了一站式的数据挖掘与预测分析服务，包括机器学习、深度学习、自动化机器学习、自然语言处理、计算机视觉等丰富 AI 算法。SaCaNeuAI 面向用户提供自助式 AI 探索分析能力与 AI 模型运营能力，提供一体化 AI 建模与应用解决方案，能降低用户数据探索分析门槛，帮助用户发现数据中隐藏的关系及规律，并充分发挥数据价值。启明信息推出的 MLOps 敏捷 AI 平台，帮助数据科学家和开发人员快速准备、构建、训练和部署高质量的 AI 模型，以自动化、低代码的方式进行生产和落地，降低 AI 的成本，提高生产效率。产品已经被一汽红旗用于工单图片自动识别审核、安全生产隐患识别等场景。

在大模型领域，东软集团成立东软魔形科技研究院，启动和实施东软"大语言模型系统工程"，围绕"专业性、一致性、可解释性、安全性"等企业级应用的核心特性需求，打造东软 LLM-SE 通用开发平台，面向医疗、人社、医保、政务、金融、媒体、人力资源及智能汽车等所有业务领域，构建东软"LLM-SE+"领域应用，完成典型场景落地部署及大规模推广，为东软 AI 大模型驱动的业务转型提供全面支撑。此外，东软魔形科技研究院还将积极打造外部合作生态，建设东软 AI 算力中心、AIGC 相关技术的应用研究，构建东软完整的人工智能生态体系。

四、区块链

区块链产业链包括区块链硬件、区块链基础协议、区块链即服务（BaaS）

平台以及区块链行业应用。东北软件企业在区块链基础协议、BaaS 平台方面有所涉及，但主要集中在产业链下游的区块链行业应用方面。

在区块链基础协议方面，长春吉大正元信息技术股份有限公司推出安全区块链平台产品。该产品基于 PKI 技术开发研制，遵循了国家密码管理主管部门核准的算法标准和规范，采用了国家密码管理主管部门核准的密码设备或模块，保证对交易数据的防篡改、抗抵赖、机密性等需求。同时对区块链系统中的人、系统、节点等安全问题也进行了安全保障，更符合国内区块链的使用市场，产品为客户提供"安全、合规"的区块链平台，支持用户在区块链平台上进行应用开发，满足用户在业务上和安全上的需求。该产品已应用于智慧政务的电子档案、供应链金融、智慧医疗的电子病历联盟链等场景。

在区块链基础设施方面，沈阳创链信息技术有限公司承建并运营国家级新型基础设施"星火·链网"骨干节点及工业互联网标识解析体系二级节点。以此为基础，创链科技还自主研发了"区块链＋智慧政务""区块链＋个人医疗""区块链＋供应链金融"，以及 IPFS 分布式存储等项目，为政府、金融、能源和医疗等领域客户提供前沿区块链技术解决方案，并携手东北大学合作建设区块链联合实验室，致力于区块链、智能合约和数字经济等技术的研究与应用。公司还主导国家电网有限公司科学技术项目《基于区块链技术的电表采集系统的颠覆性改造》以及《可信的边缘化计算加 ipfs 分布式存储》课题研究。

在区块链应用平台方面，东软集团股份有限公司推出 SaCaEchoTrust 平台产品。该产品为企业提供全生命周期的区块链应用解决方案，实现了区块链应用一站式规划、部署、配置、开发、上线和运维，降低了企业应用区块链技术的成本，帮助企业快速构建值得信赖的区块链应用服务，建设去中心化的信任体系。目前，已成功在医疗、食药安全、保险、金融、慈善等行业实施了多个区块链项目，推动了区块链技术落地。2018 年，东软入选中国区块链十大明星企业，东软集团研发的南宁市"区块链＋人社"应用平台入选工信部 2022 年区块链典型应用案例名单。

在区块链行业应用领域，东北一些软件企业积极开展基于区块链技术的行业应用解决方案，为数据增值和数据安全提供保障，应用场景包括协同研发、产品溯源、供应链管理、风险防控等，并在工业生产、金融服务、交通物流、智慧旅游、政府事务等领域形成典型应用案例。大连盈灿科技股份有限公司自主开发的工业区块链产品，为山钢集团供应链上下游企业提供了一种全新的结算方式和便捷高效的融资新渠道，具有任意拆分、自由流转、随时贴现、安全高效等特点。元拓科技（大连）有限公司研发的特钢工模具钢售后服务跟踪系统，采用联盟链技术，以钢厂以及主要一级供应商作为链上预选主节点，承担记账、主要数据存储、下游供应商准入等基本功能，实现特殊钢在销售周期的订单追溯，同时也保证了钢产品与订单对应、订单与质保单对应，加固了供应商之间的数据信任关系。大连九州创智科技有限公司设计研发的区块链电子放货平台已经在大连口岸上线，主要涉及船公司、港口、收货方之间的放货信息，即提货单电子化流转，实现放货流程的重构及全程留痕、全程可追溯，成为国际上将区块链技术应用于港口提货场景中的首次尝试。吉林省吉科软信息技术有限公司研发了基于区块链技术的食药产业全流程可追溯平台，并应用于白山地区。建立从食药产品的、种植、养殖、生产加工、冷链运输、流通到消费的全链条可追溯体系，解决了食安责任认定难、食材食品辨真难等问题，积极落实"最严谨的标准、最严格的监管、最严厉的处罚、最严肃的问责"的要求，保障人民群众"舌尖上的安全"，带动第一、二、三产业融合发展与转型升级，打造国内首创、行业领先的地市级别全域性、全品类的全流程追溯、全流程监管、全流程服务食药产业全流程追溯生态链。

五、VR/AR

VR/AR 产业链主要包含硬件、基础支撑软件、内容制作与分发、应用与服务四大板块。基础支撑软件包含支撑软件和软件开发工具包，支撑软件包括操作系统、中间件等，软件开发工具包包括 SDK 和 VR/AR 引擎；内容制作包括 VR 影视、VR 游戏和 VR 行业解决方案，内容分发包括线上分发（应用商店、网站、播放器等）和线下分发（主题公园、体验店等）。在基础支撑软件领域，国内外一些大型专业公司已经形成比较成熟的布局，东北软件企业主要是利用数字艺术类的人才优势以及行业场景资源优势，在内容制作与分发、行业应用与服务等领域不断开拓市场。

在基础支撑软件方面，沈阳金冉科技有限公司是东北为数不多的从事虚拟现实软件产品开发和虚拟现实内容平台建设的企业，公司推出 XR 在线多人协同平台、AR 编辑制作工具软件、5G+VR 智慧教育云平台、基于元宇宙系统 AR 增强现实算法软件、基于虚拟现实技术的元宇宙建设软件、VRbridge 播控管理系统、多人 VR 实时互动开发系统等多款 VR/AR 制作工具软件，公司通过虚拟现实技术为客户制定贴合自身的行业解决方案，覆盖教育、工业、展览、旅游、军警等多个领域。

在"VR+ 文旅"领域，大连博涛文化科技股份有限公司、哈尔滨鑫时空科技股份公司、沈阳体验科技股份有限公司比较出色。大连博涛以球幕影院为 VR 虚拟现实内容展示载体，自主研发的球幕飞行影院系列产品，其中 360 极限飞球、360 太空舱两个品牌均已成为广受客户认可的知名球幕产品；360 极限飞球集合了球幕影院、飞行影院、动感影院、过山车等主流特种影院和游乐设备的优点于一体，凭借外观吸睛、建设周期短、运营能力强、合作模式灵活等诸多优势，在全国已布局多个场景，已经成为景区文化科技体验升级的重要产品。鑫时空公司是国家级动漫企业，公司在 3D、VR、AR、展馆设计、虚拟展示、数字孪生、影视特效等方面具有丰富的经验。公司综合利用互动系统、全息成像、虚拟现实、增强现实等多种专业技术，为客户打造全景虚拟展厅解决方案，完成了东北抗联展馆、绥芬河中共六大纪念馆、哈尔滨工业大学展馆、龙江县科技馆等 49 所展馆的多个 VR 展馆建设。体验科技公司基于"第四屏"核心技术体系，研发的超光谱数据显示、全息车游、触控悬浮屏、数智人、1:1 真人比例全息数字舞台、百米巨像悬浮电影等项目成果，已经应用在上海世博会联合国馆、北京申奥多媒体、北京规划馆 4D 展厅、美国梦工厂"怪物史瑞克 4D"、沈阳故宫、沈阳规划馆整体设计制作、沈阳档案馆、帅府红楼群等一批有影响的文化产业工程中。

在"VR+教育"领域，沈阳新松虚拟现实产业技术研究院有限公司、辽宁邮电规划设计院、大连锐森科技有限公司、大连致诚兴远科技有限公司等企业展开积极探索，纷纷推出行业实用产品。沈阳新松虚拟现实研究院研发了智慧教室、智慧工厂、大空间、人机视角协同、人机互动、云实习系统、AR 教学、人机协同等产品，完成了《基于 Unity3D 引擎的数据传输与硬件控制技术》《工业机器人机本体手势识别与交互零部件认知》《智慧工厂信息管理与应用》《工业机器人机械臂结构基础（5G 直播）》《工业机器人典型应用模拟操作》《基于光学定位的 VR 内容开发》《工业机器人装调技术》《新松工业机器人云实训》等相关课程开发。辽宁邮电规划设计院推出体感智慧教学系统，集成教育体感控制、可视化教学、教育虚拟触摸、VR 教学模拟功能，实现用户肢体动作与三维虚拟世界的交互，将传统的平面化教学内容变为立体、生动的教学模式，增强学生听课的学习体验。锐森科技研发了 3D 和 VR 系列医学教学软件，全面覆盖人体解剖、局部解剖、中医经络与腧穴、中医骨伤等细分领域，同时构建了 LED 立体教学互动系统、沉浸式 VR 交互系统、桌面级 VR 交互系统、AR 互动教学演示系统、MR 互动体验系统、动作捕捉系统和立式/躺式大屏教学系统等多场景、多模式的展示环境，全方位满足各类客户需求。致诚兴远研发了具有自主知识产权的虚拟现实科学馆/博物馆系统、虚拟仿真教学平台、虚拟现实地理信息系统（VR-GIS）、虚拟现实地产系统等产品，并以虚拟现实教学应用平台为基础，针对不同行业领域、不同专业的教学需求，定制开发了多种虚拟教学软件，在电力、医疗、教育等行业得到广泛应用。

第四章
东北软件赋能传统产业

软件与信息技术服务是我国推动行业信息化、产业数字化进程的核心力量。随着网络化、数字化、智能化的持续推进，软件已经成为信息化社会不可或缺的基础设施，正以前所未有的趋势为各行各业赋能。软件不仅为传统产业信息化提供核心业务支撑，更是成为传统产业探索新技术、新应用、新场景、新模式的核心驱动。东北软件企业在行业应用领域具有较好的基础，在东北振兴过程中通过软件赋能为老工业基地产业升级做出了重要贡献。同时，东北丰富的产业数字化场景需求也拉动了行业应用软件及解决方案的发展。本章以东北重点行业的数字化升级及其细分领域的智能化场景为线索，围绕能源、交通、物流、金融、医疗、教育、文旅、电子政务、城市管理、农业农村等重点领域，介绍东北典型行业应用软件、行业解决方案以及数智化场景，展示东北软件产业为传统产业赋能情况。

第一节　能源行业

东北能源行业基础好，应用场景丰富，是行业信息化启动较早的领域。在 20 世纪 90 年代，中科院沈阳计算所、东软集团等建立初期便推动软件在能源领域的应用，积累了丰富的能源信息化经验。一些具备大学背景成长起来的专业化公司，如吉林东北电院开元科技、大庆正方科技、辽宁泰利达等，基于应用场景研发了一系列优秀的软件产品。当前，能源行业信息化建设已进入调整、优化和整合升级阶段，东北软件企业应发挥在能源领域的行业知识积累和信息化领域的成熟经验，加快新一代信息技术向能源行业的赋能，在能源行业全面数字化转型中发挥更大作用。如表4-1所示。

表4-1 能源行业软件赋能

分类	主要厂商
电力行业	吉林开元科技、吉林科迪信息、中科院沈阳计算所、东软集团、辽宁汉华信息、哈尔滨华强电力
石油行业	辽宁泰利达、大庆正方科技、东软集团

一、电力行业

东北软件企业主要围绕发电、输电、供电环节，在生产监控、电力调度生产和企业经营管理领域，提供管理控制、信息化和决策分析等产品和服务，为电网调度管理智能化提供全面解决方案。

在发电环节，吉林市东北电院开元科技有限公司和吉林省科迪信息技术有限公司在生产监控及电厂管理方面形成优秀的解决方案。开元科技聚焦火电厂发电领域，推出电力行业监控系统和应用软件等一系列产品和解决方案，包括厂级监控、机组运行监视与分析系统、生产过程远程监控等，其中BLD型锅炉承压管泄漏在线监测系统处于国内领先水平，已应用于全国以及印度、印尼、越南、土耳其等国，接入设备总数达450余套。科迪信息围绕电力热力企业信息化建设相继研发了一系列软件产品，包括工作票操作票管理系统、发电企业信息一体化系统、电厂管理信息系统（MIS）、厂级监控管理系统（SIS）、检修作业指书管理系统、生产任务单管理系统、热力行业的贸易计量系统、换热站电控系统、供热监控管理平台等多项产品，均在多家电厂成功应用，受到用户好评。

在输电环节，中国科学院沈阳计算技术研究所有限公司聚焦电力检测系统和电网调度管理系统两大细分领域提供系列解决方案。在电力检测装备与系统领域，提供输电线路巡检、除冰、补修机器人系统，以及变电站、配电线路在线监测与辅助控制系统。在电网调度与管理领域，主要产品包括省级电网电能量采集与管理系统、智能电网调度管理、电力营销审计软件等，相关产品在东北电网、辽宁电网、内蒙古电网、青海电网以及几十家发电厂得到广泛应用。

在供电环节，东软集团股份有限公司和辽宁汉华信息工程有限公司在电力营销、售电管理、多维网格化服务等方面提供软件解决方案。东软集团推出电力营销业务处理平台、电力营销辅助支持与决策、电力营销远程实时费控系统、电力营销智能反窃电系统等产品，为国家电网、南网总部及省级电网企业提供全面规范的电力营销、配网管理解决方案。同时在售电领域推出售电产品化软件、综合能源采集平台等产品，面向国内各类售电公司及配网运营公司提供整套解决方案。汉华信息在电力营销领域推出同期线损指标提升解决方案、采集业务指标精细化管理、营销费控综合信息管理等产品及服务，在多维网格化服务领域，推出网格化电力服务解决方案、网格化配电抢修配套管理系统、网格化客户供电服务终端、智能化单兵抢修配套设备等。哈尔滨华强电力自动化工程有限公司先后承担完成黑龙江省电力公司成熟套装软件实施、调度中心调度生产管理系统、一体化企业级信息集成平台、电能量采集与管理系统、内外网安全隔离、广域骨干扩建工程、安全监察部应急指挥中心等工程项目，全面承担黑龙江省电力有限公司的 IT 运维服务。

二、石油行业

石油行业软件企业主要来自辽河油田、大庆油田等石化领域企业分离出来的软件与信息服务公司，如辽宁泰利达信息技术有限公司、大庆正方科技股份有限公司等。这些公司开发的用于生产和工程的软件系统，达到业界领先水平。另外，还有一些传统软件企业，主要介入成品油经营以及销售管理等下游领域。

泰利达公司研制了用于勘探开发和生产经营的系列软件产品，主要包括油藏数字模型管理与查询系统、勘探开发一体化协同工作平台软件、储层分析与研究软件系统、地层对比与划分软件系统、地质构造分析与解释软件系统、沉积分析与研究软件系统、铀矿床地质综合研究与分析系统、油气田经济评价平台等。其中，勘探开发信息一体化协同研究平台，在地质要素空间一致性约束技术、勘探开发协同研究信息一体化技术方面，填补了国内石油行业技术空白，已在勘探开发研究院、金海油田、锦州采油厂、沈阳采油厂等单位进行了推广应用，获得中石油勘探开发梦想云创新大赛二等奖；油气田经济评价平台，聚焦石油勘探开发企业经济评价领域，为油气田勘探开发生产经营提供决策依据，获得中石油集团科技进步三等奖。

大庆正方聚焦大数据及人工智能技术与油田业务深度融合，研发出应用于油藏工程石油开采领域的人工智能算法40多种，解决了电参转功图、剩余油、吸水剖面等世界性科研难题。主要软件产品有地质导向智能软件、电参转功图技术软件、大数据智能地质工程一体化—压裂分析软件、抽油机生产参数智能调控平台、剩余油分析软件、油水井智能管理平台软件、页岩油气压裂生产云中台、生产建设运行管理系统、全球石油信息智能分析系统等。这些产品在大庆、辽河、延庆等老油田落地，让老油田重新焕发生机活力，推动我国石油开发进入工业物联网与大数据人工智能时代。

东软集团在石油领域的业务主要是为成品油、天然气等石油销售企业提供专业、全面的信息化解决方案，产品包括石油销售业务链运营监控平台、石油销售辅助决策分析系统、加油站互联网支付管理系统、石油销售公司应急指挥平台、加油站检维修管理系统、石油销售业务基础数据管理系统等。这些产品及解决方案在帮助企业打破业务间信息壁垒，实现企业管理精细化、科学化等方面发挥重要作用。

第二节　交通行业

交通运输是国民经济的基础性、先导性产业，是国民经济"大动脉"，覆盖城市交通、高速公路、铁路交通、海上交通、航空运输等多个细分领域。交通信息化包括交通政务信息化、交通基础设施建设信息化与管理信息化、交通运输生产管理信息化、交通产品营销信息化和交通科学技术信息化等多个层面。东北软件企业广泛地渗透到交通运输各细分领域，形成基础设施管理、运输生产管理、产品营销管理等全方位的信息技术服务能力。如表4-2所示。

表4-2　交通行业软件赋能

分类	主要厂商
城市交通	大连现代高技术、大连弈维、大连启明海通、联通沈阳、沈阳众志成、哈尔滨优先科技、哈尔滨亿阳信通
高速公路	辽宁艾特斯、辽宁邮电设计院、哈尔滨亿阳信通
铁路交通	沈阳风驰软件、哈尔滨科佳、黑龙江瑞兴科技、哈铁科技
海上交通	辽宁星之火、大连陆海科技、大连倚天软件
航空运输	东软集团

一、城市交通

在城市交通基础设施领域，大连现代高技术发展有限公司、大连弈维信息技术有限公司等企业聚焦城市交通数字化建设，推出一系列城市交通软硬件产品。大连现代研发出自动售票机、自动检票机、自动理票机、轨道交通自动售检票计算机软件系统、轨道交通信号控制系统和智能公交一卡通电子收费系统，成功应用到大连、沈阳、成都、烟台、淄博、克拉玛依等国内近30座城市的交通系统。弈维信息开发的公交一卡通系统应用到辽源的公交客运线路。华录智达科技有限公司的智能公交车载终端嵌入式系统和公交管理系统应用到北京、哈尔滨、武汉、十堰等城市的公交线路。易达通一卡通电子账户和售票管理系统应用到莱芜、潍坊、日照等城市的城乡线路。沈阳先锋科技有限公司推出智能交通软硬件一体化解决方案，包括智能交通信号控制系统、智能交通诱导显示系统、高清电子警察系统方案、城市道路智能监控系统。

在城市公共交通智慧化运营管理方面，中国联通沈阳分公司、沈阳众志成软件有限公司、哈尔滨优先科技股份有限公司、大连启明海通信息技术有限公司等企业开展相关平台产品研发及运营。联通沈阳分公司研发的"沈阳易行"，是集行车服务、停车服务、交管服务于一体的手机互联网公众交通服务平台，整合了全市行车、停车、管理、服务等资源，可为市民提供最便捷的交管服务。众志成公司推出智能公交管理系统，能够实现车辆的自动定位、信息发布、车辆调度、车队管理、车辆监控及紧急求援报警等功能，支持区域人员集中管理、车辆集中停放、调度统一指挥、媒体信息发布。哈尔滨优先科技开发的城市级静态交通智能管理平台，包含城市泊位信息管理系统、泊位诱导系统、路侧及封闭式停车场电子收费系统、用户手机 App 应用等功能，已在哈尔滨市全面实施，在西宁市进行系统建设。大连启明海通推出智能公交运营管理系统和公交智能监控调度系统，成功应用到青岛、莱芜、马鞍山等城市的交通系统。大连现代推出交通大数据应用公共服务平台，对城市交通的流量分析和出行特征等进行大数据分析和挖掘研发，实现智能交通出行，被评为工信部 2018 年大数据产业发展试点示范项目。

在城市智能交通领域，亿阳信通股份有限公司推出城市智能交通管理平台、城市交通管理信号控制系统平台、交通信号控制和交通流检测系统、闯红灯违章监测管理系统、GPS/GSM 车辆监控及调度指挥系统等系列产品。亿阳信通 ITS 实施的"中山市智能交通管理系统"，为科技部认定的首批"全国智能交通系统应用示范工程试点城市"项目；承建的北京市 700 个路口的智能信号控制系统及中心统一的交通信号控制管理平台，是中国交通信号控制领域中建设规模最大、最有影响力的项目；承建的"广州内环路工程交通监控系统"，是国内城市快速路实现既监视又控制功能的第一个项目。

二、高速公路

从事高速公路信息化的企业主要有辽宁艾特斯智能交通技术有限公司、辽宁邮电规划设计院有限公司、亿阳信通股份有限公司等。

辽宁艾特斯围绕高速公路的数字化和智能化运维，推出智能收费系统、高速公路智慧大脑、智能交通系统、高速路网运行监测系统、高速运行监测平台、高速公路收费稽核系统、高速入口超限智能检测系统、智慧隧道监控系统、网络安全态势感知平台、全路域无人机巡检平台等系列产品。其中智能交通系统以高速公路智慧大脑为核心，通过全要素感知、全方位服务、全过程管控、全数字运营、全业务协同，实现运营检测自动化、指挥调度智能化、生产运营数字化，决策管理精准化，产品荣获2021年第四届上海人工智能大会"AI+智慧交通数字化转型最佳示范引领奖"；高速公路收费稽核系统综合运营大数据平台、人工智能、行业稽核等技术手段，对高速缴费不当行为进行稽核，大大减少了高速公路通行费的损失，产品荣获2021中国高速公路信息化奖。

辽宁邮电规划院推出智慧高速指挥舱解决方案。该产品通过分析终端设备采集的实时数据，对道路及其配套设施、周边建筑物、路上车辆等进行还原，构建数字孪生场景，实现实时交通状态仿真，有效结合视频智能分析、智能定位、智能研判技术，对道路拥堵点位、隐患点位、事故点位、恶劣天气等异常情况进行可视化监测，并自动生成控制策略，同时通过建立基于道路交通运行规律构建分析算法模型，在数字空间中提前推演运行效果。

亿阳信通在高速公路信息化领域推出高速公路收费系统、高速公路联网监控系统、高速公路隧道监控系统、高速公路信息化管理平台、高速公路指挥调度系统、高速公路数字化紧急救援管理系统、高速公路商业智能管理系统等系列产品。承建的吉林省高速公路收费联网工程，实现了吉林省高速公路收费联网的"一卡通"，是全国第一个以非接触IC卡为媒介的全国收费系统联网项目；承建的深圳高速公路ETC不停车收费系统是国内首条正式运营的封闭式、多条高速公路联网拆账的不停车收费系统。

三、铁路交通

从事铁路交通信息化的主要企业有沈阳风驰软件股份有限公司、哈尔滨市科佳通用机电股份有限公司、黑龙江瑞兴科技股份有限公司、哈尔滨国铁科技集团股份有限公司等企业，广泛涉足铁路智能化装备、生产调度智慧、交通安全监管、智能分析及辅助决策等各个方面。

风驰软件公司全力致力于铁路行业数智化转型升级。经过多年发展，形成了大规模视频监控与智能分析平台、铁路信息大数据综合运用平台、铁路安全生产调度指挥平台、基于机器视觉的轨道交通智能化安全管控平台、铁路运输生产大数据辅助决策系统、铁路应急救援指挥平台、轨道交通地理信息系统综合应用平台、铁路远程运输指挥系统、中国铁路95306货件追踪系统等一批产品和解决方案。公司成为中铁沈阳局、哈尔滨局、乌鲁木齐局、西安局信息化建设的主要供应商，先后建设了3000多个车站、货运中心、专用线、物流基地的信息化项目。公司基于线性传感自组网的铁路线路区间防灾应用项目入选2021年工信部物联网专项，铁路车务安全生产调度指挥平台关键技术及应用项目获得2021年辽宁省科技进步二等奖。

哈尔滨科佳从事轨道交通运行安全装备的研发，参与主导了铁路行业众多检测设备标准的制定，多项产品属于"全路首创"。公司重点聚焦人工智能技术在轨道交通领域中的应用与发展，在轨道交通图像检测装备与轨道交通机车信号装备领域推出一系列智能化产品，主要包括铁路货车通过作业智能检测系统、城市轨道交通车辆智能综合检测系统、电务车载车下走行部设备图像检测系统、动车组运行故障图像检测系统、铁路客车故障轨旁图像检测系统、货车故障轨旁图像检测系统、铁路列车边防安全检查系统、机车信号车载系统、机车信号在车综合检测系统等。公司2021年"揭榜挂帅"国铁集团第一批科研计划课题"TFDS图像智能分析技术深化研究"，标志着其技术和产品已经处于国内领先地位。

瑞兴科技致力于铁路、地铁和城际轨道交通列车运行控制系统的研发，已形成轨道电路系列、微机计轴设备、安全信息设备、智能诊断类等产品，满足了轨道交通铁路高端装备制造产业的相关需求，同时形成了与主导产品相配套的一系列轨道交通专业技术服务，成为我国轨道交通安全行业重要的设备供应商与服务提供商。

哈尔滨国铁科技专注于轨道交通安全监测检测、铁路专业信息化和智能装备业务，主要产品包括轨道交通安全监测检测类产品、铁路专业信息化产品及智能装备产品，覆盖铁路动车、客车、货车、机车、地铁等各种轨道交通地对车、车对地、车对网在线动态安全监测检测领域，致力于保障轨道交通列车运行安全，提升高速运行、恶劣运行环境下的安全检测与智能设备运行效率，实现智能化、数字化交通管理。[①]

四、海上交通

从事海上交通信息化的企业主要有辽宁星之火软件有限公司、大连陆海科技股份有限公司、大连倚天软件有限公司。主要涉及航海导航、船舶交通管理、海洋渔业管理等方面。

辽宁星之火是专业从事地理信息方面技术与产品研发的公司。公司在数字航海领域的主要产品包括电子航海图导航系统、"北斗二号"导航系统、数据复现与评估系统、航行综合控制系统、雷达威力预报系统、二三维海图一体化平台、多功能艇电子海图显控系统等。1997年完成国内首款电子海图软件产品，并获得海军装备部科技进步奖二等奖，2023年入选中国船协第一批船舶工业"强链品牌"产品目录。

陆海科技是一家专注于智慧海洋及智能船舶领域的企业，公司推出的软件产品包括船舶交通管理系统、陆海智能航运平台、海上交通大数据分析与展示平台、船岸信息智能化平台等。其中VTS船舶交通管理系统，在保障船

---

① 李爱民.国铁科技科创板IPO成功注册［N］.黑龙江日报，2022-09-07（002）.

舶交通安全、提高船舶交通效率、保护水域环境等方面发挥重要作用，已在东营、海口、洋浦、天津、珠海、大连等十几家海事局应用。

倚天软件公司推出智慧海洋渔船动态监管系统，通过对渔船、渔港、船位监控、报警救援等业务信息数据的人工智能识别算法，对渔船监管、进出港监管和决策需求做出智能响应，实现了依港管船、管人、管安全、管生态，产品适用于渔港监督、渔船监管、渔业捕捞、渔业执法等方面，已在大连、丹东等市得到应用。

五、航空运输

从事航空领域信息化的企业主要是东软集团股份有限公司，在货运方面提供航空货运系统、航空货代管理、机舱配载系统、过程监控与调度等系统；在客运方面提供航空客票联售、运价管理系统、机场管理相关系统等。主要产品包括航空统一电商平台、航空常旅客系统、航空大数据平台、航空附加产品管理平台、机载娱乐系统、地面服务结算系统、高管驾驶舱、大数据多维探查系统等。服务客户包括中国国际航空、深圳航空、青岛航空等。东软推出的机载娱乐系统携手国航完成中国民航史上首次地面和空中的互联，在国内首次提供机上全球卫星通信互联网服务，实现中国民航机上通信的重大突破。

第三节　物流行业

物流是国民经济的基础，是连接国民经济各个部分的纽带。物流信息化是将现代信息技术全面导入从运输、存储、装卸、搬运、包装、流通加工到配送的整个物流作业环节，实现物流的精准化、高效化。东北软件企业主要聚焦物流运输、物流仓储等核心领域，为生产制造及商贸流通领域的客户提供深度定制的物流解决方案。其中智能机器人、自动驾驶技术是物流领域的硬核技术，沈阳新松机器人自动化股份有限公司、东软睿驰汽车技术（沈阳）

有限公司等企业具有国内领先优势。如表 4-3 所示。

表 4-3　物流行业软件赋能

分类	主要厂商
物流运输	大连口岸物流、大连博涵前锋、大连鑫奇辉科技公司
物流仓储	沈阳新松机器人、沈飞电子科技、沈阳盛时科技
物流平台	黑龙江交投千方科技、沈阳天眼智云、沈阳递家物流、哈尔滨飞扬软件

一、物流运输

在物流运输领域，以大连口岸物流科技有限公司、大连博涵前锋科技公司、大连鑫奇辉科技公司为主形成一批物流科技企业，围绕场站码头、物流运输、铁路运输等领域推出软件产品和解决方案。

大连口岸物流是大连港集团全资控股的一家面向港口物流领域的专业化 IT 服务提供商和物流软件供应商，该公司开发的集装箱场站和码头操作系统、集装箱智能大门控制系统、液体码头操作系统、泊位计划及潮汐系统等，应用在大连港集团下属码头，以及沙特等国内外港口和物流场站。大连博涵前锋推出码头操作系统、设备维护系统等产品，已经应用在新加坡、沙特、阿联酋、土耳其等国家。大连鑫奇辉推出的列车客运、货车超限及装载监测、安全监控、司机状态监控智能报警、客运旅客查询、客运到发通告等系统，应用在沈阳铁路局、济南铁路局、哈尔滨铁路局、上海铁路局和广铁集团等。

二、物流仓储

在物流仓储领域，以沈阳新松机器人有限公司、沈飞电子科技发展有限公司、沈阳盛时科技有限公司为主，形成一批专业化科技企业，围绕智能仓储、云仓储、智能分拣等领域推出一系列软件产品及解决方案。

沈阳新松机器人为生产制造及商贸流通领域的客户提供深度定制的物流解决方案，包括智能仓储、柔性搬运、高速输送与分拣、智能拣选、物流机器人应用以及智能物流信息系统，应用场景贯穿仓储、生产与配送各个环节，覆盖众多细分领域，系统成套出口，业绩行业领先，荣获"2021智能物流产业实力品牌企业奖"。在仓储物流信息管理方面，推出智能物流信息系统，对出入立体库的货物进行动态管理和调度，实现货物信息的同步管理。在智能仓储方面，核心产品包括托盘式仓储系统、箱式仓储系统、无载具仓储系统和密集仓储系统等。在自动搬运装卸方面，以实现全自动的物料流为目标，推进生产、仓储、传输、配送、识别和上下料等过程的高效传输与全自动化，核心产品包括柔性化搬运、轨道式搬运、悬挂式搬运、拆码垛机器人等，产品远销海内外，综合竞争能力已进入国际一流企业行列。在高速输送分拣方面主要产品有高速分拣机、分拣机器人、输送设备、包装设备等。在智能拣选方面，新松智能拣选系统可以自动完成拣货单中货物的定位、识别和拣取，并运送到指定位置。

沈飞电子科技推出物流管控一体化系统，不仅实现了仓储管理的自动化，还实现了各种类型自动化库房及非自动化库房的统一网络管理，并可通过向用户开放协议实现与其他管理软件的连接，目前共完成100多个大型立体库系统项目，同时也在印度尼西亚、科威特、俄罗斯、马来西亚、韩国等多个国家应用。该公司还推出云仓库管理系统，可帮助客户提升仓库管理运作效率，有效地管理入库、出库、盘点、库存控制等核心仓管业务，使各公司之间兼容平行供应链和垂直供应链。

沈阳盛时科技专注于智能仓储和物流解决方案研发，推出一款智能仓储物流管理软件"盛时应用"，可以实现仓库收发货、理货、盘点、货位管理、订单处理、库存管理等多个环节的全流程自动化管理。

三、物流平台

在物流平台建设方面，主要有黑龙江省交投千方科技有限公司、沈阳天眼智云信息科技有限公司、沈阳递家物流股份有限公司、哈尔滨飞扬软件技术有限公司等企业，主要从事综合物流信息互联互通、大数据分析、应急救援管理等方面的解决方案及服务。

黑龙江省交投千方科技依托黑龙江交投集团在物流领域产业主导优势，构建了智慧物流信息化管理平台、智慧物流大数据平台、网络货运平台三大智慧物流体系，实现所有物流要素互联互通，全业务数字化，全过程透明可追溯。沈阳递家物流是新三板上市专业物流公司，致力于为客户提供门到门的公路运输、国际货代和国际快递服务，其全资子公司北京沃达思创软件公司开发并上线运输管理系统、快递系统、全球定位系统。

沈阳天眼智云公司推出分布式荷载运输监测系统，用于大件货运车关键运行指标在线实时跟踪，是为国家应急体系量身打造的危化品仓储物流与应急救援管控平台，以共建、共享、开放的大数据平台为依托，实现面向全国的危化品常态下的无缝管控。

哈尔滨飞扬软件公司是交通部"省部交通运输物流电子枢纽平台"共建联盟单位，中国普运软件联盟首届理事长单位，中国电信战略合作技术服务供应商。飞扬软件围绕TMS运输管理系统、仓配一体化系统、网络货运系统三大行业金牌产品群，应用物联网及移动互联技术，全力打造UTMS物流金融服务和仓配一体化供应链两大云平台，累计为全国上万家物流企业以及1500多万上下游货主提供信息系统建设、支付结算、路由跟踪、设备耗材集采、货物保险、金融贷款等全方位一站式供应链服务。

第四节　金融行业

软件产业向金融领域赋能主要体现在面向银行、证券、保险、信托等金融机构的信息化解决方案。东北软件企业进入金融领域较早，涉足业务范围较广，如东软集团、信华信等大型IT公司在传统的金融信息化领域业务规模较大，已经具有一定的市场地位。同时，随着互联网金融的不断发展，东北也涌现一批面向金融行业的专业化软件创新企业，如大连同方软银科技股份有限公司、沈阳麟龙科技股份有限公司等，一些创新产品受到市场好评。东北金融软件发展情况如表4-4所示。

表4-4 金融行业软件赋能

分类	主要厂商
银行	沈阳东软集团、大连信华信、大连同方软银、微神马科技（大连）、大连信雅达
证券	沈阳麟龙科技、沈阳东软集团
保险	沈阳东软集团、大连信华信
信贷	大连新中连公司、大连诚高科技公司、大连汇融信息、链融数据科技（大连）、长春万易科技、吉林通联

一、银行业务

在银行业务领域，主要有东软集团股份有限公司、信华信技术股份有限公司等老牌IT企业，以及大连同方软银科技股份有限公司、微神马科技（大连）有限公司、大连信雅达软件有限公司等专业化金融软件服务公司，涉足领域涵盖核心交易、信贷管理、资金管理、支付业务系统等多个方面。

东软集团在银行领域主要产品有银行互联网业务开放平台、银行科技一体化开发平台、银行微服务支撑平台、资产托管系统、链财通（供应链金融平台）、收易宝收款资金管理平台等，公司先后为360家金融客户提供产品、解决方案、业务咨询及外包服务，每年有7万亿元资产通过东软资产托管系统进行资产托管。

信华信旗下领雁科技股份有限公司连续多年在中国银行业IT解决方案市场排名领先，为金融机构提供移动金融、智慧营销、智能风控、产业金融、智能支付等解决方案；在产业金融、智能支付等领域有较深布局，已累计为

260 余家金融机构提供优质的金融 IT 服务和解决方案；在银行领域主要产品包括渠道整合平台、供应链金融解决方案、网络金融智能运营平台、移动金融解决方案。

大连同方软银是专业从事金融软件开发的企业，主要为商业银行、财务公司和其他金融机构提供软件开发、系统测试和人力外包等信息技术服务。公司在核心业务和普惠信贷领域一直保持产品领先，是国内银行领域的领先厂商之一。主要产品有核心业务系统、贷款核算平台、信贷管理系统、普惠零售系统、票据管理系统、资金管理系统、柜面交易系统、支付业务系统、中间业务平台、统一报送平台等，已有 150 项软件产品取得了软件著作权，并多次获得国家相关奖项。

另外，微神马科技研发的中小银行数字化转型升级综合服务平台，帮助中小银行实现全维度"用户画像"，让银行的营销及风险管理更加智能高效。大连信雅达的金融产品营销支撑平台，用于银行内部数据的管理分析，实现银行产品管理及营销一体的综合服务。

二、证券业务

在证券业务领域主要有东软集团股份有限公司、沈阳麟龙科技股份有限公司等，主要涉足股权交易、投资分析、资金监管等方面。沈阳麟龙科技是专注于金融信息技术服务领域的科技创新企业，主要服务于财富管理过程中的个人投资者，是东北的龙头企业，位居国内行业前列。公司主要产品为麟龙选股决策系统系列软件、麟龙如来神涨科技经典版系列软件、龙周刊、财咨道 App 等。金基窝是麟龙股份旗下并通过证监会批准的基金销售平台，民生银行全程资金监管，产品定位于打造轻松有趣的基金投资服务平台。通过对基金的全面数据进行深度挖掘，精选出基金中的精品，并通过基金投资行为大数据分析，帮助广大基金投资者提升基金投资的决策正确率。东软集团在证券领域主要产品有股权交易解决方案、估值核算系统、交易监察解决方案，有 2.6 亿股民享受东软证券交易监察系统提供的服务。

三、保险业务

在保险业务领域主要有东软集团股份有限公司、信华信技术股份有限公司等软件企业，涉足领域包括保险理赔、融资租赁等。信华信在保险领域产品主要包括商业保险理赔服务系统、客户增值服务系统，在融资租赁领域产品主要包括汽车融资租赁系统解决方案、融资租赁行业综合解决方案、担保业务系统解决方案、金融服务平台等。东软集团在保险领域产品有保险产品工厂、保险产品云平台、保险收付费系统、保险销售管理系统、睿保电子商务系统、商保理赔风控云平台、东软保盈保险渠道开放平台等，每年 160 亿元保险产品销售额在东软电商系统上完成。容维证券数据是中国首批获得证券投资咨询资质的专业机构，从事金融证券大数据分析和处理、算法交易、"互联网+"（云搜索决策分析软件与证券投资咨询）等业务，获得经营证券期货业务许可证特许资质。1998 年研制成功并正式对外发布的容维创富系列决策软件算法系统，其应用领域不断扩展，技术、产品、应用体验、商业模式等均在业内具有较高的知名度。

四、信贷业务

在信贷业务领域，有大连新中连公司软件集团有限公司、大连诚高科技股份有限公司、大连汇融信息技术有限公司、链融数据科技（大连）有限公司、长春万易科技有限公司、吉林省通联信用服务有限公司等一批科技中小企业。

大连新中连公司开发的电话银行系统和信贷管理系统、银行中间件产品等在 30 多家供销社系统、城市商业银行得到广泛应用。大连诚高科技公司推出的农业银行电话银行系统和建设银行个人贷款和国债系统，已实现上线应用。大连汇融信息研发的大数据创新金融服务平台基于不锈钢行业厂家小而分散、利润率日趋下降、恶性竞争激烈的大背景，实现了所有参与主体在平台协同作业，进一步降低成本，提升了行业效率，入选工信部《中小企业数字化赋能服务产品及活动推荐目录（第一期）》。

链融数据公司开展的供应链商业模式创新、供应链数据平台研发、供应链全程全网全景解决方案等，重构了城市零售供应链；"链融云"成为国家发改委重点扶持项目。长春万易为非银行金融机构提供优质的金融信息服务，以智慧营销、智慧风控等信息技术为用户提供金融及类金融机构营销拓客、贷后监管的全链条运营服务，为客户提供优质的解决方案。

吉林通联信用服务公司推出的综合金融服务平台包括一中心、四平台和六应用。一中心即金融大数据中心；四平台为大数据采集平台、大数据处理平台、大数据分析平台、大数据应用平台；六应用包括综合金融服务门户（PG端和移动端）、企业融资服务管理系统、金融机构信贷管理系统、政府机构运营管理系统、企业经营信息数据分析系统和可视化监控分析系统。平台运营保障服务包括运维保障、数据治理、模型建设服务、信息安全保障、融资场景设计与平台运营六个方面。

第五节　医疗健康

传统的医疗信息化建设分为三个层次，即医院信息管理系统、临床信息管理系统和公共卫生信息化。随着互联网、大数据、人工智能技术向医疗领域的深入渗透，智慧医疗产业发展迅速，行业呈现出医疗服务智能化和互联网医疗、远程医疗加速扩大的趋势。

在传统医疗信息化领域，东北软件企业具有全国领先优势。其中东软集团股份有限公司已经连续十多年位居中国医疗 IT 解决方案市场份额第一，荣科科技股份有限公司、哈尔滨联德信息技术有限公司、哈尔滨工业大学软件工程股份有限公司等企业也多年深耕医疗信息化领域，具有领先的市场地位。在新兴的互联网、智能医疗服务领域，除了上述传统的医疗信息化企业加快业务模式升级之外，一些新兴的软件企业也应运而生，如东软熙康健康科技有限公司、心医国际数字医疗系统（大连）有限公司、东软智能医疗科技研究院有限公司等。如表 4-5 所示。

表 4-5　医疗健康行业软件赋能

分类	主要厂商
医疗信息化	沈阳东软集团、沈阳荣科科技、哈尔滨联德信息、哈工大软件
互联网医疗	东软熙康、大连心医国际
医疗人工智能	东软医疗人工智能研究院、东软医疗、新松机器人

一、医疗信息化

从事医疗信息领域的主要企业有东软集团股份有限公司、荣科科技股份有限公司、哈尔滨联德信息技术有限公司、哈尔滨工业大学软件工程股份有限公司等，形成面向卫健委、大型医院、基层卫生机构、医共体等各层次主体覆盖医疗全生命周期的医疗信息化体系。

东软集团是国内最早从事医保及医疗领域信息化的公司，经过近 30 年在医疗领域的深耕，形成了覆盖医疗全生命周期的、全领域、一站式整体解决方案。东软医疗信息化服务于 600 余家三级医院、2800 余家医疗机构、5 万余家基层医疗机构，承担 30 多个省、市的卫生厅局信息化建设和运营维护，东软医保用户覆盖 31 个省（区、市）的 200 多个市 8000 万参保单位 40 万医保定点机构，服务人群超过 7 亿。

荣科科技以集成平台、电子病历为系统核心，搭建了以急诊、重症、手术麻醉、智慧门诊、数字病房、远程医疗、病案、互联网医院为主的智慧医疗信息系统，同时以医院绩效考核管理、数据中心、数据中台、护理管理、360 视图、医疗数据等为主搭建智慧管理信息系统，以互联网医疗、主动健康管理平台等为主搭建智慧服务信息系统，成为国内临床医疗信息化产品最全的专业厂商之一，目前已服务超 3000 家医疗机构。荣科医疗精心打造智慧医院、紧密型县域医共体、互联网医院、专病科研数据中心、智慧医疗医养等五大解决方案，紧扣行业发展趋势，领跑智慧医疗创新。

联德信息技术公司是专注医疗卫生、社会保障、"互联网＋医疗"领域应用软件研发及医疗信息化解决方案的供应商，自主研发的医疗领域系列产品有 70 余种，主要包括医院管理信息系统、区域卫生信息共享平台软件、"互联网＋健康信息"服务平台、"互联网＋医院信息"服务平台、医保基金智能审核管理信息系统、分级诊疗管理信息系统、居民健康档案管理信息系统、基层医疗卫生机构管理信息系统、城乡居民医疗保险信息管理系统、养老院信息管理系统等软件。公司主导产品覆盖多个省，为省市县卫健委（局）、人社厅（局）等 200 多个管理机构及 15000 家以上医疗卫生机构提供信息技术服务。

哈工大软件在中小型医院信息化、心血管级别互联网医疗等方面推出特色产品，公司研发的综合医院管理系统，是一套为民营医院、社区医院、诊所等量身打造的医院信息管理软件，包括医院信息管理、门诊管理、库房管理、病案管理和统计分析五大核心功能。公司建立的医疗大数据平台以"互联网远程心电监测诊断中心"为起点，逐步建成多学科、多病种的慢病预防、咨询、远程会诊的互联网医疗服务体系。

二、互联网医疗

互联网医疗领域主要有沈阳东软熙康医疗系统有限公司、心医国际数字医疗系统（大连）医疗科技有限公司等创新企业。这些公司通过云医院平台及互联网服务模式，紧密连接地方政府、医疗机构、患者及保险机构，提供持续、全面、高质量的医疗健康互联网服务。

东软熙康是东软最早进入互联网医疗领域的专业化公司，通过整合东软积累的信息技术与医疗资源，构建了高度可复制、可扩展的云医院平台模式，为患者提供医疗健康互联网服务。业务主要包括云医院平台服务、互联网医疗服务、健康管理服务三大板块。云医院平台提供超越医院物理围墙的服务，打造协作高效的医疗服务体系；互联网医院服务、远程医疗服务、互联网居家护理服务、智慧家庭医生服务，可以满足用户多元化医疗健康服务需求，为用户提供一体化互联网医疗服务。目前，东软熙康云医院已扩展到29个城市，成为中国最大的云医院网络。

大连心医国际是中国专业的医疗运营与解决方案供应商，铺建并运营全国领先的智能医疗云平台，业务服务覆盖诊疗、教学、科研、管理等多维度，助力政府、医院及产业合作伙伴，打造线上线下高效协同的智慧医疗健康服务体系；推出产品及解决方案包括智慧医院、智慧协调医疗等；目前已建成覆盖全国31个省（区、市）、联结2万余家医疗机构的智能医疗云平台，助力建设并服务青海、河南、陕西等省的九大省级远程医疗平台，服务通达80%全国三甲级医院和300多个专科医联体。

三、医疗人工智能

医疗行业是人工智能技术应用最为广泛的领域之一，应用场景包括辅助决策、药物挖掘、健康管理、患者智慧服务、医疗机器人、医院管理、精准医学等，涉及医学影像、医疗文书和语音处理、病理切片分析、音视频分析与应用、多组学数据分析等不同方向。东软医疗人工智能科技研究院有限公司、东软医疗系统股份有限公司、沈阳新松机器人自动化股份有限公司等一批企业，利用多年积累的医学领域的知识和数据资源，切入医疗人工智能领域，在辅助医疗诊断、医学影像智能分析、医疗机器人等方面取得不俗进展。

东软医疗人工智能研究院推出多款"AI+"医疗行业应用，包括添翼医疗领域大模型、飞标医学影像标注平台、基于Web的虚拟内窥镜等。添翼医疗领域大模型是面向医疗垂直领域的自然语言大模型，将全面融入东软的医疗行业解决方案、产品与服务，赋能医院医疗智能化转型。飞标医学影像标注平台借助医学影像分割大模型支持基于Web的多人、多团队进行医学影像标注的工作协同，提供高级三维可视化技术，能够更加直观精准地连续逐层标注，已为四川大学华西医院、空军军医大学西京医院、中国医科大学附属第一医院等几十家医疗机构提供标注服务。基于Web 的虚拟内窥镜将医学影像数据获取、数据预处理与分割，以及三维重建与虚拟内窥镜功能有机结合起来，从而逼真精准地还原了患者病灶部位的真实情况，支持辅助医生进行疾病诊断，找出最佳手术路径，提高手术效率。

东软医疗系统股份有限公司基于医疗设备及数据，结合大数据人工智能技术，构建了开放式智能服务平台，包括设备管理服务、影像数据存储及增值服务及影像诊断服务。该平台提供了多种涉及肺、心血管和大脑疾病的人工智能软件，以协助多个治疗领域的医疗影像诊断及治疗，如脑缺血性中风影像的自动分析软件、肺部 CT 影像自动分析软件等，帮助医生对不同疾病做出迅速准确的诊断和治疗。

新松机器人公司面向医疗领域推出手术机器人与康复机器人产品。手术机器人用于微创手术，通过精确的操作和高清显微镜系统，为医生提供更清晰、更准确的图像和操作界面；康复机器人产品具有人机交互界面设计和智能化控制系统，能够根据患者的具体情况制定个性化康复方案，并实施有效的康复训练；新松医疗机器人可以与医疗数据管理系统和远程医疗平台相连接，实现数据共享和远程会诊。

第六节　教育行业

东北软件企业进入教育信息化领域较早。东北师范大学于 2000 年创建了东北师大理想软件股份有限公司，目前已发展成为国家权威的、系统的教育软件开发商之一，是国内领先的在线教育企业；东软集团 2002 年宣布进军 IT 网络教育领域，为政府、企业和个人提供基于网络、便捷完善的线上学校全面解决方案，引领中国企业开展数字化学习的热潮。近年来，随着 5G、云计算、大数据、AR/VR 等技术不断向教育行业渗透，加快了既有业务与新一代信息技术的全面融合，推动产品和解决方案快速升级。同时，一些专注于在线教育以及教育内容数字化开发的软件公司应运而生，如辽宁向日葵教育科技有限公司、吉林慧海科技信息有限公司、沈阳点为信息科技有限公司、哈尔滨天健高新技术有限公司、长春智信创联科技有限公司等企业，在教育细分领域提供优秀的产品及解决方案。如表 4-6 所示。

表 4-6　教育行业软件赋能

分类	主要厂商
智慧校园	东北师大理想、东软集团
互联网教育	辽宁向日葵、哈尔滨天健、长春智信创联
教学软件及数字化教育	吉林慧海科技、沈阳点为信息、沈阳云创未来、沈阳新松教育、长春金阳、吉林科飞

一、智慧校园

东北师大理想软件股份有限公司面向基础教育、职业教育、高等教育、幼儿教育、社区教育五大领域，围绕数字校园、数字教学资源、网络教育、虚拟实验室等场景开发了 11 大类 700 余种产品，形成教育信息化的完整解决方案体系。东师理想积极探索基于大数据、虚拟仿真、人工智能和"互联网 +"的智慧教育新模型及融合创新应用，研发出智慧教育云平台、中小学智慧校园、职业院校智慧校园、幼儿园智慧平台、新高考一体化支撑系统、高师综合实训系统、中小学教师网络研培网、智慧教室、理想学堂、职业虚拟仿真实训系统等系列产品和业务，形成了教育信息化系统集成创新方案。公司开发的信息化教育平台软件获得了国家级教学成果二等奖，与四川、辽宁、山东、河北等省的 9 个省级教育管理部门签订了教育信息化战略合作协议，推进区域教育信息化快速发展。

东软集团股份有限公司面向高校提供全面的信息化服务解决方案，包括智慧校园综合服务门户平台、高校身份识别与访问控制平台、高校线上线下办事大厅平台、移动校园、高校数据中心解决方案、东软基础教育云平台解决方案等，服务遍及 60 多个城市的 600 余所高校，其中包括 60 余所 985 和211 院校。

二、互联网教育

辽宁向日葵教育科技有限公司致力于成为中国最专业的在线教育解决方案提供商。公司构建了"技术服务 + 软硬件产品 + 平台 + 产业学院"的"四位一体"在线教育全产业链体系，服务于高等院校、企业大学、数字出版等行业，提供数字内容建设、专业化公共培训平台、综合演播室系统集成、在线直播录播平台等全流程解决方案。公司以新兴信息技术为依托，自主研发底层引擎系统，构建"技术服务 + 硬件产品 + 软件平台 + 产业大学"的生态布局，将教学设计、教学资源、教学应用、教学管理、学习行为等终端数据打通，实现数据的深度智能化应用，打造全生命周期数字化生态体系。主要产品包括：虚拟教研室系统、数字内容制作服务平台、数字内容质量管控平台、在线课程资源管理平台、智慧教室、虚拟仿真实验平台、在线学习平台、虚拟教研室系统等。公司在高等院校领域服务客户众多，尤其在中央军委直属和各军兵种军队院校领域高达 80%。在第十七届中国科学家论坛上，获得"中国数字教育领军企业""中国最具投资价值科技创新发明成果"双项殊荣。

哈尔滨天健高新技术有限公司专注于通过大数据和人工智能开展智慧教育研发，公司自行研发的乐学智慧教育云平台，涵盖了远程云桌面、海量资源系统、教育管理系统、高效教学系统、智慧课堂互动等功能子系统，充分满足了学生教育信息化建设各个方面的需求。

智信创联科技有限公司致力于实现信息技术与学习空间的深度融合，推出智慧教室、教学实训、智慧高校管理系统等产品，支撑探究式学习、主动学习、项目化学习、合作学习、线上线下混合式学习等多种新型模式。

三、教学软件与数字化教育

吉林省慧海科技信息有限公司专门从事中小学教育管理评价软件研发，设计研发了具有自主知识产权的小学生、初中生、普通高中学生综合素质评价管理平台，中小学教师发展性评价管理平台、中小学综合实践活动管理系统、区域教育大数据中心平台等系列产品。其中，中小学素质教育信息化管理与评价平台荣获科技部中小企业创新基金项目支持，用户遍及 21 个省、区、市的千余所中小学校。

沈阳点为信息科技有限公司深耕于数字媒体技术、虚拟现实技术、大数据技术在教育领域中的创新应用，形成了完整系统的智慧校园解决方案，拥有专业教学资源库、精品在线开放课程、数字化融媒体教材、虚拟仿真和数据决策平台等产品，为 300 余所学校提供了数字教学资源建设、数据治理与决策等方面的产品与服务。

沈阳云创未来科技有限公司为高等教育领域提供智慧教育产品及解决方案，自主研发了智慧课堂、创新创业教育平台、超级竞赛、教学质量管理平台等系列产品，覆盖了高校教学、创新创业、科技、人事等多个部门。

新松教育科技集团以高端智能制造人才培养为发展方向，以 AR/VR、大数据、人工智能、工业软件、机器人等方向开展了深入教育资源研发，推出新松大数据实训平台、多媒体资源管理平台、新松超融合云平台、新松虚拟仿真实验教学与管理平台、新松 VR 教育云平台等产品与解决方案。

长春金阳高科技有限责任公司专注于教育考试产品研发，主要产品有考生身份认证系统、考生作弊行为分析系统、面试评分系统、慧眼人工智能审核系统、作弊防控系统、高清网上巡查综合管理系统等。

吉林省科飞软件有限公司专注于人事考试相关系统的研发，推出人事考试考务监控可视化平台、招考计划申报系统、考务管理系统、网上报名系统、科飞网上阅卷系统、面试通用评分系统、考官管理系统等，是国内具有影响力的人事考试系统技术研发和服务提供商。

第七节　文化旅游

数字文旅包括旅游、文化、传媒等行业，产业涉及面很广。旅游行业包括数字化设施、在线旅游、民宿、旅游电商、旅游咨询等；文化行业包括数字化博物馆、数字图书馆、数字艺术品等；传媒行业包括数字化的新闻、广告、影视等。东北企业主要在互联网旅游服务、数字场馆、数字媒体、游戏动漫领域有所涉足。其中大连博涛文化科技股份有限公司在AR/VR主题乐园领域、沈阳体验科技有限公司在4D影像及虚拟博物馆领域、东软集团股份有限公司在新闻出版及广电领域形成行业领先优势。另外，沈阳金冉科技有限公司、黑龙江文旅信息科技有限公司、哈尔滨鑫时空科技有限公司，奇知科技（沈阳）有限公司、大连乾豪动漫有限公司等企业在沉浸式旅游体验、旅游平台、动漫设计、游戏开发等领域得到较好的发展。如表4-7所示。

表4-7　文化旅游行业软件赋能

分类	主要厂商
互联网＋旅游	黑龙江文旅信息、大连途之宝
沉浸式体验	大连博涛文化、沈阳体验科技、哈尔滨鑫时空、沈阳奇知科技
数字媒体	沈阳东软集团、沈阳金冉科技
游戏动漫	大连乾豪动漫、沈阳欢乐时光

一、互联网＋旅游

黑龙江文旅信息科技有限公司以"智慧旅游＋交易＋大数据＋供应链金融"为核心，推出景区智慧化建设系统、智慧文旅平台、趣龙江全域旅游系统等数字文旅系列产品，公司打造的"1+4"（一部手机游龙江＋智慧旅游＋大数据监管＋线上交易＋供应链金融）智慧旅游平台，成为黑龙江旅游总入口。

途之宝（大连）网络科技有限公司研发出在线旅游 B2B 分销平台，专为上游旅游产品供应商和下游旅游产品分销商提供在线交易服务，平台以"产品全、易查询"为核心，涉及跟团游、自由行、邮轮游、机票及签证服务，通过互联网平台让旅游企业同行间的交易突破时间、地域限制，降低交易成本，提升供应链效率，为企业带来更大的竞争优势，成为行业领先的在线旅游分销平台。

二、沉浸式体验

大连博涛文化科技股份有限公司是业界为数不多以"落地"为导向的创意策划公司，以"创意＋艺术＋科技＝极致体验＝商业成功"的思维逻辑，打造具有高品质、创新性的文旅产品，形成高科技秀、天幕影院、飞行影院、黑暗骑乘、水上骑乘、脱口秀、科博馆、主题文化馆、萌宠乐园九大主体文旅工程。主要业务包括文旅规划设计、数字内容制作、VR 文旅项目研发。在文旅规划设计方面，公司已经成为万达、融创、恒大等国内知名企业文旅业务板块的战略合作商。在数字内容制作方面，业务包括球幕影院、3D 影院、各类宣传片等，是行业内颇具艺术创意高品质数字内容制作公司。在 VR 文旅项目研发方面，开发出中国科技馆《VR 黑洞》《VR 动感影院——飞越黄山》《VR 文化展示——皇帝大婚》等一批优质作品。公司推出拳头产品 360 极限飞球项目，是文化部"一带一路"文化贸易与投资重点项目，产品集球幕影院、飞行影院、动感影院、过山车等主流特种影院和游乐设备的优点于一体，在全国已部署 80 余个场景，已经成为景区文化科技体验升级的重要产品。

沈阳体验科技股份有限公司是文化与科技融合的高新技术企业，是首批"国家级文化和科技融合示范基地"。公司重点发展文化装备、文化创意内容、文化旅游产业，形成一条沉浸式文化装备及内容生产产业链。公司以第四代"悬浮现实技术"为核心，努力打造全情景化的沉浸式体验场景，研发的产品包括超光谱数据显示、全息车游、触控悬浮屏、数智人、1∶1真人比例全息数字舞台、百米巨像悬浮电影等，广泛应用到众多文化产业项目中，完成了一批有影像的文化产业工程。典型的工程有上海世博会联合国馆、北京申奥多媒体、北京规划馆4D展厅、美国梦工厂"怪物史瑞克4D"、中华文化体验园、紫禁城建城六百年概念设计、2017阿斯塔纳世博会上海合作组织馆展示项目等。

哈尔滨鑫时空科技股份有限公司在3D、VR、AR、展馆设计、虚拟展示、数字孪生、地理信息、宣传策划、影视特效等方面取得很好的业绩，成功地完成了"上海世博会"黑龙江馆、韩国"丽水博览会"黑龙江馆、意大利"米兰世博会"黑龙江馆、迪拜大型冰雪乐园"冰雪秀迪拜"等项目。沈阳奇知科技有限公司将数字孪生、虚拟仿真、人工智能等技术应用到体育领域，承担科技部国家重点研发计划课题"自由式滑雪空中技巧项目运动员动作模拟仿真系统"，研发成果在第二十三届北京国际科技博览会展出。

大庆思特传媒科技有限公司是中国数字创意产业头部企业、国家级文化出口重点企业，产品和解决方案遍布全球60多个国家和地区，在北京、上海、深圳、沈阳、大庆分别设有研发、创意和销售中心，并在法国、意大利、迪拜等地设有代理商机构，已成为全球数字多媒体领域的中国标签。思特科技先后荣获德国红点、美国传达艺术CA奖、VEGA DIGITAL AWARDS等国际TOP大奖，两次斩获被誉为数字艺术领域奥斯卡奖的MUSE缪斯铂金奖。作为国内少数自研人机互动软件技术的高科技公司，思特传媒拥有多人多点红外识别体感交互技术、多点触摸技术（Multi-touch）、三维运动识别技术（3D Motion）和虚拟现实技术（VR）等核心技术，同时在运动捕捉分析、目标识别与跟踪等计算机视觉领域和三维人机交互应用领域，拥有 25 项专利。思特旗下拥有思特乐园、数 π 体育、智 π 教育、思特国际等独立品牌，自主研发 70 余款交互产品、500 余款应用场景及多种不同行业解决方案，应用领域覆盖儿童娱乐、儿童教育、数字运动、文旅夜游、展馆展厅、商业综合等六大板块，思特总部投资建有 5000 平方米全国乃至全球最大的全沉浸式测试演示中心。

三、数字媒体

东软集团股份有限公司面向新闻出版行业提供复合出版的全生命周期解决方案，包括出版解决方案、融媒体解决方案、广电传媒解决方案。在出版解决方案领域，推出协同编纂平台、媒体出版物编辑工具、东软 AR/VR 互动系统、东软数字出版大数据融合中心、东软数字产品版权管理系统、东软内容电商平台等产品，应用于中国幻想儿童文学新媒体平台、中国地图社地理可视化智能教育平台等。融媒体解决方案领域，推出一屏、两库、三平台，包括东软融媒体报道指挥系统、东软全媒体数据库、东软客户资源数据库、东软信息采集内容管理平台、东软融媒体采编发平台、东软效果监测反馈平台，已应用于新华社、人民日报社、中国日报社等。在广电传媒解决方案领域，推出广电大数据分析平台、互联网资讯汇聚分析系统、全媒体收视分析系统、新媒体舆情监测系统、新媒体个性化推荐系统、全媒体内容智能分析系统、电视互动播控平台等 20 余款产品，应用于中央电视台等多家广电机构。

沈阳金冉科技有限公司，通过虚拟现实技术开发的党史资料学习系统，以国内 428 家爱国主义教育示范基地为对象，为党员宣教提供了全新的交互式、全景式、沉浸式体验环境。

四、游戏动漫

大连乾豪动漫有限公司是东北具有国家级动漫企业资质的原创动漫企

业，多部原创动漫作品如《侠义小青天》《幸福在身边——当代雷锋郭明义的故事》《折纸总动员》等，多次获得国家级、省级大奖，公司自研手机游戏产品《天天酷飞》受到广大游戏爱好者的喜爱。

沈阳欢乐时光信息技术有限公司是一家集网页游戏资讯平台、手游、移动产品以及传媒娱乐产业为一体的集团化互联网公司。公司总部位于沈阳，下设子公司 12 家，遍及北京、广东、四川、安徽、新疆等地。

第八节　电子政务

政府信息化主要是通过电子政务的形式来展现，包括三个方面的基本任务，即统一的网络平台建设、数据环境建设、重点业务系统建设。"十四五"期间，围绕推进国家治理体系和治理能力现代化的总目标，正在加快推进数字政府建设，充分发挥数据赋能作用，全面提升政府治理的数字化、网络化、智能化水平。

东北软件企业较早进入政务信息化领域，在 20 世纪 90 年代初期，一批企业积极参与国家"三金"工程、"十二金"工程，比较典型的软件企业有东软集团股份有限公司、哈尔滨工业大学软件工程股份有限公司。经过 30 多年的深耕积累，东北软件企业在政务信息化领域形成一定的领先优势。据赛迪顾问《2023 中国数字政府应用发展研究报告》，东软集团的"数字政府软件与应用服务"市场竞争力持续领跑全国，并在人社、医保领域持续排名第一。如表 4-8 所示。

表 4-8　电子政务领域软件赋能

分类	主要厂商
政务平台	东软集团、吉林祥云、长春嘉诚信息
协同办公	大连倚天软件、长春吉大正元、大连信华信、长春嘉诚信息

续表

分类	主要厂商
税务领域	哈工大软件、大连龙图信息、黑龙江航天信息
民政领域	东软集团、大连运邦科技、华信计算机
财政领域	辽联（辽宁）信息技术

一、政务平台

东软集团股份有限公司是国家电子政务基础设施的重要建设者，参与众多国家基础数据库和基础平台建设，包括国家人口基础信息库、法人单位基础信息库、国家信誉数据库等。东软在电子政务行业中拥有深厚的技术积累和长远的战略布局，业务广泛地涉及政府体系各系统，参与了全国200多个中心城市的数字政府建设，持续推动在民政、财税、公安政法、国土住建等领域与国家各政务服务平台深度合作，助推政府履职和政务运行的数字化转型。近年来，东软聚焦核心业务"一网统管""一网通办""一网协同"，成就政务新方向，形成"一方案、两中心、六基础"的一网统管解决方案，已在河南、陕西榆林等地区进行推广应用。

吉林省吉林祥云信息技术有限公司推出"吉事办"政务服务平台，对接国家一体化政务服务平台，并提供具有吉林特色的政务服务；通过"吉事办"小程序及App这一移动终端可同时向个人和企业提供政务服务。"吉事办"总体架构可分为运行环境、数据层、业务层、接入层、前端展示层五部分。"吉事办"目前已成为吉林省政务服务移动端的标准产品，配合吉林省政数局及各地方政数局推广"吉事办"应用。

长春嘉诚信息技术有限公司推出行政审批公共服务平台，可以实现民众、政府工作人员和管理者三者一体化信息管理。为政府各部门建设完善行政审批公共服务平台，实现一张网接口的融合。实现在线申报、网上受理、跨部门审批、线上支付、邮寄打印、自动归档、一张网对接、闭源数据分发等功能，审批端可以对接内部多个审批系统，实现业务一次审批，结果多处分发的一张网的全流程审批系统。

二、协同办公

大连倚天软件股份有限公司推出的倚天一网协同办公系统，以知识管理、深度学习、AI 技术为驱动，打造"一套系统、一个平台、一个门户"全市政务运行枢纽系统，将党政机关全部纳入治理体系，实现跨部门、跨层级、跨系统的方便快捷、安全保密、规范有序的网络化协同办公。

长春吉大正元信息技术股份有限公司推出协同办公平台，针对政府的办文、办事、办会等业务，实现符合政府业务特色的全流程、全链条管理，结合人工智能技术，为办公人员提供智慧办公环境，为领导决策提供科学化依据。公司先后为吉林省及 6 个市（州）政府建设了政务办公体系相关系统。

信华信技术股份有限公司推出政府综合事务管理平台，将涉及政府事务的行政、服务、后勤、财务与人事等各个领域全部贯穿，以政务数据为驱动，实行全域化政务管理，辅以智慧化管控手段，协助各级政府打造优质、高效的服务型政府统一平台，提供全面政务解决方案。

长春嘉诚信息技术股份有限公司推出智能政务办公平台产品，围绕政府部门办文、办会、办事等核心管理工作，全面覆盖政府多级组织管理、公文管理、会议管理、督查督办、综合办公等日常办公应用，创新政府管理方式，提升政府运行效能，着力打造高效运转的政府组织。

三、税务领域

哈尔滨工业大学软件工程股份有限公司是国家"金税""金保""金审"等工程的重要参与者，拥有丰富的软件开发及信息系统基础架构规划与实施经验，已形成覆盖税收业务管理全流程的综合服务体系。近年来，公司在"互联网＋税务"和大数据利用方面积极探索，为客户定制完整的解决方案，为税务机关和纳税人提供全方位的服务，税务业务范围主要覆盖黑龙江、北京等地区。

大连龙图信息公司是中国"金税工程"出口退税业务管理系统行业知名品牌，是中国税务领域软件行业具有代表性企业之一，为国家税务总局研发了现行出口退税管理系统、全国统一版出口退税申报系统、出口退税宏观分析及预警评估系统，为全国 6 万余户出口企业用户以及基层税务部门提供应用服务。

黑龙江航天信息有限公司承担了国家"金税""金卡""金盾"等重点信息化工程，重点聚焦民用领域，为政府客户和 16 万企业用户提供信息技术服务和一体化解决方案。以增值税防伪税控系统为核心，拓展形成智能业财票税及办公的全场景解决方案和财务管理、供应链管理、财税共享、电子档案等数字化转型解决方案，在全省各地税务机关和上万家企业单位用户推广应用，形成以科技金融产品及服务、互联网金融服务为支撑的产业布局，提供更智慧的金融服务解决方案。

四、民政领域

东软集团股份有限公司推出民政一体化全业务解决方案，面向民政服务对象提供全生命周期的管理与服务，通过构建水平先进的信息基础设施体系和便捷高效的民政业务管理和服务体系，强化业务协同和资源整合，对外提供线上和线下统一服务渠道，对内基于统一的数据中心建立大数据应用技术体系，为提高民生服务精准度和科学决策提供数据支持。

大连运邦科技发展有限公司围绕民政系统核心工作而研发的民政通系列产品 20 多种，被民政部推荐应用于全国 20 个省市的 2 万多个社区、街道。华信计算机公司为人力资源和社会保障部门开发的社会保险、失业保险、医疗保险等信息管理系统功能完善、稳定可靠，得到使用部门的高度评价。

五、财政领域

辽宁联众科技开发集团有限公司推出财源大数据产品，运用大数据、云计算技术，整合第三方涉税信息，解决了政府税收征管中税费流失风险大、征纳双方信息不对称等问题，为地方政府提供了强有力的财源管控工具。产品在辽宁沈阳、辽宁盘锦、辽宁葫芦岛、河南信阳、云南建水等多个地区上线运行，入选 2021 年中国数字化转型优秀方案集，荣获中关村大数据产业联盟颁发的"科技创新"奖，并连续两年获得中国大数据应用最佳实践案例奖。

第九节　城市管理

城市管理信息化是利用信息化技术，推进城市规划与开发管理、城市资源集约利用、城市生态环境和人居环境保护、城市灾害防治与应急管理等方面的信息化，推动城市实现可持续发展，为居民提供便利的公众信息服务。随着数字技术的发展以及城市基础设施建设的完备，物联网、GIS、大数据、人工智能、数字孪生等新一代信息技术加速融入城市管理信息化，智慧城市作为实现社会治理现代化的重要手段，成为"数字中国"建设重要内容。

在城市管理信息化领域，东北的软件企业在城市基础设施建设、城市管理平台建设、公共安全体系、城市环保体系等方面展开了卓有成效的工作。如表 4-9 所示。

表 4-9　城市管理领域软件赋能

分类	主要厂商
基础设施	沈阳金建软件、辽宁华盾、辽宁北软、辽宁星之火、辽宁思凯、哈尔滨新中新、哈尔滨凯纳科技
管理平台	辽宁牧龙科技、沈阳荣科、哈工智慧嘉利通
公共安全	长春吉科软、大连恒锐、沈阳华安信
城市环保	东软集团、辽宁荣科智维云

一、城市基础设施

在城市基础设施建设领域，沈阳金建数字城市软件有限公司、辽宁华盾安全技术有限责任公司、辽宁北软技术开发有限公司、辽宁星之火软件有限公司、辽宁思凯科技股份有限公司、哈尔滨新中新电子股份有限公司、哈尔滨凯纳科技股份有限公司等企业长期致力于推进城市供水、供气、供热等基础设施的信息化，取得较好的成效。

沈阳金建公司推出"金建基础地理信息系统""金建供水管网地理信息系统""金建燃气管网地理信息系统"等软件产品，已广泛应用在沈阳、北京、上海、广州、武汉等大中型城市，其中基础地理信息系统、供水管网地理信息系统、燃气管网地理信息系统整体达到国内国际先进水平。

辽宁华盾公司推出水务集团大数据信息管控平台，在供水、综合性管控平台、水环境监测、智慧客服、排水与污水处理等方面形成了可复制、可推广的经验，为水务行业数字化转型提供示范引领作用，基于产品打造的沈阳智慧水务一体化综合管控平台，成功入选住建部科技与产业化发展中心发布的 2022 年智慧水务典型案例。

辽宁北软公司是业界领先的"数字化供热收费及管理系统"方案供应商，自主研发了数字化供热收费及管理的系列软件产品，客户遍及北京、天津、辽宁、吉林、黑龙江等 14 个省、市，客户群体已达 300 家。辽宁星之火软件有限公司推出智慧供热监管平台，目前在沈阳上线应用，实现了从热源、换热站、管网到热用户和设备运行状况的动态监测，实现了整个供热系统自动化控制、实时调度和智能化信息管理。

辽宁思凯公司是中国首个智能燃气表、水表的发明者与产品供应商，公司致力于以新一代 5G 物联网与智能感知技术，重塑燃气、水等能源管理方式，提供智慧能源管理全套解决方案，成为国内同行业物联网产品第一梯队企业，市场占有率与技术水平在华北、东北排名第一。

哈尔滨新中新电子作为智能一卡通市场的领导者，针对政企市场推出了云一卡通服务，为众多政企客户提供集中管理和服务的综合性管理平台。通过云端集中部署、集中维护、集中监控的 SaaS 架构，提供满足多家政企用户日常消费、考勤、门禁、会议、停车场等业务需求的企业级云应用，覆盖以政府机关、通信业、金融业、制造业、园区、医院等为代表的全部行业，并与企业内OA、HR、考勤和门禁等系统打通，实现企业管理的信息化、智慧化、安全化。

哈尔滨凯纳科技是国内智慧供水领先企业。公司自主研发传感器、数据关系中间件、数字孪生系统、AI 智能分析模型及物联网平台等在城市生命线建设中发挥了巨大作用。公司推出的分户式农村生活污水智能处理系统，将农户生活污水及厕所废水收集到一体化污水处理设备中，通过物联网智能无人值守管控平台控制污水处理过程，处理后的出水到达农田灌溉水质，实现农村生活污水的资源化利用。公司承建国家级重点研发项目 5 个，省市级科技项目 10 个，取得 50 余项发明专利、200 余项软件产品著作权及科技成果证书，其中 5 项获得国家级奖项，形成了具有自主知识产权的产品系列。

二、城市管理平台

在城市管理平台领域，辽宁牧龙科技有限公司、荣科科技股份有限公司、哈尔滨哈工智慧嘉利通科技股份有限公司等企业，根据自身优势，积极构建城市管理平台系统，推动数字城市、智慧城市建设。

牧龙科技构建了智慧城市数字孪生大脑平台，通过模拟各种城市基础设施、管网系统、智慧执法系统、生态环境元素，建立物理世界和数字世界映射交互平台，为城市综合治理提供实时监控和展示中心。牧龙科技承建的朝阳市北票智慧城市整体提升项目，构建了 1 个城市运营指挥中心及领导驾驶舱、1 套大数据中台，以及党建、文旅、城管、应急、乡村振兴 5 个主题场景，实现了数据汇集并统一综合呈现，获评辽宁省首批智慧城市试点项目。

荣科科技推出的智慧城管系统，是针对城管执法业务的管理平台，不仅满足了主要管理部门事务化处理，还可以实现多部门联动执法处理和决策支持，通过全市城管执法相关资源大整合，大幅提升了政府服务能力及精细化的城市管理水平。

哈工智慧嘉利通公司推出的智慧大城管产品，采用万米单元网格管理法和城市部件管理法相结合的方式，通过地图遥感定位系统，实现城市管理空间细化和管理对象的精确定位，采用移动终端及监督巡查相结合的管理模式，实现城市问题的主动发现和及时处置。

三、公共安全

吉林省吉科软信息技术有限公司自主研发的城市安全风险综合监测预警平台，对森林防火、城市内涝、人员密集场所、安全生产等不同领域的风险状态进行整体感知、建模、分析、集成和处理，借助数字孪生技术，以"一张图"形式呈现城市整体运行情况和风险态势，融合专业算法模型，形成多方位、多层次、立体化的监测、研判预警和联动处置监管平台，帮助城市安全管理者和决策者全方位快速准确地掌握城市各个系统安全发展动态。

大连恒锐科技股份有限公司开发的足迹痕迹识别系统通过公安部组织的技术鉴定，成果达到国际先进水平，荣获公安部科技进步三等奖，被列为公安部科技成果重点推广项目，在公安系统被广泛使用。

沈阳华安信科技有限公司专注于公、检、法及纪委监察委行业，是国内领先的司法行业信息化应用产品和服务的提供商。公安领域产品包括新型案件声纹鉴定系统、新型案件预警系统、新型案件勘察取证系统、智能审讯系统；法院领域产品包括智能语音庭审系统、诉讼服务中心解决方案；检察院领域产品包括公益诉讼快检实验室解决方案、公开听证系统解决方案等。

四、城市环保

东软集团股份有限公司、辽宁荣科智维云科技有限公司在城市环保领域展开了积极的探索。东软集团推出环境大数据网格化监管平台、环境监测综合解决方案、固废综合监管解决方案、环境应急综合管理解决方案、机动车尾气综合解决方案等系列产品，在国家环境保护部以及北京、天津等十几个省、市展开推广应用。辽宁荣科智维云公司自主研发的全景"双碳"服务平台，将数字技术与双碳业务有序融合，针对精准测碳、综合评碳、科学降碳、政策助碳等瓶颈问题，形成服务解决方案，围绕绿色发展全景构建碳监测、碳核算、碳足迹、碳资产、碳预测等多维场景，帮助政府监管区域内碳排放，加速碳中和进程，实现企业低碳数字化转型。

第十节　农业农村

智慧农业按领域可划分为智慧种植业、智慧养殖业、智慧加工业等多个生产类型，按应用场景可划分智慧农场、智慧温室、智慧加工厂等多个场所类别。[①] 东北软件企业主要围绕智能化农机装备、智慧化种植与养殖、农业经营管理平台方面展开了卓有成效的工作，特别是在智能农机装备、农业无人机方面，推出了国内领先的产品与解决方案，形成了优秀的智慧农业案例示范。

东北在农业资源方面具有得天独厚的优势，肩负着保障国家粮食安全的重大使命，发展智慧农业是推动东北产业结构优化、实现东北经济振兴的重要驱动力。东北软件企业应充分利用东北农业生态环境的场景优势，积极配合政府部门在智慧农业领域的布局，推进生产智能化、生态环保、品质优良的现代化农业产业建设，打造东北智慧农业的"新名片"。如表4-10所示。

表4-10　农业农村领域软件赋能

分类	主要厂商
农机装备智能化	中科院沈阳自动化所、辽宁邮电规划设计院、黑龙江惠达科技、沈阳无距科技
智慧化种植、养殖	辽宁牧龙、辽宁邮电规划设计院、吉林吉科软、沈阳天雄信息、吉林鑫兰、辽宁汉华信息

① 胡婷.吉林省智慧农业发展现状及策略［J］.特种经济动植物，2022，25（12）：188-190.

续表

分类	主要厂商
农业经营管理	中农阳光、辽宁汉华信息、沈阳共兴达、吉林森祥科技、吉林吉科软

一、农机装备智能化

在农业机械自动化领域，中国科学院沈阳自动化研究所、辽宁邮电规划设计院有限公司、黑龙江惠达科技股份有限公司取得了积极进展。中科院沈阳自动化所在农机导航技术和自主作业技术方面取得一系列重大研究成果，处于全国技术领先地位，中科院沈阳自动化所研发的分布式农机自主导航控制平台，在稻麦联合收割机、拖拉机、水稻插秧机等典型农业机械上完成了系统集成与实施验证。通过开发国内首套大型联合收割机导航控制系统，在三江胜利农场进行了联合收割机群协同导航控制系统的田间测试实验，多台收割机协同完成收获作业任务，达到国际先进水平。中科院沈阳自动化所牵头研发了甘蔗收获机与田间转运车协同作业系统，以及智能甘蔗收获机、轻量化甘蔗收获机，并在广西、云南等多地开展了应用示范。辽宁邮电规划设计院联合辽宁省农业机械化研究所共同研发农机作业监测系统，实现农机作业状态和作业数据准确监测，提升了农机作业管理信息化水平，产品应用在朝阳、锦州、沈阳等地，监测农机作业合格面积10万亩，监测农机行驶里程3.2万公里。黑龙江惠达科技在基于北斗导航的自动驾驶技术、无人机技术以及无人农场解决方案等方面处于行业领先地位，向全球"大田农业解决方案领航者"迈出坚实步伐，在谷物、棉类、薯类、水果等多种农作物生产领域获得了广泛的应用，渠道合作伙伴超过1000家，国内市场占有率居行业第一。"惠达导航"农机自动驾驶系统实现了国内全机型适配，出货量每年超万台，远销35个国家和地区。自有的传感器数据与后台算法优势，主导行业标准《农机深松作业远程监测系统技术要求》（T/CAMA1—2017），主导产品全程机械化作业系统连续三年入围中国农机监控系统选型，惠达北斗导航自动驾驶系统荣获中国农业机械 2019 年度 TOP50 技术创新奖。

在农业无人机领域，中国科学院沈阳自动化研究所、沈阳无距科技有限公司积极开展技术研发及应用推广。中科院沈阳自动化所推出农业无人直升机，采用差分 GPS 定位及喷洒药量全自动精准流控技术，作业效率最高可达每小时 100 亩，是人工作业效率的 100 倍，无人直升机通过超低空飞行喷洒农药，防止了对人员的健康危害，已在新疆展开推广应用。沈阳无距科技推出植保无人机，作为"大风场、强效果、高效益、大载荷"的植保工具，作业面积可达 300 亩 / 小时，有效喷幅 10 米，作业信息可实时回传大数据管理系统，对作业位置、面积、时间、药量等数据实时监控，大幅提高了植保作业效率和质量，产品在新疆塔城地区展开推广应用。

二、智慧化种植、养殖

在智慧种植领域，辽宁牧龙科技有限公司、辽宁邮电规划设计院、吉林省吉科软信息技术有限公司进行了积极有效的探索。辽宁牧龙科技推出的 5G 数字农业园区应用解决方案，利用 5G、卫星无人机遥感、人工智能等技术，赋能玉米、水稻等种植。该方案按照"无缝网络 + 无人机遥感应用 + 农机自动驾驶 + 智能软件"平台模式，以 5G 网络为载体，搭配无人机遥感、农机自动化驾驶、智能物联网感知体系和农业大数据分析，实现对农业环境、虫情、视频、交易、流通等数据的一体化管理，实现农事活动科学化、高效化和数字化。该方案作为大田数字农业典型案例，荣获辽宁首届"绽放杯"二等奖。辽宁邮电规划设计院推出的智慧大棚系统，通过环境传感器、智慧大棚平台和手机 App，实现了大棚环境的监测报警和视频图像的实时查看，系统应用于朝阳凌源渤丰现代农业园，取得良好成效。吉林吉科软公司的智慧种植解决方案，面向高标准农田、果蔬温室大棚、现代化果园等农业种植场景及生态循环农业、黑土地资源保护等绿色农业领域，针对当前农业生产风险高、标准化程度低、农产品质量安全难以保证、农业生态资源破坏严重等问题，通过运用天空地一体化、农业标准化生产管理、无人机智能植保、农机自动驾驶、区块链防伪溯源等创新服务手段，打造"全面感知→智能决策→精准执行"的智慧农业软硬件协同生态模式。

在智慧养殖领域，沈阳天雄信息技术开发工程有限公司、吉林省鑫兰软件科技有限公司、辽宁汉华信息技术有限公司开展了相关产品与解决方案的研发工作。沈阳天雄公司推出智慧饲喂系统，该系统集成了巡检机器人、饲喂机器人、智能环境监测等多种智能化设备，通过构建物联网平台以及 AI 智能化养殖大脑，实现养殖场全方位智能化管理。吉林鑫兰公司推出的养殖管理服务软件动监 e 通养殖版，支持畜牧业防疫监管，实现对人员管理、畜牧兽检疫、公害处理、销售经营等活动的全面督查。吉林鑫兰公司还为黑龙江养殖用户打造养殖管理平台"智慧龙牧"，在全省推广应用。辽宁汉华推出面向畜牧养殖管理与服务的一体化管理系统，以县为单位对养殖户信息、牛只信息、防疫员信息、动检所信息等进行集中管理，并提供相关服务，已经在辽宁各县推广。

三、农业经营管理

中农阳光数据有限公司专注于农业农村大数据分析与应用，围绕农业产业发展和城乡综合治理两大领域，提供智慧城乡、智慧农险、智慧测绘和智慧农金等农业农村信息化服务。公司构建覆盖 18 亿亩耕地的农业大数据智能化服务平台，开发了"天准"农险智能风控与精准作业服务平台、"天惠"气象指数保险 AI 服务平台和"天控"农业金融智能风控管理平台，在农业保险科技化服务领域实现多项技术创新，处于国际先进、国内领先水平。

辽宁汉华信息技术有限公司推出的高标准农田监测监管平台，利用物联网等技术，将高标准农田日常管理信息资料数字化、图形化，为规划选址、辅助审批、日常监管提供新模式，已在辽宁省各市县开展应用。

共兴达信息技术（沈阳）有限公司推出农产品质量安全监管综合服务平台、农资物联管理系统云平台。产品质量安全监管综合服务平台实现对农产品、投入品的生产、检测、溯源的有效监督和管理，农资物联管理系统云平台帮助农资经营户统计农资产品的进货、销货、存货以及资金往来账目，总登记客户已超过 3000 余家，活跃使用客户超过 1000 余家。

吉林省森祥科技有限公司研发的农畜产品质量安全全链条追溯平台，实现产地合格证、肉品品质检验合格证、动物检疫合格证"三证合一"。利用该平台，商户通过二维码展示该肉品的来源和去向、标准和安全，从而实现农畜产品的全流程可追溯。该平台作为全省一张网产生数据流的可追溯平台案例，得到了农业农村部的高度肯定。

吉科软信息技术有限公司推出的全流程追溯平台，实现种植养殖、生产加工、物流运输、消费流通等食品流通全流程信息追溯，赋能食品安全监管。平台打通不同监管主体之间的信息壁垒，提取了生产、加工、流通、消费等供应链环节各时间节点消费者关心的公共追溯要素，实现了"从农田到餐桌"的追溯模式，使得食品信息更加透明，并能够根据完整的追溯链条进行有效的控制和召回，从源头上保障消费者的合法权益。

第五章

东北重点软件企业

　　软件企业在国家信息技术发展进程中扮演着至关重要的角色。软件企业不仅是技术创新的源泉，也是推动产业升级、经济增长、生态系统构建、安全保障、标准制定和人才培养的关键力量，对整个社会的信息化发展起着决定性作用。本章以东北重点软件企业为线索，依据企业的主营业务特性，将企业划分为工业软件、嵌入式软件、信息技术服务、信息安全软件、行业应用软件、新兴软件和新型信息技术服务等企业类型，介绍重点企业的发展历程、核心业务、技术竞争力、市场地位以及发展前景。

第一节　工业软件企业

　　东北从事工业软件研发的企业大致分为四类：一是从事工业自动化领域研究的大学和科研院所，以及这些科研机构孵化的软件公司，如东大自动化有限公司、中科院沈阳自动化所，这类企业通常起源于科研成果转化，在工业控制以及生产制造软件开发方面具有较强的实力。二是大型制造业企业信息化部门独立出来的软件公司，如鞍钢集团信息产业有限公司、启明信息技术有限公司等，这类企业对特定领域的工业机理以及生产制造过程有着深刻的理解和经验积累，在工业化与信息化融合领域深入耕耘。三是专业化工业软件企业，这类企业专门为开发特定的工业软件而创立，如英特工程仿真技术（大连）有限公司、沈阳鸿宇科技有限公司等，其特点是以"专精特新"方式发展，努力在细分赛道上取得较好的市场份额。四是综合型软件企业，如东软集团股份有限公司、信华信科技有限公司等，这类公司在 IT 技术领域实力比较雄厚，对新一代信息技术应用敏感度比较高，但在工业技术方面积累不多，往往从事经营管理以及产业协同层面的研发。见表 5-1。

表 5-1　东北主要工业软件企业

企业名称	类型	主要业务领域
启明信息技术股份有限公司	A 股上市	汽车行业 ERP、MES、汽车电子
中国科学院沈阳自动化研究所	国家研究所	自动化控制、MES、智能制造
英特工程仿真技术（大连）有限公司	省"小巨人"	自主可控的国产 CAE 产品研发
鞍钢集团信息产业有限公司	大型央企	钢铁行业智能制造整体解决方案
沈阳东大自动化有限公司	国重实验室	PCS、MES、ERP、多媒体监控
大连美恒时代科技有限公司	省"瞪羚"	SCADA、自动化驱控装置及系统
沈阳西赛尔科技有限公司	—	三维数字化、虚拟仿真、智能制造等
大连比特软件有限公司	—	CAPP、EAM
沈阳大来软件信息技术有限公司	—	SCADA
沈阳鸿宇科技有限公司	—	PLC、EMS、MES 系统
长春国基软件科技股份有限公司	—	神犬 AS 协同工作平台、神犬 AS/ERP
长春市吉成科技有限公司	—	饲料行业 ERP 系统
哈尔滨工业大学科软股份有限公司	—	离散制造业 ERP
大庆紫金桥软件技术有限公司	—	实时数据库、工控组态软件

一、启明信息技术股份有限公司

启明信息技术股份有限公司成立于 2000 年，前身是中国第一汽车集团公司电子计算处，2004 年完成股份制改造，2008 年在深交所挂牌上市。公司成立至今一直专注于汽车行业 IT 解决方案的创新与研发，是国内领先的数字化服务提供商，业务领域包括企业数字管理、创新运营服务和智能汽车电子等。在企业数字管理业务领域，围绕整车制造、铸锻、总成及零部件企业，提供基于 MES、APS、LES、WMS、ERP 等传统工业软件研发及实施运维服务。在创新运营服务领域，面向新型工业软件，以数据为驱动，打造用户生态运营平台以及企业创新供应链平台，基于端云一体化智能网联云平台，提供车型接入、生态聚合、运营支撑、场景化设计等核心能力。在智能汽车电子业务领域，为整车企业提供前装导航、行驶记录仪、国六法规监控模块等智能网联终端产品的定制开发，依托国家智能网联汽车应用（北方）示范区提供智能网联汽车测试验证服务。公司连续 14 年入选国内软件及服务业务收入前百家企业及中国十大创新软件企业，先后获得国家科学技术进步奖 2 项；承担政府专项课题 100 余项，其中国家级课题 39 项。公司拥有国家级汽车电子产品检测中心，以及省级数据灾备中心、汽车电子创新中心、汽车电子工程中心，是中国卫星导航产业十佳运营商、工业互联网产业联盟成员单位、车载信息服务产业应用联盟理事长单位、中国软件行业协会副理事长单位。公司的发展策略是深耕汽车行业，充分挖掘汽车数据生产要素价值，瞄准用户出行新需求、新场景，优化设计用户运营生态创新产品；以"互联网 + 行业"为理念，重构产业链底层商业逻辑，拓展企业、政府供需对接渠道，深化创新供应链生态平台；不断尝试新的价值获取方式，验证全新商业模式，找到新的业务增长点，努力成为中国第一、世界一流的移动出行数据服务商。

二、中国科学院沈阳自动化研究所

中国科学院沈阳自动化研究所成立于 1958 年，是以制造科学与工程科学为学科方向，定位为从事战略高科技研究的国家级研究机构，主要业务方向包括机器人、光电信息技术、智能制造。在机器人领域，中科院沈阳自动化所作为中国机器人事业的摇篮，引领了中国机器人技术的研究发展，在机器人学、工业机器人、水下机器人、空间机器人、特种机器人、机器人工艺装备等方面形成了技术领先优势，是"机器人技术国家工程研究中心""机器人学国家重点实验室"的依托单位，并成功孵化了沈阳新松机器人自动化股份有限公司。在光电信息技术领域，重点开展光电信息获取、光电信息处理、光电信息传输、光电信息利用四个层次的新基础理论研究、关键技术攻关与工程应用，在先进成像探测、智能化图像信息处理、光机电一体化系统优化设计及复杂系统仿真等方面取得一系列成果，成功孵化了 IC 装备制造龙头企业沈阳芯源微电子设备股份有限公司。在智能制造领域，作为我国最早从事计算机集成制造系统的研发单位，在生产运作管理理论与方法研究、数字工厂规划设计、制造执行系统技术、先进数字控制技术等方面取得了丰硕的成果，形成了制造执行系统平台、制造执行系统行业应用软件、智能数据处理平台、感知测控和工业移动应用等方面的特色技术与产品，其中自主研发的中科云翼互联制造服务云平台，成为国内领先、国际先进的工业互联网平台，同时还是"实验1号"科考船的船东单位。中科院沈阳自动化所完成各类科研项目 1000 多项，获得国家、部委及省、市级科技成果奖 300 余项。分别主办中国科技核心刊物《机器人》和《信息与控制》，拥有 8 个硕士培养点、6 个博士培养点、2 个博士后科研流动站，每年招收硕士、博士研究生 100 余人。中科院沈阳自动化所以振兴中国制造业为己任，以建设中国科学院机器人与智能制造创新研究院为抓手，致力成为具有强大自主创新能力和可持续发展能力，在相关领域代表中国科技发展水平的国际知名研究所。

三、英特工程仿真技术（大连）有限公司

英特工程仿真技术（大连）有限公司成立于 2009 年，是专注于自主可控

的国产 CAE 软件研发的知名领军企业。公司产品体系包括通用软件、专用软件、战略新产品三大系列 30 余款软件。在单场求解器方面，拥有结构、流体、电磁、热、声学等多款产品，基本覆盖全部基础物理场，能够解决常规的单场分析问题。在多物理场耦合方面，同时具备强耦合和弱耦合功能，以及强大的耦合方法体系，支持两场及两场以上的单向／双向耦合分析，能够解决实际工程中复杂的多物理场耦合问题。建模与可视化平台产品架构全面升级，可实现亿级以上规模渲染和复杂模型流畅操作；多学科优化产品大幅提升实验设计、代理模型、优化算法种类，形成了全新的用户体验界面；数字孪生产品实现百万网格毫秒级高精度仿真，已应用于国家重大电力项目的数字孪生运维。目前，公司多个核心产品已成功应用于航空、航天、核电、电子、兵器、船舶、电气、汽车工程、轨道交通、机械重工等领域。英特仿真获得 67 项计算机软件著作权和 18 项国家发明专利，先后荣获中国电工技术学会科技进步一等奖、国家重点新产品、工信部 2022 年工业软件优秀产品、中国国际软件博览会创新奖、中国军民两用技术创新应用大赛银奖、中国工业 App 创新应用大赛二等奖等。英特仿真作为国产 CAE 软件自主研发领军企业，已获得国家级第四批服务型制造示范平台、工信部特色专业型工业互联网平台、国家高新区百新企业、全国硬科技之星、辽宁省专精特新"小巨人"企业等荣誉，同时也是"工业软件产业发展联盟 CAE 分联盟""工业技术软件化产业联盟 CAE 分联盟"的理事长单位。公司发展策略是，继续完善产品体系的完整性、整体成熟度，快速缩小与国外产品的差距，重点打造"工业仿真技术云服务平台"，在仿真业务链和仿真生态链方面形成完备的、国内领先的统一架构体系，为各类客户交付云平台的应用与服务，满足不同企业对工业仿真设计的迫切需求。

四、鞍钢集团信息产业有限公司

鞍钢集团信息产业有限公司成立于 2012 年，前身是鞍钢自动化研究所，是鞍山钢铁集团旗下，集自动化、信息化、网络化和数字化技术为一体，具有冶金行业特点的高新技术企业。公司业务覆盖冶金自动化、钢铁生产与管理信息化、网络通信、工业互联网、智能装备以及 IDC 等领域。公司具有自主集成开发应用系统和利用成熟产品平台开发应用系统的能力，能够提供钢铁智能制造整体解决方案。主要承揽国内外自动化、信息化、智能化系统的设计、制造、技术研发、设备安装、调试和系统运维业务，提供企业管理咨询、信息化规划与实施、集成开发应用系统和利用成熟产品平台开发应用系统等服务，提供冶金企业全层次、全流程、全生命周期的自动化、信息化、智能化解决方案。公司拥有高新技术企业、工程二级总包等资质 24 项，有效专利 51 项、有效专有技术 148 项、软件著作权 44 项、行业智能制造标准 2 项、在研国家级科技项目 8 项，荣获国家、省、市、行业等科技奖项 50 余项。公司历任辽宁省软件行业协会副理事长单位、辽宁省自动化学会副理事长单位、国家工业信息安全产业发展联盟会员单位，拥有国家工业互联网辽宁钢铁行业中心、工业互联网二级节点标识服务中心、辽宁省钢铁工艺控制技术工程研究中心、辽宁省冶金工业信息技术工程研究中心、辽宁省首批数字化转型促进中心等科技创新平台。公司的发展策略是，以雄厚的技术能力、高效的管理体系、丰富的实施经验和真诚的服务态度，打造新鞍信、构建新动能、展现新作为，着力打造鞍钢集团数字产业化核心企业，成为数字鞍钢建设的引领者和主力军。

五、沈阳东大自动化有限公司

沈阳东大自动化有限公司成立于 2001 年，是依托东北大学自动化研究中心、东北大学流程工业自动化国家重点实验室，以及国家冶金自动化工程技术研究中心建立的专注于企业信息化解决方案的高新技术企业。公司立足于为企业综合自动化建设提供完善的信息化解决方案和软件产品，业务范围涵盖过程控制系统、制造执行系统、企业资源管理系统、多媒体监控系统的咨询和设计开发。公司积极推动具有市场前景的科研成果转化为现实生产力，使高新技术工程化和产品化，在冶金、有色、选矿、电力、环保、制造等行业拓展区域市场。在信息化技术与传统工业相结合上，建立了诸多行业优质示范应用工程，促进了企业信息化技术及装备水平的提升，为用户创造了显著经济效益。公司是辽宁省企业技术中心、辽宁省高新技术企业、辽宁省优秀 IT 服务商、沈阳市博士后工作站，是中国百强软件企业、西门子公司 /Rockwell 公司 /ABB 公司优秀集成商。公司积极为各类企业事业单位提供信息化全面解决方案，能够满足不同规模企业在不同发展阶段的管理需求，助力传统产业数字化转型升级。公司的发展策略是，以流程工业自动化国家重点实验室和国家冶金自动化工程技术研究中心为依托，面向流程工业高效化和绿色化重大需求，以复杂工业系统的建模、控制、优化和综合自动化新理论和技术为主攻方向，不断深化产学研合作，形成基础研究—前沿高技术—成果转化—再促进基础研究的快速通道，为用户提供最佳品质的产品和服务，为企业创造最大利润，为员工提供良好的发展空间。

六、大庆紫金桥软件技术有限公司

大庆紫金桥软件技术有限公司是国内最早研发国产大型实时数据库产品的公司之一，脱胎于大庆金桥的骨干团队，自 1996 年起先后承担了"九五"攻关项目《大型骨干石化生产系统控制机计算机应用技术》中子课题"实时数据库平台"、国家"863"计划《CIMS 示范工程化—CIMS 示范工程》《生产计划与实时优化调度系统》中"实时数据库"子课题等多项研发任务，设计起点高、适应性强、应用面广。其核心产品《紫金桥跨平台实时数据库软件》作为核心基础软件，已成为大数据、云计算、物联网等产业的核心支撑软件，数据库支持上千万点的数据采集与长达数年历史数据存储，支持国内外各主流操作系统和各种 Linux 嵌入式操作系统。除支持通用型 Intel、AMD 处理器之外，还支持龙芯、兆芯、飞腾、申威、众志等国产处理器。已广泛应用于国防信息建设和国计民生行业，助力重点数据生态系统国产化建设。另一拳头产品《紫金桥监控组态软件》已经广泛应用于各种生产制造业的工业自动化、过程控制、管理监测、工业现场监视、远程监视／远程诊断等系统。

在 20 年版本迭代过程中，培养了一批具备近 30 年从事过程控制或独立开发嵌入式系统工作经验的工程师队伍，与中国科学院、清华大学、中国科技大学、中国石油大学等国内著名高等学府和科研机构保持着紧密的合作关系，同时还与国外知名大公司 HONEYWELL、YOKOGAWA、FOXBORO、GE、OMRON、MicroSoft、ASPENTECH、SIEMENS 保持技术协作关系。

第二节　嵌入式软件企业

嵌入式软件企业分为三种类型：一是嵌入式操作系统、实时数据库、嵌入式开发工具等通用嵌入式软件产品提供商，二是软硬件一体化产品解决方案的提供商，三是提供嵌入式软件开发服务的软件公司。东北嵌入式软件企业主要是软硬件一体化产品解决方案提供商。一种是传统硬件制造商，如沈阳新松机器人自动化股份有限公司、严格集团股份有限公司等企业，为了应对市场对智能化、互联化产品的需求，加大软件领域的投入，形成"硬件＋软件"解决方案的整体能力。另一种如东软睿驰汽车技术有限公司、沈阳美行科技有限公司等企业，是软件企业通过拓展软硬件集成以及软硬件协同创新，形成软硬件一体化产品解决方案能力。

随着数字化、网联化、智能化的发展，现代科技产业呈现软硬件边界日益模糊的发展趋势，企业通过整合软硬件资源，能够提供更完整、更高效的解决方案，满足市场对一体化、智能化产品的需求。东北在汽车电子、机器人、数控机床、数字医疗设备等传统领域具有先发优势，随着智能化发展和软件定义时代的来临，这些领域的嵌入式软件研发具有很好的发展潜力，是东北软件产业的重点发展方向。见表 5-2。

表5-2　东北主要嵌入式软件企业

企业名称	企业标志	主要业务领域
沈阳新松机器人自动化股份有限公司	创业板上市	机器人、智慧物流、智能制造
严格集团股份有限公司	国家"小巨人"	工业机器人、智能机器人
哈尔滨博实自动化股份有限公司	A股	工业机器人、智能物流、智能工厂
沈阳通用机器人有限公司	—	工业机器人、智能机器人
东软睿驰汽车技术有限公司	潜在"独角兽"	新一代汽车基础软件、自动驾驶、车载通信、车联网
长春丽明科技开发股份有限公司	新三板上市	车载娱乐、智能泊车、智能充电、车联网
沈阳美行科技有限公司	国家"小巨人"	车载信息系统软件、移动位置服务
沈阳无距科技有限公司	—	无人机飞行控制器、无人机整机
沈阳壮龙科技有限公司	—	无人机
沈阳中科数控技术股份有限公司	国家"小巨人"	数控系统与伺服驱动单元、机器人控制器与自动化装备、相关机床电子产品
东软医疗系统股份有限公司	国家技术创新示范企业	数字化医学诊疗设备、医疗设备和医疗影像数据服务
沈阳新松医疗科技股份有限公司	新三板上市	生产制造医用氧气机、无创呼吸机等呼吸康复产品
吉林科英医疗激光有限责任公司	国家"小巨人"	激光治疗设备
黑龙江瑞兴科技股份有限公司	国家"小巨人"	铁路、地铁和城市轨道交通控制系统

一、沈阳新松机器人自动化股份有限公司

沈阳新松机器人自动化股份有限公司成立于2000年，是中科院沈阳自动化所孵化出来的以机器人技术和智能制造解决方案为核心的高科技上市公

司。① 公司坚持走自主创新之路，书写了中国机器人发展史上百余项"行业首创"，成为中国机器人行业头部企业。新松机器人拥有自主知识产权的工业机器人、移动机器人、特种机器人三大类核心产品，以及焊接自动化、装配自动化、物流自动化三大应用技术方向，同时面向国家主导产业及战略性新兴产业，持续孵化汽车工业、电子工业、半导体、新能源、智慧城市、智慧康养等多个具有良好成长性战略业务。② 新松机器人运用智能化软件将机器人应用与智能制造装备相融合，成为国际上为数不多的具有为客户提供完整的数字化工厂解决方案的供应商，为汽车、航空航天、半导体、医疗等20余个行业头部企业提供机器人与智能制造成套装备的解决方案，产品累计出口全球40多个国家和地区，为4000余家国际企业提供产业升级服务。公司作为国家机器人产业化基地，起草并制定了多项国家及行业标准，是中国机器人产业联盟理事长单位、中国机器人产业技术创新战略联盟理事长单位、中国科学院机器人与智能制造创新联盟理事长单位、中国移动机器人产业联盟理事长单位、中国机器人标准化总体组组长单位、中国机器人协会会长单位。公司作为机器人国家工程研究中心依托单位，拥有院士专家工作站、国家博士后流动工作站，具备信息系统集成及服务大型一级企业资质、计算机系统一级企业资质。③ 公司成功入选美国麻省理工学院《麻省理工科技评论》公布的"50家聪明的公司"榜单，入选2019年福布斯中国最具创新力企业榜，荣获维科杯2022年中国机器人行业年度品牌影响力领军企业奖、中国工业大奖提名奖。公司发展策略是，聚焦机器人与智能制造、半导体、工业软件三大核心板块，加快核心技术研究和机器人智能生态布局，促进机器人、智能设备和信息技术三者在制造业完美融合，不断探索智能制造新模式，以满足用户对生产效率、产品品控方面的追求，致力成为全球领先的机器智能产品及服务供应商。

---

① 李爱花."新松"赋能中国智造［J］.走向世界，2020（39）：72-75.

② 刘国栋.沈阳新松：为了"中国速度、中国水平"全力以赴［N］.沈阳日报，2023-08-18（002）.

③ 李淑梅.新松公司引领机器人产业健康有序发展［N］.中国工业报，2019-04-04（003）.

二、严格集团股份有限公司

严格集团股份有限公司原名哈工大机器人集团，成立于 2014 年，由黑龙江省、哈尔滨市、哈尔滨工业大学三方联合推动设立。严格集团机器人业务聚焦新型研发机构管理和科技成果转化、机器人系统集成产业和机器人教育产业，致力于打造世界领先的研发驱动型机器人产业集团。公司秉承"聚天下力、争世界先"的企业理念，集聚了一支由院士、专家领衔的创新创业人才队伍，成功申报了一批国家级及省级孵化器和新型研发机构，研发出一系列以精密摆线针轮减速器、金刚石超精密机床、智能控制器、智能机器人专属操作系统等为代表的关键技术和产品，并推出了涵盖智慧工厂、工业机器人、服务机器人、特种机器人、文旅机器人、医养康助机器人、数字农业以及产教融合等方面的百余种产品与解决方案，服务培育机器人领域科创企业百余家。近年来，公司业务重心从科技成果转化、兼顾产业运营，发展为产业孵化、产业运营双轮驱动。其中，产业孵化包括创新研发和创业服务，产业运营包括智能制造和教育培训。公司主营业务从以机器人为主，发展到机器人与智能制造、工业服务与产业赋能、大数据与量子计算、数字农业、商业航天、教育培训、超精密装备、科技文娱、新材料与新能源装备等多个高科技产业领域。严格集团的发展策略是，以创新驱动促进产业发展，契合实施创新驱动国家战略和构建现代化产业体系的基本需要，推动产业孵化的模式创新，创造产业运营的市场繁荣，实现科技成果转化模式的全局突破、机器人产业生态的全面繁荣、机器人产业经营的全线领先。

三、东软睿驰汽车技术有限公司

东软睿驰汽车技术有限公司创立于 2015 年，是东软集团孵化的专注于新一代汽车电子技术的高新技术企业。公司以软件技术为核心，融合大数据、人工智能、基础软件等关键技术，聚焦自动驾驶、基础软件、操作系统等关键领域，为车企面向未来技术创新发展提供可迭代升级的核心技术、软硬一体化产品及软件平台。东软睿驰构建了以 NeuSAR 为核心的基础软件、中间件、工具链产品阵列，在自动驾驶领域形成智能前视摄像头、行泊一体域控制器、集中式中央计算单元等系列化家族产品，并构建了智能化车云协同的数字底座，积累了一定规模的量产案例，逐渐形成新一代汽车技术的生态系统。[1] 东软睿驰牵头联合 20 余家车企与产业链上下游企业共同成立 UTOSEMO，首发了《中国汽车基础软件发展白皮书 1.0》与 2.0 版本，并参与筹建 AUTOSEMO 基础软件信息安全工作组、操作系统技术生态工作组。东软睿驰奠定了汽车基础软件及智能驾驶领域的龙头地位，荣获 2022 年度人工智能汽车基础软件（本土）供应商市场竞争力 TOP10 榜单第一名，并连续三届荣获中国汽车新供应链百强殊荣。东软睿驰的发展策略是，致力于成为车企软件定义汽车时代可信赖的合作伙伴，成为行业领先的基础软件、中间件、自动驾驶和跨域融合车云一体技术产品与服务供应商。

四、沈阳中科数控技术股份有限公司

沈阳中科数控技术股份有限公司成立于 2005 年，是中国科学院沈阳计算技术研究所孵化的高档数控国家工程研究中心的产业化基地。公司主营业务包括数控系统与伺服驱动单元、机器人控制器与自动化装备、数字化车间、机械电气产品开发与生产。公司研制出全国第一台高档数控系统——"蓝天一号"，突破了国外的技术封锁和垄断，取得了全国第一个高档数控系统软件版权，装备了国内第一台五轴联动加工中心，并通过实施国产数控系统示范工程，率先实现了国产中高档数控系统在数控机床上的批量应用。目前，公司已形成开放式体系结构、五轴联动与复合加工控制、高速高精运动控制、数控系统现场总线及网络化控制等多项高档数控系统的核心技术，研制了覆盖多个系列十余种型号的"蓝天数控"系统与机器人控制系统产品，以及传输、物流等自动化装备与数字化车间产品，广泛应用于航空、航天、军工、

---

[1] 宋维东. 东软睿驰总经理曹斌：推动汽车操作系统软件平台更快发展 [N]. 中国证券报，2023-03-31（A07）.

汽车等领域，并实现批量出口，"蓝天数控"已成为国内数控领域有影响力的品牌之一。公司是高档数控国家工程研究中心、辽宁省智能化数控技术工程研究中心、辽宁省数字化车间互联互通技术工程实验室依托单位，是中国机床工具工业协会常务理事单位、中国机床工具工业协会数控系统分会副理事长单位、中国机械工业联合会智能制造分会副理事长单位、全国工业机械电气系统安全控制系统分会主任委员单位。公司牵头起草制定了开放式数控系统、数控装备互联互通等系列化国家标准，获得 2020 年度中国标准创新贡献奖一等奖。公司研制的系列化数控产品，获国家科技进步二等奖、中国专利优秀奖、中国机械工业科学技术一等奖等奖励。"航空制造领域数字化车间智能制造解决方案及实施"入选 2019 年中国智能制造十大实施案例，"中科数控工业互联与数字化车间"入选现代服务业同先进制造业"两业"融合最佳实践案例。中科数控的发展策略是，聚焦数控总线、数控装备互联互通、数字孪生智能管控等核心关键技术，完善异构多源设备互联互通平台、工业大数据平台、数字孪生管控平台、故障预测与健康管控平台、绿色能耗管控平台、视觉识别管控平台等智能管控系统，打造以数据驱动生产、数据驱动管理的智能制造新模式，助推重点领域数字化转型升级。

五、东软医疗系统股份有限公司

东软医疗系统股份有限公司成立于 1998 年，是东软集团创建的专注于数字化高端医疗设备研发的高新技术企业。公司的核心业务包括数字化医学诊疗设备、医疗设备和数据服务、设备服务与培训、体外诊断设备及试剂四大领域，为全球提供先进的医学影像解决方案及服务。在几十年发展历程中，东软医疗依靠自主研发，一次次改写中国医学影像设备发展史，诞生了中国第一台 CT、第一台超导磁共振、第一台 DR 等里程碑式创新成果。[1] 东软医疗相继推出中国首台 256 层宽体能谱 CT、中国首台无轨悬吊双中心七轴

---

① 黄超，杨博，王晓婷.零距离感受沈阳　为城市魅力点赞［N］.沈阳日报，2023-08-25（008）.

DSA、中国首台 512 层 CT 等新品，引领国产医疗设备不断迈向高端。东软医疗已经形成 CT、MRI、DSA 等九大系列产品线，面向全球 110 余个国家和地区提供产品和服务，成为中国最大的 CT 制造商和最大的 CT 出口商。首创医学设备和医学影像数据服务平台，实现了 4000 余台设备的实时监控，远程维修解决率达 45%。东软医疗是国家数字化医学影像设备工程技术研究中心的实施单位、工信部"智能医学影像设备"智能制造试点示范单位，是中国医学装备学会副理事长单位、中国介入医学产业技术创新联盟副理事长单位、辽宁省医疗器械行业协会会长单位。东软医疗拥有 1320 项授权专利，参与近 40 项国家和省级关键技术研发项目，获得国家科学技术进步奖二等奖、教育部科技进步一等奖。公司 6 次荣膺《中国医疗设备行业数据调研报告》的优秀民族品牌金奖，并获得六大类产品的产品线金奖，在第三届中国品牌峰会上摘得中国最具国际影响力自主品牌的殊荣。东软医疗的发展策略是，肩负高端医疗设备国产化的责任，坚持向智能制造与服务型制造方向发展，不断攻克技术壁垒，以高端市场形成的品牌效应带动中低端市场的放量增长，持续提升东软医疗的市场份额，以大数据及人工智能技术赋能医疗设备，构筑开放多元的协同创新生态与服务生态。

六、吉林科英医疗激光有限责任公司

吉林科英医疗激光有限责任公司成立于 2020 年 9 月，主营业务为医用激光的生产、研发及销售，主要产品包括二氧化碳激光治疗机、Q 开关激光治疗机、强脉冲光治疗仪、半导体激光治疗机、光谱治疗仪等多个系列产品，应用于医院多科室的激光治疗。公司拥有一批高精尖光学、机械、电子的跨学科研发人才，从精密机械加工、电路、导光臂、电源到整机装配全产业链生产，全过程严格把控质量。科英医疗激光是国家科技型中小企业、国家鼓励的软件企业、吉林省科技厅科技发展计划项目承担单位。科英医疗激光的发展策略是，坚持把创新放在首位，加快生产扩容，树立品牌与国际市场开拓同步进行，扩大国际市场的准入国家和国际市场份额，使中国的高端医用激光产品大踏步迈进全球市场。

第三节　信息技术服务企业

　　信息技术服务企业主要从事信息技术咨询、信息技术运维、设计开发服务、测试服务、数据处理服务、集成实施服务、培训服务、信息系统增值服务，特点是以客户为中心，为客户提供个性化的解决方案，帮助客户实现企业数字化转型和升级。实际上，大部分软件企业都会同时具有软件产品研发和信息技术服务两类业务，只不过由于产业布局的不同，业务的侧重点存在差异，这里所提及的信息技术服务型企业，主要提供行业 IT 解决方案以及软件外包服务。行业解决方案与软件外包服务是东北软件产业的重点，因此东北软件企业中属于信息技术服务类的公司占比较大，本土比较大型的企业有东软集团股份有限公司、信华信技术股份有限公司、大连文思海辉技术有限公司、哈工大软件工程股份有限公司，入围 2022 年度软件与信息服务竞争力百强企业。东软集团、信华信在 2022 年度软件和信息服务业国际软件服务、2022 年度 IT 服务外包评比中，分列第一名、第二名。另外，一些大型的跨国公司以大连为主在东北地区设置软件开发基地，主要有 IBM、埃森哲、简柏特、惠普、戴尔等，形成了中外企业集聚式发展的格局。见表 5-3。

表 5-3　东北主要信息技术服务企业

企业名称	类型	主要业务领域
东软集团股份有限公司	A 股	智能网联汽车、智能医疗、智慧城市、数字政府、企业数字化
信华信技术股份有限公司	—	政府公共、智能制造、智慧商业、智慧金融
大连文思海辉技术有限公司	Nasdaq 上市	金融、证券、保险、制造、互联网

企业名称	类型	主要业务领域
哈尔滨工业大学软件工程股份有限公司	新三板	在税务、人社、公安、民政、残联、环保等领域的行业解决方案
荣科科技股份有限公司	创业板	医疗、金融、社保、电力、通信等重点行业解决方案
中科院沈阳计算所有限公司	国家科研所	工业软件、行业应用软件
亿达信息技术有限公司	—	云计算服务、企业 IT 服务、软件开发服务、业务流程服务
长春嘉诚信息技术股份有限公司	新三板	智慧检务、智慧司法、智慧政务
辽宁畅通数据通信有限公司	—	互联网服务、系统集成、政务云、企业云、数字政府、数字企业、智慧云平台
长春市万易科技有限公司	国家专精特新"小巨人"	卫生医疗软件、人力资源软件、银行系统软件开发、担保平台软件
IBM（大连）有限公司	外资	企业咨询服务、应用软件开发、业务流程外包和 IT 基础架构外包
埃森哲信息技术（大连）有限公司	外资	软件系统集成和应用系统外包、业务流程外包
简柏特（大连）有限公司	外资	金融保险、财务管理、信息技术支持、客户服务、供应链管理、高端软件外包

一、东软集团股份有限公司

东软集团股份有限公司成立于 1991 年，是中国第一家上市的软件公司。经过 30 多年的发展，已成为行业领先的全球化信息技术、产品和解决方案供应商。公司拥有沈阳、大连、武汉三大研发基地，在北京、上海、南京、广州、成都等地有 16 个研发中心，在美国、日本、德国、罗马尼亚等国家和地区设有子公司及研发中心。公司业务覆盖智慧城市、医疗健康、智能汽车互联、企业数字化转型、国际软件服务等众多领域处于领先地位。在智慧城市领域，先后参与全国 200 多个城市的智慧应用建设，支持全国 14 亿人口的数据库管理，以及 1.58 亿市场主体的国家法人库管理和企业信用信息公示服务，为 7 亿人提供社会保险服务，保障 3 万亿养老金的管理与运行。在医疗健康领域，业务覆盖全国 31 个省、区、市，服务 600 家三级医院客户、2800 家医疗机构客户、50000 家基层医疗卫生机构，承担了多个省、市的全民健康信息化建设，保持行业市场占有率第一。在智能汽车互联领域，拥有 30 年以上汽车软件研发经验，牵头或参与 60 余项国际 / 国家行业标准的制定，建立了全球产品研发与交付网络，产品覆盖 60 多个国家的 220 多款车型，合作的国内外主流汽车厂商超过 50 家。在企业数字化转型领域，为能源、金融、民航、文化传媒、智能制造等大型企业提供差异化、场景化、智能化产品与服务。在国际软件服务领域，面向国际市场以卓越的产品软件工程能力，融合多行业的洞见与丰富的交付经验，赋能数字化转型。东软多次入选普华永道的全球软件百强企业、罗兰贝格的全球竞争力中国公司二十强、波士顿咨询公司的中国五十强全球挑战者等。东软持续引领产业发展，创建了中国第一个计算机软件国家工程研究中心、中国第一个数字医学影像设备国家工程研究中心，参与了中国第一个软件园、第一批国家火炬计划软件产业基地建设。东软面向未来的发展战略是，坚定全球化发展策略，围绕数字经济产业发展，持续探索数字经济时代的创新发展模式，为公司发展增加新动能；启动下一代解决方案的研发，推进东软主技术架构与云原生应用平台作为支撑未来云业务的共性技术底座；继续强化"大汽车""大健康"领域生态布局，以"软件定义汽车""软件定义智慧医疗"为指引，成为汽车行业、医疗行业智能化变革的引领者。

二、信华信技术股份有限公司

信华信技术股份有限公司的前身是 1996 年成立的华信技术股份有限公司，是一家面向全球客户提供领先产品、服务及解决方案的数字技术服务企业，在国内外设立有 20 余家分支机构。公司坚持国际、国内同步发展战略，业务覆盖中国、日本、欧美等国家和地区，是全球外包百强企业、全国第二大软件出口企业，也是中国自主品牌软件产品收入前十企业。在国际市场，信华信是中国最大的对日软件系统和 IT 服务提供商，同时在乌兹别克斯坦等国实现自主知识产权出口。信华信的一站式服务立足于云原生技术，可实现由云到端的方案整体构建，打造驱动百行百业数字化转型核心能力。公司先后荣获世界经济论坛的全球成长型企业会员、全球外包百强企业、最具竞争力的中国软件企业、中国服务外包领军企业、中国软件自主创新管理奖等荣誉。信华信的发展策略是，坚持国际、国内同步发展战略，秉承客户为本、质量至上、务实高效、追求卓越的发展理念，聚焦服务、方案和创新三大主航道，以"数字技术服务 + 解决方案"为业务模式，为客户提供数字技术咨询、软件开发、运行维护服务等全方位服务以及解决方案，致力于成为世界一流的数智技术服务及解决方案提供商。

三、大连文思海辉技术有限公司

大连文思海辉技术有限公司创建于 2012 年，由原文思创新软件技术有限公司和原海辉软件（国际）集团公司合并成立，是中国最大的软件外包服务提供商。文思海辉致力于为全球客户提供世界领先的商业 /IT 咨询、解决方案以及外包服务，在金融服务、高科技、电信、旅游交通、能源、生命科学、制造、零售与分销等领域积累了丰富的行业经验，主要客户涵盖众多五百强企业及大中型企业。特别是在《中国银行业 IT 解决方案市场份额 2018》报告中位列榜首，并在 5 个细分领域领跑行业，已与 500 多家国内外金融机构建立了长期合作关系。近年来，文思海辉加强自主研发，在人工智能、工业物联网、声纹识别等领域取得了重大进展，金融智脑平台将人工智能技术运用在银行网点服务中，助力中国第一家无人银行网点建设；行政智脑机器人涵盖业务技能 187 项，累计服务终端用户 10 万多人次。在工业物联网领域，为先进智造企业定制研发的"核心工艺监控方案"，将核心设备互联、实时采集数据并进行 AI 处理，平均缺陷减少 18%，运营效率提高 30%。公司为日本保险业实施首例客服中心顾客声纹识别项目，不仅有效改善客户体验，且大幅降低骗保风险，提高客服处理效率。[①] 文思海辉的发展策略是，聚焦金融、制造、政务、文娱、零售等领域推进"AI+"战略，将云计算、大数据、物联网、人工智能等创新技术集成起来，为全球企业提供技术服务，为行业数字化注入全新价值，在赋能行业 AI 化过程中实现企业的数字化价值。

四、亿达信息技术有限公司

亿达信息技术有限公司创建于 2006 年，是国际化的 IT 服务及数字化解决方案提供商，致力于在数字化时代助力企业实现数据驱动的产品和服务，通过创新的技术和专业的解决方案，将企业 IT 系统和资产、业务流程与数据资产相结合，满足企业的数字化、智能化需求，与客户共同成长。公司已有逾 8000 名员工分布在中国国内主要城市及亚太地区，为全球客户提供专业的数字化运营服务。[②] 公司在稳固发展日本外包市场的同时，加快在华南、中西部、长三角、华北等区域布局，形成国内国际双线发展的稳健态势，为互联网、医药大健康、智能制造、智能汽车、新能源科技、金融科技等行业数字化转型赋能增效。在互联网领域，公司为行业头部企业提供研发测试、产品及场地运营、电商审核及客户服务、数字化创新等一系列产品服务与解决方案。在医药大健康领域，携手全球 30 余家顶尖药企，聚焦互联网医疗、患者全病程管理、智慧医联体、"AI+"等维度，探索智慧医联体解决方案。在智能制造领域，助力行业多家知名企业客户实现数据流与业务流的有效链接，打造智慧化、精细化营销模式。在智能汽车领域，面向传统车企、造车新势力，提供软件开发、系统移植、离岸中心建设运营等全方位服务。在能源科技领域，携手国有企业、大型企业以及海外企业，助力重塑管理架构、创新

① 文思海辉公司.文思海辉：知识密集型服务业需要高质量发展 [J].服务外包，2019（08）：74-75.
② 张健东、张妍、国伟，等.高管格局对企业创新绩效的影响机制——探索性案例研究 [J].管理案例研究与评论，2021，14（06）：588-604.

商业模式。在金融科技领域，持续探索大数据、AI、云计算等数字技术在金融保险行业的智能商业应用，帮助行业主流企业客户实现数智化转型。公司荣获 2021 年度 ICT 产业数字化领军企业奖、2021 年中国数据智能优秀服务商、2021 年数字化运营首选服务商品牌、2021 年软件和信息服务业最有价值品牌、2021—2022 年大数据产业领军企业、2022 年软件行业工业互联网领域领军企业等多项荣誉。公司未来发展策略是，在新一代信息技术、软件和信息服务以及智慧应用等方面持续发力，不断提高数字化产品的应用研发以及端到端的整体解决方案能力，为更多企业智能化转型构建坚实的技术底座，助力数字经济发展迈向新高点。

五、哈尔滨工业大学软件工程股份有限公司

哈尔滨工业大学软件工程股份有限公司创建于 1995 年，是以哈尔滨工业大学的人才和技术为依托建立起来的高新技术企业，主营业务包括计算机软件开发、信息系统集成、安全保密系统建设、信息技术咨询、培训与服务、硬件产品研制与营销等，长期服务于税务、社保、金融、通信、网络安全、交通、物流、民生等领域。公司的核心技术及产品包括高性能计算和信息处理产品、税控机、指纹仪、网络信息安全类产品、智能交通终端系统及设备、网络设备监控、行业应用软件、电子报税系统、移动 OA、云计算运营服务平台等。公司拥有由专家、教授、博士、硕士组成的国内一流研发队伍，有承担国家"863"计划、国家自然科学基金、中国科学院、教育部等部门的基础科研项目的领军人物，有海外归来的专家学者，汇聚了国内各知名高等学府的优秀人才。公司拥有信息系统集成及服务资质（一级）、涉密信息系统集成甲级资质、军工涉密业务咨询服务安全保密条件备案证书等多项重要资质。哈工大软件的发展策略是，在继续深化行业优势的同时，加大产品研发力度，努力推进几款主打产品的批量化生产和销售，早日使公司实现由工程型向通用产品型、运营服务型的转变，成为数字化时代的领军企业。

六、荣科科技股份有限公司

荣科科技股份有限公司创建于 2005 年，2012 年在创业板上市，是国家规划布局内重点软件企业，主要业务聚焦智慧医疗和智慧城市两大板块。在智慧医疗领域，公司打造了以急诊、重症、手术麻醉、智慧门诊、数字病房、远程医疗、病案、移动医护、血透、互联网医院等为主的智慧医疗信息系统，以医院绩效考核管理、数据中心、数据中台、护理管理、360 视图、医疗数据等为主的智慧管理信息系统，以互联网医疗、主动健康管理平台为主的智慧服务信息化系统，已服务全国超七成百强医院、超 4000 家医疗机构，品牌影响力居国内领先地位。在智慧城市领域，公司涵盖智慧城市运营指挥平台、电力行业、文化执法、城市管理、社区民生、教育医疗等多个重要领域，精心打造智慧城市建设数字化解决方案，长期领跑东北 IT 运维服务市场，在多个领域成为行业标杆。公司携手华为、腾讯、阿里等企业共建智慧城市重大项目，已快速成长为东北智慧城市建设的主力军。荣科科技是辽宁省软件行业协会云服务分会理事长单位，连续承担、参与科技部"十三五""十四五"重点研发项目，获国家知识产权优势企业、全国电子信息行业优秀企业、国家专精特新"小巨人"企业、中国智慧医院十大品牌等多项荣誉称号，拥有信息化领域发明专利 60 余项、软件著作权 800 余项。荣科科技的发展策略是，围绕健康医疗与大数据持续深挖业务潜力，以智慧医疗战略发展中心为重点，开展医疗行业渠道建设，打造更具特色的医疗健康产业生态圈；积极探索大数据领域新的服务模式，以政企和运营商为主线，为客户带来完善的一体化服务，成为新型智慧城市解决方案商和云增值服务商。

七、长春嘉诚信息技术股份有限公司

长春嘉诚信息技术股份有限公司成立于 2001 年，2015 年在新三板挂牌上市。2017 年在北京成立子公司，2022 年在上海成立数智化创新研究院，业务覆盖 30 余个省（区、市）。公司自主研发了数十项高科技信息服务产品，主要服务党政机关、生态环境、自然资源、卫生医疗、金融、教育等多个领域的用户。在网络安全领域，嘉诚信息以合规检测为基础，以攻防实战为关键，以安全运营为支撑，为用户提供先进的网络安全及数据安全整体解决方案。公司取得产品发明专利 5 项，进入实质审查阶段发明专利 30 项，获得软件著作权 200 余项，参与编制国家、行业标准十余项。公司技术实力雄厚，业内口碑良好，拥有国家高新技术企业、软件能力成熟度集成模型、质量管理体系认证、企业信用评定等多项核心资质，获评 2021 年行业信息化竞争力百强企业、2020 年中国软件行业最具影响力企业、全国网络安全等级保护测评机构先进单位等荣誉。嘉诚信息的发展策略是，坚持创新发展与"客户第一"的核心价值观，以"信息技术成就智慧未来"为使命，加快实现"成为数智化服务领跑者"的愿景。

八、辽宁畅通数据通信有限公司

辽宁畅通数据通信有限公司成立于 2001 年，核心业务涉及增值电信业务和信息技术服务等领域，是国家高新技术企业、辽宁省"专精特新"中小企业、沈阳市科技"小巨人"企业和软件规上企业。公司先后通过了 IT 服务管理（ISO20000）、CMMI 等体系认证，取得了信息安全服务、涉密信息系统集成等多项专业资质，入选辽宁省工业互联网及智能制造资源池服务商、辽宁省中小企业数字化转型服务商、"互联网 + 政务服务"优秀供应商、政府网站优秀供应商、沈阳市"企业上云"服务商，累计服务客户超过 1.7 万家。2021年荣获"辽宁软件产业 20 年优秀企业和优秀产品"荣誉。

在增值电信业务领域，公司于 2001 年 8 月获得原信息产业部颁发的跨地区增值电信业务经营许可，成为继央企电信运营商外，全国较早经营互联网接入服务的非国有虚拟电信运营商，为政府、企事业单位提供包括宽带（ADSL）、IP 城域网、数字电路和虚拟专网（VPDN）接入等全面的网络通信服务。2015 年成为"宽带中国"全国首批 16 个试点城市 100 家试点企业之一。

目前，占有沈阳医保专线业务市场 50% 的份额。

在信息技术服务领域，公司于 2002 年通过辽宁省软件企业认证；2010 年承担工信部国家电子发展基金——"SaaS 服务（通用管理）综合支撑平台"项目，是全国首批云计算 SaaS 平台 5 家试点企业之一，"畅通云"具备为客户提供从 IaaS 到 PaaS 全方位公有云服务的能力。2013 年研发的"面向工业企业的集群供应链云服务平台"入选工信部电子商务集成创新试点工程，2020 年研发的"基于云平台的数字化工厂执行系统"项目被辽宁省科技厅列为省级重点研发计划项目，自 2019 年开始连续五年实现科技创新投入超过营业收入的 13%，拥有 100 多项自主研发成果。公司产品全部采用云架构设计，主要服务于数字政府和企业数字化转型两大领域。面向政务行业，提供智慧营商平台、政务集约化网站群、智慧住建、智慧工会、智慧司法等项目的规划建设服务。面向制造企业，提供生产计划与控制（ERP/MRP Ⅱ）系统、生产制造执行系统（MES）、供应链、精益管理、数据可视化平台等多款软件产品，广泛应用于机械、汽车零配件、电子、化工、金属等不同行业。公司始终致力于为政企客户提供业务支撑，将继续秉持着技术创新、产业融合的发展理念，以高质量的软件产品和服务助力客户数字化转型升级。

第四节 信息安全软件企业

东北在信息安全领域涉足较早，培育了一批从事信息安全领域的专业化软件公司，产品覆盖网络安全、终端安全、应用安全、数据安全、身份和数字认证、安全管理软件等众多细分领域，信息安全业务收入占整体软件与信息服务收入比例高于其他地区。比较突出的企业有安天科技集团股份有限公司、沈阳东软系统集成工程有限公司、长春吉大正元信息技术股份有限公司，分别位列 2023 年中国网安产业竞争力五十强第 19 名、第 29 名、第 32 名。在信息加密和身份认证细分领域，吉大正元市场占有率全国排名第二。见表 5-4。

表 5-4　东北信息安全软件企业

企业名称	类型	主要业务领域
安天科技集团股份有限公司	"独角兽"企业	面向服务器、云、虚拟化、容器和传统办公节点等提供全防御能力覆盖的安全产品
沈阳东软系统集成工程有限公司	A股上市	下一代防火墙、业务安全网关、云安全、车联网安全
长春吉大正元信息技术股份有限公司	A股上市	以密码技术为核心的信息安全综合解决方案，防火墙、防病毒网关、云安全等
沈阳通用软件有限公司	—	端点安全与数据安全管理
大连秘阵科技有限公司	—	体系化的深度防护和安全管控
大连九锁网络有限公司	—	为金融体系提供云服务
大连佳姆信息安全软件技术有限公司	—	基于基因多钥动态密码（GRM）核心技术，GRM新一代网银安全系统产品
沈阳雷安泰德科技发展有限公司	—	下一代防火墙、SSLVPN、上网行为管理等

一、安天科技集团股份有限公司

　　安天科技集团股份有限公司成立于 2000 年，是以著名网络安全研究机构安天实验室为依托建立起来的技术先进的网络安全产品研发企业，已形成了威胁检测引擎、高级威胁对抗、大规模威胁自动化分析等方面的技术领先优势。安天面向服务器、云、虚拟化、容器和传统办公节点等提供全防御能力和覆盖面广的智甲安全产品，满足客户对于包括终端杀毒、终端防护、终端检测与响应、云工作安全防护等系统安全层面需求，并形成了威胁对抗、威胁猎杀、威胁巡检服务三款主打安全服务系统，以运营模式支撑应对综合威胁，加快对抗能力升级。① 安天的产品与服务为包括载人航天、探月工程、空

----

① 万佳艺.安天科技：筑牢网络安全数字"防护网"［J］.中关村，2023（09）：50.

间站对接等重大航天飞行任务，以及大飞机首飞、主力舰护航、南极科考等重大任务提供安全保障支撑。安天的威胁检测引擎为全球超过 130 万台网络设备和网络安全设备、超过 30 亿部智能终端设备提供了安全检测能力。安天连续七届入选国家级网络安全应急服务支撑单位，是中国国家信息安全漏洞库六家首批一级支撑单位之一，是国家网络与信息安全信息通报机制技术支撑单位和国家信息安全漏洞共享平台成员单位。安天是中国网络安全产业联盟理事长单位、中国网络空间安全协会副理事长单位、中国网络安全人才联盟副理事长单位。安天已累计申请专利授权 481 项，成为国家知识产权示范企业，获得国家科技进步二等奖 1 项、国家优秀发明专利奖 1 项、省部级科技成果奖 5 项，获得国际权威横向评测奖项，蝉联两届中国网络安全技术对抗赛冠军。安天科技的发展策略是，整合核心技术能力及资源，组建网络空间防务、综合安全、核心安全及网络安全治理三大业务板块，分别对接国家战略需求，成为网络安全创新的引领者；坚持战略性布局信创赛道，持续投入并保障信创环境安全，成为信创产业信息安全领域的领军者，更好地履行网络安全国家队使命。

二、沈阳东软系统集成工程有限公司

沈阳东软系统集成工程有限公司于 1997 年成立，源自东软集团内部网络安全团队，主要提供访问控制类、审计类、管理类、信创类四大系列产品，以及安全咨询、应急响应、渗透测试、安全加固、风险评估、分级保护等九类安全服务。面对云计算、大数据、人工智能等新技术应用的快速发展，公司推出云安全支付网关、物联网安全、虚拟安全网关、桌面型无线安全网关、智能网联汽车信息安全、网络安全态势感知平台等一系列创新产品，率先推出车载信息安全相关产品、整体解决方案和服务。东软系统集成是中国第一家通过 ISO27001 信息安全管理体系国际认证的公司，是全国首批信息系统集成一级、特一级、大一级资质企业、公安部 3 所信息技术应用创新测试平台指定信息安全集成服务企业，是首批获得国家信息安全产品自主原创资质、风险评估服务一级资质、国家信息安全漏洞共享平台技术支撑单位资质的企业。公司是中国车载信息安全产业联盟理事长单位、中国信息产业商会信息安全产业分会副理事长单位，参与《国家 SM 专用设备自主可靠产品》《汽车电子系统网络安全要求》《云计算参考架构》等多项国家标准及行业标准制定，荣获国家专用信息设备应用示范基地最佳突击攻关奖、2022 年中国数字生态信创领军企业、2021—2022 年工业互联网（车联网）优秀技术服务商等多项荣誉。东软系统集成的发展策略是，秉承多年的专业技术经验积累，加强面向云计算、大数据、人工智能、车联网及信创领域的信息安全技术创新，持续为用户提供成熟、先进的网络安全产品与高效、完善的安全解决方案，努力成为全球领先的网络安全产品及服务供应商。

三、长春吉大正元信息技术股份有限公司

长春吉大正元信息技术股份有限公司成立于 1999 年，2020 年上市，是国内知名的信息安全产品、服务及解决方案提供商。公司以密码技术为核心，通过提供安全基础类、安全支撑类、安全应用类、电子政务类四大系列安全产品，以及云密码安全、安全体系规划、等级保护、分级保护、风险评估、渗透测试等安全服务，为政府、军工、金融、能源、电信等重点行业提供可信身份认证及可信数据保障等综合性安全解决方案。先后为中央国家机关及部委提供信息安全解决方案或服务，参与建设 1000 多个国内知名的大中型信息化项目的安全支持与保障工作，包括国家"金盾工程""金财工程""金水工程""金质工程"以及 2008 年奥运会、载人航天工程等重大项目。公司参与制定多项国家和行业 PKI/PMI 及信息安全相关标准，是中国密码学会理事单位、中国保密协会会员单位，是国家商用密码管理局、全国信息安全标准化技术委员会、国家密码行业标准化技术委员会相关工作组的主要成员，是我国基于 PKI 电子认证产品领域标准的主要制定者之一。公司先后获得国家科技进步二等奖、密码科学技术进步奖一等奖、党政科技密码进步奖一等奖、公安部科学技术一等奖等重要奖项。吉大正元的发展策略是，聚焦物联网、云安全、云服务、"互

联网＋政务"等重大专项的开拓和创新探索，形成以密码技术为核心的信息安全产品提供能力和整体解决方案的服务能力，为可信网络提供安全解决方案，将公司打造成为快速发展的中国信息安全航母型企业。

四、沈阳通用软件有限公司

沈阳通用软件有限公司成立于2001年，是专注于终端安全管理领域产品研发的高科技企业，是中国端点安全与数据安全管理行业产品与技术进步的引领者。公司拥有大量自主创新技术和发明专利，引领业内3次重大技术创新，针对中国国情以及网络与信息安全管理需求，形成了独特的差异化产品解决方案，帮助用户有效解决网络准入控制、网络边界安全、系统安全、行为安全以及数据安全等管理难题。公司拥有准入访问控制、桌面终端安全、移动终端安全、主机监控与审计、终端数据防泄漏、邮件数据防泄漏、文档安全、应用安全等十多条产品线，完整覆盖了端点安全与数据安全领域的管理需求。公司入围中国网络空间安全协会与数世咨询发布的"2021中国网络安全能力100强"，是全国财政行业终端安全管理项目建设单位，中国工商银行全球终端安全管理项目承建者，特别是在金融行业以民族品牌成功替代国外产品的先行者，被评为全国十佳网络安全建设方案之一。公司是联想集团全国终端安全管理软件产品捆绑合作伙伴、英特尔博锐技术中国解决方案中心共建合作伙伴。公司的发展策略是，围绕国家信息安全应用创新的发展战略，抓住信创端点安全管理的重要发展机遇，发挥作为专业端点安全管理厂商的技术优势，加快信创端点安全管理产品研发布局，以"让企业级用户的计算机网络更加安全可靠"为使命，助力中国信息安全应用创新领域发展。

第五节　行业应用软件企业

东北软件行业面向国民经济各领域的信息化应用具有较好的基础，特别是面向能源、交通、金融、物流、医疗、教育、文旅等领域，形成一批行业融合较深的专业化软件公司，产生了具备一定竞争力的行业解决方案提供商。随着各行业数字化转型的不断深入，一些深耕行业领域的应用软件开发企业迎来了发展机遇。见表5-5。

表5-5　东北主要行业应用软件企业

行业	企业名称	类型	主要业务领域
能源	吉林东北电院开元科技有限公司	—	电力行业监控系统和应用软件产品开发
	辽宁汉华信息工程有限公司	—	电力与国土资源行业信息技术应用与服务及软硬件研发与供应
	吉林科迪信息技术有限公司	—	电力热力企业信息化建设
	辽宁泰利达信息技术有限公司	—	数智油田建设
	大庆正方软件科技股份有限公司	新三板	油藏工程石油开采领域的人工智能算法及高端信息技术服务
电信	吉林吉大通信设计院股份有限公司	A股上市	通信技术服务、信息化产品集成运营、国际业务、投资业务
	亿阳信通股份有限公司	A股上市	电信运营商业务支撑服务商
交通	大连启明海通公司	—	智能公交运营管理系统和公交智能监控调度系统
	哈尔滨优先科技有限公司	—	智慧城市静态交通
	辽宁艾特斯智能交通技术有限公司	辽宁省"小巨人"	各等级公路信息系统集成业务和交通领域软硬件开发
	沈阳风驰软件股份有限公司	—	铁路行业信息化和智能化转型升级
	黑龙江瑞兴科技股份有限公司	国家级"小巨人"	铁路、地铁和城际轨道交通列车运行控制系统
	哈尔滨科佳股份有限公司	—	轨道交通运行安全装备的研发
	辽宁星之火软件有限公司	省"雏鹰"	地理信息、数字航海
	大连陆海科技股份有限公司	—	智慧海洋及智能船舶

续表

行业	企业名称	类型	主要业务领域
物流	大连口岸物流科技有限公司	—	港口物流领域的专业化IT服务提供商和物流软件供应商
	黑龙江交投千方科技有限公司	—	智慧物流信息化管理平台、智慧物流大数据平台、网络货运平台
	沈飞电子科技有限公司	—	仓储管理的自动化
	沈阳盛时科技有限公司	—	智能仓储和物流解决方案
金融	沈阳麟龙科技股份有限公司	—	基金投资服务平台
	微神马科技（大连）有限公司	省"瞪羚"、潜在"独角兽"	银行科技服务商TOP30
	大连同方软银科技股份有限公司	—	为商业银行、财务公司和其他金融机构提供软件开发
医疗	东软熙康健康科技有限公司	港股上市	互联网医疗、云医院
	东软汉枫医疗科技有限公司	省种子"独角兽"	
	哈尔滨联德信息技术有限公司	—	医疗卫生、社会保障、"互联网+"医疗领域应用软件研发及医疗信息化解决方案
	心医国际数字医疗系统（大连）有限公司	—	智能医疗云平台
教育	东北师大理想软件股份有限公司	国家规划布局内重点软件企业	数字校园、数字教学资源、网络教育、虚拟实验室
	辽宁向日葵教育科技有限公司	国家级"小巨人"	专业的在线教育解决方案提供商
	吉林慧海科技有限公司	—	专门从事中小学教育管理评价软件研发
	沈阳点为信息有限公司	省"瞪羚"	智慧校园解决方案
	沈阳新松教育集团有限公司	—	面向高端智能制造人才培养，虚拟仿真教学
	哈尔滨天健高新技术有限公司	—	智慧教育云平台

续表

行业	企业名称	类型	主要业务领域
文旅	哈尔滨鑫时空科技股份有限公司	新三板上市	智慧景区、智慧文旅、趣龙江全域旅游系统
	差旅天下网络技术股份有限公司	新三板上市	智慧差旅解决方案、大型集团客户费控管理平台
	大连博涛文化科技股份有限公司	国家级示范基地	高科技秀、天幕影院、飞行影院、科博馆、主题文化馆、萌宠乐园
	沈阳体验科技公司	国家级示范基地	文化装备、文化创意与内容、文化旅游
	人连乾豪动漫有限公司	—	具有国家级动漫企业资质的原创动漫企业
城管	哈工智慧嘉利通科技股份有限公司	新三板上市	平安城市、智慧交通、数字城管、城市应急指挥、智慧社区
	辽宁华盾安全技术有限责任公司	—	水务行业数字化
	辽宁北软技术开发有限公司	—	数字化供热收费及管理
	辽宁牧龙科技有限公司	—	智慧城市数字孪生大脑平台
农业	哈尔滨海邻科信息技术有限公司	—	公共安全行业解决方案和软硬件提供商
	吉林亚联发展科技股份有限公司	A股上市	智慧专网、农牧领域
	吉林省中农阳光数据有限公司	吉林省"专精特新"	农业产业发展和城乡综合治理

一、智慧电力：辽宁汉华信息工程有限公司

辽宁汉华信息工程有限公司创始于 1999 年，是专注于电力与国土资源行业信息技术应用与服务以及软硬件研发的高新技术企业。公司将电力、国土资源行业的业务特点与通信技术、地理信息技术、云计算、大数据技术进行完美结合，以"模块设计、平台整合"的方式对产品架构进行灵活配置，

打造精品解决方案。公司针对电力营销、网格化电力服务、全景电力管理、电力检测等应用场景研发 20 余款产品，为客户提供专业化的解决方案，目前拥有典型客户 50 余家，分布于东北三省和河北、河南、陕西、青海等省。公司拥有信息系统集成及服务三级资质、测绘乙级资质，通过信息安全管理体系认证，入围辽宁省农电管理软件服务商。公司的发展策略是，围绕智慧电力体系建设，深入开展智能营业厅、智能供电所、无人机巡线服务业、电力数字孪生等业务，创立电力企业信息化解决方案一流品牌，树立金牌服务形象。

二、智慧石油：大庆正方软件科技股份有限公司

大庆正方软件科技股份有限公司成立于 2002 年，是专注于石油领域信息化的软件企业，2015 年成功挂牌新三板，成为东北石油工业信息化应用的系统服务商和优秀运维商。公司在国内率先开展大数据及人工智能技术在采油业务的融合创新，成立油藏工程、采油工程科研团队，集聚十多名国内著名专家学者，攻关油藏工程石油开采领域的科技世界难题。公司人工智能科研团队拥有十余名来自国内知名人工智能科技公司的算法工程师，已经研发出应用于油藏工程石油开采领域的人工智能算法 40 多种，特别是独创的 QGD、FI 算法，解决了电参转功图、剩余油、吸水剖面等世界性科研难题。公司拥有信息技术服务标准运维能力成熟度三级认证、信息系统集成及服务资质证书、质量管理体系认证、信息技术服务和安全体系认证，以及中国石油天然气集团公司物资供应商准入证、安防工程企业设计施工维护能力证书等资质。公司拥有油藏工程人工智能院士工作站，具备强大的科研团队和科研实力，拥有发明专利 7 项，自主知识产权的软件著作权 50 余项。公司的发展策略是，聚焦高含水老油田层间干扰地质难题攻关，以大数据人工智能技术为引领，利用大数据人工智能新技术与传统石油行业技术融合，为中国石油工业技术创新做出贡献，开创中国石油工业人工智能的智慧油田新时代。

三、智慧交通：辽宁艾特斯智能交通技术有限公司

辽宁艾特斯智能交通技术有限公司创立于 2003 年，是辽宁省交通建设投资集团信息科技板块的核心企业。艾特斯公司从创立初期从事各等级公路信息系统集成业务、交通领域软硬件开发与服务的集成商，已逐渐转变成为机电全产业链平台运营、数字化交通基础设施资源商业开发与应用、推动数字产业化的运营服务商。艾特斯公司构建了集科研平台、产学研联盟、产业化应用"三位一体"的数字赋能发展新格局，成功创建了智能交通工程管控、专业技术创新等多个省级科研平台，围绕网络安全、智能交通控制、隧道智能化管控等数字交通关键技术领域展开深入研究，打造了高速管理智能收费系统、高速公路智慧大脑、交通网络安全态势感知平台等一系列产品，为实现高速公路路网运行、公众出行、交通管理、智慧道路等目标奠定了坚实的基础和技术支撑。公司是辽宁省唯一入选国务院"科改示范行动"的交通企业，获批辽宁省智能交通工程研究中心、辽宁省博士后创新实践基地，荣获第四届上海人工智能大会的"AI+ 智慧交通"数字化转型最佳示范引领奖、2021 年中国高速公路信息化奖。公司的发展策略是，以《数字交通发展规划纲要》为指导，聚焦短板领域和关键环节，加快建设信息化、数字化、智能化的服务体系，创建与信息时代接轨的新业态、新模式，努力打造未来智慧交通的标杆型企业。

四、智慧物流：沈飞电子科技有限公司

沈飞电子科技有限公司成立于 1999 年，前身是沈阳飞机制造公司计算机研究所，目前已经发展为以物流软件为核心，集制程管理、供应链管理、数字化物流系统集成、数字化车间建设于一体的高科技企业。主要业务包括数字化智能工厂、智能仓储物流、工业自动化系统、企业管理软件四大类型，涉及装备制造、军工、军需、烟草、汽车、食品、金融等多个行业，覆盖范围遍及国内绝大部分省、市，同时在俄罗斯、科威特、印度尼西亚、马来西

亚、韩等国家也有合作项目。公司成立 25 年来，一直致力于基于客户需求的物流系统定制业务，一方面服务于国内外各行业广大客户，另一方面也是国内大型物流集成企业的首选物流软件合作商。公司是辽宁省行业协会理事长单位、辽宁省经济文化发展促进会副会长单位，是中国智能制造百人会、供应链管理、物流技术应用行业协会等会员单位，先后荣获国家航空科学技术进步二等奖、航空科技集团科技进步一等奖、国家首批两化融合示范单位。公司的发展策略是，坚持以物流行业为基础的专业 IT 公司定位，通过为单体物流设备提升应用附加值、为合作伙伴提供业务增长新机遇、为客户提供一条龙式解决方案，打造物流 IT 企业新优势，为制造业提供全方位的优质物流服务，助力传统制造业数字化转型升级。

五、智慧金融：微神马科技（大连）有限公司

微神马科技（大连）有限公司成立于 2014 年，是聚焦金融科技应用创新领域的高新技术企业。公司秉承"让银行更高效、让金融更简单"的使命和愿景，通过数字技术、工具及解决方案，帮助中小银行升级基础设施、构建创新业务和创新系统、强化数据治理和开放连接能力。公司开创了中小银行互联网零售信贷业务"B2B2C"模式的先河，成为市场首家为消费金融产业相关的银行类金融机构服务的软件云服务平台，现已成长为中小银行金融科技服务领域的领先品牌，拥有自主知识产权近百项，累计接入 200 余家科技公司、40 余家金融机构，并与多家第三方支付、征信等领域头部企业建立长期合作。公司先后获评辽宁省"专精特新"企业、入选零壹智库发布的产业数字化服务商五十强榜单《2018 胡润百富中国最具投资价值新星企业百强榜》的辽宁省最具投资价值新星企业十强榜单，获得政府和业界的广泛认可。公司的发展策略是，进一步强化基于大数据、云服务、人工智能、区块链等创新领域的全技术布局，全力推动企业上市，努力发展成为金融科技领域重要的创新力量。

六、智慧医疗：东软熙康健康科技有限公司

东软熙康健康科技有限公司成立于 2011 年，是东软集团创立的专注于互联网健康医疗事业的高新技术企业，2023 年在香港上市。东软熙康通过云医院网络促进互联网医疗服务，面向地方政府、医疗机构、保险机构、企业和个人，提供数字医疗领域的全周期解决方案，形成了云医院平台服务、互联网医疗服务、健康管理服务及智慧医疗健康产品四大业务板块。东软熙康创建了中国首个以城市为入口的云医院平台，并建立了云医院网络，将地方政府、医疗机构、患者、保险公司联系起来，以实现公平获得医疗资源并高效交付医疗服务。目前，东软熙康以城市为入口的云医院平台发展到 29 个，有 2500 家医院与公司的云医院网络连接，成为中国最大的云医院网络。公司的发展策略是，坚持以"互联网 + 医疗健康"创新模式解决卫生医疗及健康养老重大民生问题，加快以信息技术为核心驱动的互联网医疗及健康管理产业发展，丰富云医院平台的服务和能力，扩大医疗机构网络，打造城市级"互联网 + 医疗健康"服务新生态。

七、智慧教育：东北师大理想软件股份有限公司

东北师大理想软件股份有限公司成立于 2001 年，是由东北师范大学创立的专注于教育信息化的软件企业。公司聚焦大规模教育背景下教育现代化的瓶颈问题，通过大数据、"互联网 +"、虚拟仿真和人工智能等技术，促进智慧教育水平的全面提升。公司研发了区域教育云公共服务平台建设支撑系统、数字校园建设支撑系统、网络学习空间建设支撑系统、班班通多媒体教学支撑系统、电子书包教学支撑系统、网络教研与培训支撑系统、学科教学工具及虚拟仿真实验室、教学质量评价与监测支撑系统、行政办公与管理支撑系统、资源管理与共享支撑系统等 11 大系列 690 多种软件产品，已推广到全国 31 个省、区、市的中小学校、职业院校和高职院校。近年来，东师理想承担了 60 多项国家和省部级科研项目，其中《信息化教育平台》软件获得国家级

教学成果二等奖、吉林省科技进步一等奖、吉林省教学成果一等奖，被工信部评为信息产业科技创新先进集体，获得国家发改委高技术产业化示范工程等多项荣誉。作为中国教育信息化的头部企业，公司联合教育部数字化学习支撑技术工程研究中心，连续15年举办全国中小学信息技术与教学融合优质课大赛，发起成立全国智慧教育微课联盟，引领了我国教育信息化方向。公司的发展策略是，加快推进新一代信息技术与教育融合，打造引领数字时代新教育研究基地、教育资源和软件研发基地、教师继续教育培训基地，为教育领域提供全方位的数字化、智慧化支撑。

八、智慧文旅：哈尔滨鑫时空科技股份有限公司

哈尔滨鑫时空科技股份有限公司于2008年成立，是东北首家新三板挂牌上市的动漫企业。鑫时空是为不同行业客户提供基于计算机的三维图形图像、技术服务、视觉集成，以及运用计算机技术进行动漫IP开发、传播、销售变现的文化创意服务供应商，业务主要集中在计算机可视化设计、商业宣传、展览展示及影视特效领域、虚拟仿真、游戏等视觉系统集成技术服务。多年来，为海内外客户制作完成了大量的优秀作品并多次获奖，尤其在2010年成功完成了上海世博会黑龙江馆的整体创意设计、内容制作和图像系统集成、场馆设计建设，并获得上海世博会展馆设计第一名，最受欢迎馆第二名。先后参与了米兰世博会、韩国丽水世博会等重大国际项目设计、策划、制作，设计建设的六大纪念馆、秘密交通线纪念馆、第一党支部纪念馆被列入国家级纪念馆。公司的发展策略是，围绕创意产业的IP、IT有机结合的发展模式，紧密结合艺术与技术、传统与现代，以追求完美品质为目标，以开拓创新思维为动力，形成具有黑龙江特色的文化创意产业链。

九、智慧城市：哈工智慧嘉利通科技股份有限公司

哈工嘉利通科技股份有限公司成立于2007年，是一家由哈工大参股的国家级高新技术企业，于2016年在全国中小企业股转系统成功挂牌。公司

致力于为中国新型城镇化建设提供整体解决方案，业务涵盖公共安全、智能交通、智慧政务、IDC 建设等城市精细化管理多个领域，已经为 42 个城市建立了 160 多个智慧城市项目，涉及智慧城市顶层设计、平安城市、智慧交通、数字城管、城市应急指挥、智慧社区、智能管网监测系统、智慧照明、智慧泊车、智慧旅游、IDC 基础设施建设等。近年来，公司基于多年行业信息化建设项目实施经验和技术积累，推出 CIM 中台，助力用户便捷构建 CIM 底座，支撑多领域"CIM+"应用建设，已成功应用于多个智慧化项目建设，为城市管理日常综合指挥提供大数据分析研判、舆情监控、大数据智能预警等数据支撑，提高城市的精细化管理水平。公司发展策略是，秉承赋能、共生、协同的合作理念，致力于智慧城管、智慧综治、一网统管等智慧城市相关业务方向，深度结合人工智能、5G 和物联网等技术的创新应用，积极参与鲲鹏云产业新生态建设，以扎实的技术积累、成熟的产品体系、高效的服务跟进，助力智慧城市事业创新发展。

十、智慧农业：吉林省中农阳光数据有限公司

吉林中农阳光数据有限公司成立于 2016 年，是由吉林省政府参股、吉林省院士科创园引进的国家高新技术企业。公司专注于农业农村大数据分析与应用，围绕农业产业发展和城乡综合治理两大领域，提供智慧城乡、智慧农险、智慧测绘和智慧农金等农业农村信息化服务。在农业大数据领域，公司综合运用 3S 技术、人工智能技术、机器视觉技术、区块链技术等科技化手段，自主研发"星空气视地"五位一体的"大地之眼"数据采集和"星空之脑"数据分析的"双核"专利技术，构建覆盖 18 亿亩耕地的农业大数据智能化服务平台。在农业金融服务领域，公司开发了"天准"农险智能风控与精准作业服务平台、"天惠"气象指数保险 AI 服务平台和"天控"农业金融智能风控管理平台，在农业保险科技化服务领域实现多项技术创新，处于国际先进、国内领先水平。公司具有国家二级保密资质、乙级测绘资质、卫星遥感专线和气象服务等多项国家级资质，拥有院士工作站，集聚环境地理、遥

感气象等方面国内顶级专家。公司荣获多项国家发明专利、国家级科技奖项和科学技术成果、软件著作权，"数联网·智慧乡村综合服务云平台九台示范项目"得到央视综合频道专题报道，并在《人民日报》《求是》刊发。公司发展策略是，积极探索物联网、卫星遥感、大数据、人工智能技术在农业农村领域的深入应用，提供可靠、可持续、可复制、可推广的农业发展新模式，为中国乡村振兴提供强力科技支撑。

第六节　新兴软件企业和新型信息技术服务

软件与物联网、云计算、大数据、人工智能、区块链、虚拟现实等新一代信息技术的融合发展，持续拓展软件行业的新赛道，为新兴软件和新兴信息技术服务提供了新机遇。东北传统软件企业顺应新一代信息技术的发展趋势，实现既有产品和解决方案的快速升级，提升核心竞争力。同时，新兴软件和新兴信息技术服务也催生了一批新兴软件企业和新型服务模式，一些科技创新企业专注细分领域专业化发展，展现出较好的发展趋势。见表5-6。

表5-6　新兴软件相关企业

企业名称	类型	主要业务领域
华录集团有限公司	央企	数据湖产品，数据中心基础设施
大连华数大数据科技有限公司	—	大数据产品及行业应用、物联网专业平台、智能推荐平台，数据分析平台
长春长光辰芯微电子股份有限公司	国家"小巨人"	CMOS图像传感器、机器视觉、三维成像
鸿达高新技术集团有限公司	市科技"小巨人"	是国内最早的生物识别系统供应商，在光电子与生物统计识别技术方面居于世界领先

续表

企业名称	类型	主要业务领域
沈阳雅译网络技术有限公司	省科技"小巨人"	集东北大学自然语言处理实验室研究成果,打造了小牛翻译多国语机器翻译系统
沈阳东软智能医疗科技研究院有限公司	新型研发机构	在医疗大数据人工智能、医疗影像智能辅助诊疗、临床智能辅助诊疗等方面处于国内领先
心医国际数字医疗系统（大连）有限公司	—	基于云计算的医疗大数据分析服务
沈阳创链信息技术有限公司	—	"星火·链网"骨干节点及"工业互联网标识解析"体系二级节点项目的承建及运营
大连锐森科技有限公司	—	虚拟现实技术在医学专业教学领域应用
哈尔滨钧安世通科技有限公司	—	工业大数据平台算法提供商
黑龙江然也科技有限公司	—	黑龙江省工业互联网标识解析企业节点平台建设服务（药品、装备制造、食品行业）
哈尔滨工业大学人工智能研究院有限公司	省级新型研发机构	人工智能行业应用示范平台

一、华录集团有限公司

华录集团有限公司成立于2000年,是国务院国资委直接管理的专业从事数字音视频、电子信息与文化创意产业的大型企业集团,业务涵盖终端与智能制造、信息产品与服务、文化内容与创意三大产业板块。华录集团以新生产要素"数据资源"为抓手,以基于蓝光的大容量绿色光存储等数字核心技术为基础,推出数据湖产品,以大数据、云计算、人工智能、数字视网膜为支撑,融合数据感知、采集、存储、治理和应用为一体,构筑智能化数字经济基础设施。华录数据湖把碎片化的数据规模化、资源化、资产化、证券化、产业化,最终构建真正的数据要素市场。华录已在全国20个省（区、市）

落地 32 个城市数据湖，覆盖了"东数西算"工程 8 个国家枢纽节点中的 6 个部分，数据湖累计部署蓝光存储规模近 3900PB，已建成和规划的机架数超 2 万架，成为全国一体化大数据中心协同创新体系的重要组成部分。公司建有国家级技术研发中心 2 个、院士工作站 3 个、博士后科研工作站 1 个，拥有"中国智能交通领先品牌""国企文化产业领导品牌"，获得改革开放 40 年中国电子行业突出贡献品牌称号，连续入选由中宣部、科技部认定的国家文化和科技融合示范基地。公司的发展策略是，通过自主可控的光存储技术，构筑大数据融合存储产品、智能算法与开发利用关键能力，强化终端与智能制造、信息产品与服务、文化内容与创意三大产业布局，推进数字文化、数字交通、数字安防、数字健康、数字环保等 N 个数字与创意应用产业的规模化升级和高质量发展，成为数字技术产品解决方案提供商、数字应用服务生态的建设者。

二、长春长光辰芯微电子股份有限公司

长春长光辰芯微电子股份有限公司成立于 2012 年，是一家专注于高性能 CMOS 的图像传感器设计研发的国际化企业。长光辰芯是国内高端 CMOS 图像传感技术的先行者，拥有海内外一流的半导体物理学专家和技术团队，具备全局快门像素、高动态范围像素、高灵敏度像素、低噪声电路、高性能 ADC、高速读出电路、TDI 图像传感器、背照式图像传感器、三维成像图像传感器等多项具有自主知识产权的核心技术。基于多年的研发投入和技术积累，长光辰芯已打造出七大系列的标准化产品，涵盖机器视觉、科学成像、医疗成像、专业影像等应用领域，客户遍布全球 30 余个国家和地区。2022 年在工业领域全球市占率为 9.63%，全球排名第四，国内排名第一。在科学仪器应用领域，全球市占率为 7.64%，全球排名第四，国内排名第一。长光辰芯主导了国家"核高基"科技重大专项"8K 超高清图像传感芯片及系统应用"项目，牵头研发了我国第一个面向专业影像的 8K 超高清 CMOS 图像传感器，打破我国超高清成像芯片长期依赖国外进口

的局面，为加快我国超高清影视产业升级的步伐和维护关键基础核心器件供应链安全发挥了重要作用。公司的发展策略是：秉持"专注图像技术，坚持科技创新，用芯成就非凡视界"的发展理念，借助资本市场的赋能，为全球合作伙伴提供先进的 CMOS 图像传感器产品和优质服务，引领行业持续向前发展。

三、鸿达高新技术集团有限公司

鸿达高新技术集团有限公司始建于 1988 年，是一家集信息技术与生物识别技术于一体的高科技企业，是国家规划布局内重点软件企业。公司在指纹、掌纹、虹膜、指静脉、人像、血清等多种生物识别技术相关领域做出了多方位、多层次的探索[①]，开发出 6 大类 30 余种产品，包括指纹锁、指纹门禁、生物特征采集仪、身份验证设备、指纹复合、指纹模块等系列产品。公司拥有国际领先的优化算法和国内最大的指纹产品生产基地，在指纹识别技术领域处于领先地位。鸿达集团拥有计算机系统集成一级资质和涉及国家秘密的计算机信息系统集成甲级资质。公司高度重视自主知识产权，设立了博士后科研工作站，建立了国际领先水平的科研团队，获得国家专利证书及计算机软件著作权 80 余项。公司是中国指纹锁质量技术标准、行业标准制定者和起草人，是中国刑事科学技术协会理事单位、中国五金协会团体会员。公司的发展策略是，持续推动技术创新、应用创新和模式创新，将生物识别技术优势充分运用到各种新场景、新业态中，积极探索构建一条生物识别产业深入合作的发展模式，促进行业协同发展。

四、沈阳雅译网络技术有限公司

沈阳雅译网络技术有限公司创立于 2012 年，是依托东北大学自然语言处理实验室建立起来的专注于机器翻译基础设施搭建和机器翻译基础能力建

---

① 简明全.生物识别行业将走向多方位发展——专访长春鸿达光电子与生物统计识别技术有限公司总经理王莉［J］.中国公共安全，2014（Z1）：167-170+166.

设的高新技术企业，是中国机器翻译技术研发与产业应用一体化发展的领军企业。公司具备全栈式机器翻译技术及产品开发能力，创立"小牛翻译"机器翻译产品品牌，为企业级用户提供多语种机器翻译服务解决方案。小牛翻译企业云服务支持 300 多种语言智能互译，支持包括"一带一路"沿线 65个国家及联合国 193 个会员国的所有官方语言，除通用领域之外，系统还提供医药、专利、电力、工程、航空航天、军事六大类领域翻译引擎，翻译品质达到业内一流水平，26 次在国际及国内机器翻译评测比赛中获得第一。公司承担了包括科技部 2022 年冬奥会"具有冬奥特征的多语种关键技术研发"项目、科技部"新一代人工智能"重大项目"以中文为核心的多语种自动翻译研究"项目课题等 30 多项国家级研究项目，自主研发的机器翻译开源系统获得国内自然语言处理领域最高科技奖——钱伟长中文信息处理科学技术类一等奖，并获批辽宁省 2022 年度"专精特新"中小企业、辽宁省科技与文化融合示范基地。公司的发展策略是，全面实现文档翻译、图片翻译、语音翻译等多项核心技术的自主研发，推出企业级机器翻译服务上线，继续深耕"一带一路"沿线国家市场，以过硬的机器翻译技术优势助力更多中国企业走向世界。

五、沈阳创链信息技术有限公司

沈阳创链信息技术有限公司成立于 2021 年，是一家集区块链技术研发、教育、投资、咨询及项目孵化为一体的区块链科技公司。作为工信部直属单位、中国信息通信研究院本地服务机构，公司以国家级新型基础设施"星火·链网"骨干节点及"工业互联网标识解析"体系二级节点项目的承建及运营工作为重点，并为区块链技术的行业应用提供核心技术支持与服务。在国家基础设施建设方面，公司实现"星火·链网"沈阳骨干节点落地、推进大连骨干节点落地，另有多家骨干节点正在建设中。在"工业互联网标识解析"体系方面，正在推动多家企业参与"工业互联网标识解析"体系二级节点的建设及运营。在区块链行业应用方面，公司通过自主研发的"区块链 +

智慧政务""区块链 + 个人医疗""区块链 + 供应链金融"及分布式存储等项目，为客户提供前沿区块链技术解决方案，服务于包括政府、金融、能源及医疗等领域；公司正协同中国信通院及辽宁大学筹建"星火·链网"融合创新实验室，针对辽宁超级节点场景应用研发、区块链数据治理、上链信息认证等领域进行深度合作。公司还参与了 2021 年"基于区块链技术的电表采集系统的颠覆性改造""可信的边缘化计算 + 分布式存储"等国家电网有限公司科学技术项目课题。公司的发展策略是，充分发挥区块链技术优势和独特的"星火·链网"资源优势，积极拓展信息创新技术集成、网络安全等级保护认证服务咨询、互联网专线及数字化绿色工厂建设等业务，以最专业的技术支持，提供更丰富的前沿服务。

六、沈阳格微软件有限责任公司

沈阳格微软件有限责任公司成立于 1999 年，是在沈阳航空工业学院人机智能研究中心的基础上成立的，致力于多文种信息处理、计算机辅助翻译、人机智能交互和企业知识管理等方向，聚焦技术研发的高新技术企业。目前，公司的业务主要聚焦大数据服务、知识工程、翻译服务、人才培育四大领域。公司研制了国内外第一条人机协同翻译生产线，承担民用大飞机专项、长征五号等国家和国防重大工程；首次提出"大数据·比特能"管道技术，打造了面向装备制造业转型升级的中国工业"淘宝网"，拥有百万智能采集机器人和规模最大的工业大数据知识库，被科技部确定为中国科技服务产业的重点公共服务平台，被国家发改委评为中国"互联网 +"行动百佳实践示范。搭建"链上辽宁 @ 工业产业地图与生产要素供需平台"，为全省 14 个城市、100 个区（县）、22+N 个重点产业链建立产业与投资、产业与创新、产业链布局三个维度产业图谱。公司拥有多语言协同翻译国家工程实验室、人工智能与自然语言辽宁省重点工程中心、辽宁省国防知识工程中心等创新平台，先后承担国家及省、市有关知识管理、人工智能、机器翻译等方面的研究课题 20 余项，获得中国航空科技进步一等奖、国防科技进步二等奖、钱伟长中文信息处理一等奖。公司的发展策略是，聚焦计算机网络与人机智能接口领域，围绕技术创新、产品优化、市场拓展、生态构建以及内部管理，不断提升自身核心竞争力，适应数字化经济浪潮下的市场需求，实现持续稳健增长。

七、沈阳东软智能医疗科技研究院有限公司

沈阳东软智能医疗科技研究院有限公司成立于2018年，是东软集团创建的专注于医疗人工智能技术的新型研发机构。公司聚焦影像临床工程、医疗信息工程、医疗临床工程、价值医疗、智慧健康工程等研究领域，围绕智慧医学科研、专病智能化、医疗过程智能辅助、智慧患者服务以及多模态医学大数据、医学数据结构化等共性关键技术方向开展研究，并凝练共性技术研发平台产品。产品包括启悟医疗知识服务平台、洞察医学数据智能平台、飞标医学影像标注平台和探索多模态医学人工智能平台等，提供对医学知识进行工程化与服务化，对多源异构多模态医学数据进行结构化、标准化和归一化治理以及特征提取、精准分析和高级可视化，加速智慧医疗场景应用的实现。目前，研究院的共性技术平台产品已应用于国内40多家医疗机构，已与20多家医疗机构建立了医工协同创新合作，与国内多家知名大型三甲综合医院共同承担国家重大战略科技任务，在心脑血管、呼吸与肿瘤等疾病智能辅助诊断领域开展深度合作研究，共同推动科研成果的应用与转化，参与制定中国电子工业标准化技术协会标准《智能医疗影像辅助诊断系统技术要求和测试评价方法》。公司的发展策略是，在智能医疗领域持续构建丰富的技术生态，通过深入的产学研合作取得新的技术突破，加快研究成果转化，孵化新的智能应用，为医疗机构赋能，持续完善医疗健康服务，促进智慧医疗发展。

八、哈尔滨钧安世通科技有限公司

哈尔滨钧安世通科技有限公司通成立于2013年，核心研发团队由中科院

大学和哈工大博士生导师、教授领衔博士、硕士、高级工程师的技术骨干构成，2015 年在上海股票 Q 板挂牌。针对生产企业工业自 3.0 升级至 4.0 的需求，采用分布式云存储技术、实时大数据分析与挖掘技术、大数据可视化技术等自主核心技术为基础，通过采集、清洗、整合生产设备的实时数据，共享生产管理相关数据（MRP、ERP、MIS、SIS 等），形成包括结构化数据和非结构化数据的工业生产全过程数据海量有效数据采集，实现无损级分布式云存储。采用开源架构的工业大数据平台，构建多种大数据分析、挖掘工具，利用并行科学计算提供数据相关性分析，精细化指标分析等算法，为工业生产提供有效的智能化、最优化解决方案。

第六章
东北软件人才培养

　　软件和信息技术服务业涉及信息技术所有领域及经济社会各个方面，涉及诸多学科、技术和行业的综合知识和技能。软件产业是典型的人才依赖型产业，软件产业的发展直接受到软件人才数量、质量的制约，受到软件人才培养状况的影响。软件人才培养是支撑软件产业发展的重要基石，对于提升产业竞争力、推动技术创新、实现可持续发展具有不可替代的作用。东北软件产业的持续发展得益于软件人才源源不断地供给，软件产业发展也为软件类院校的毕业生提供了就业和创业的机会。东北软件产业发展，见证了产业发展与人才培养良性互动、相互促进、相互成就的过程。本章通过介绍东北特色化示范性软件学院、典型的公办和民办本科和专科类信息学院和信息职业技术学院、软件类专业设置和建设，以及招生规模、岗位需求和就业方面的内容，展示东北软件人才的培养情况。

第一节　东北软件类专业建设情况

　　软件人才的培养最早从计算机类专业开始，逐步细化为软件类专业。在本科层次，根据教育部2023年发布的《普通高等学校本科专业目录》，与软件产业对接最为紧密、关系最为密切的专业大类主要是计算机类和电子信息类，具体包括计算机科学与技术、软件工程、网络工程、电子信息工程、通信工程、人工智能等38个专业。在专科层次，根据教育部发布的《职业教育专业目录（2021年）》，在职业教育领域与软件产业相关度最高的主要是电子信息类与计算机类，具体包括计算机应用技术、软件技术、数字媒体技术、人工智能技术应用、嵌入式技术应用、电子信息工程技术等26个专业。

根据不同专业主要对接的职业方向与岗位类型，可以将软件类专业划分为两种类型，即传统优势型和战略新兴型。其中，传统优势型软件类专业开设周期较长、布点规模较大、专业建设较为完善，在学科支撑、人才培养模式、师资队伍、课程体系、实践基地等方面积累形成了明显的比较优势，如计算机科学与技术专业。战略新兴型软件类专业是为适应战略性新兴产业和行业转型升级需要，设置的一批适应新技术、新产业、新业态、新模式的学科专业，虽然开设周期较短，但是前景广阔，发展潜力大，如人工智能专业。

一、东北软件类专业布点情况

专业是高校人才培养的基本单元，涉及专业布局、专业招生、专业质量、学科分布等方面。在上述64个软件类专业中，结合相关专业在全国以及东北三省各高校的布点情况，主要选取了12个（本科层次6个、专科层次6个）具有代表性的专业，考察东北软件类专业的布点情况。表6-1针对12个专业列出了东北三省布点院校与全国布点院校的数量对比。总体而言，东北三省在本科层次的软件类专业布局上高于全国平均水平，在专科教育层次上低于全国平均水平。

表6-1 12个重点软件类专业布点情况

（单位：个）

专业名称	层次	类型	全国布点院校	东北三省布点院校
计算机科学与技术	本科	传统优势型	952	100
软件工程	本科	传统优势型	631	63

专业名称	层次	类型	全国布点院校	东北三省布点院校
电子信息工程	本科	传统优势型	658	68
数据科学与大数据技术	本科	战略新兴型	713	79
人工智能	本科	战略新兴型	467	43
虚拟现实技术	本科	战略新兴型	31	6
软件技术	专科	传统优势型	698	38
电子信息工程技术	专科	传统优势型	325	18
移动应用开发	专科	传统优势型	132	8
大数据技术	专科	战略新兴型	779	51
人工智能技术应用	专科	战略新兴型	401	17
工业软件开发技术	专科	战略新兴型	20	2

数据来源：根据掌上高考——高考志愿填报服务平台数据整理。

从软件类本科专业布点数量看，全国开设数量最多的专业是计算机科学与技术，共有 952 所，其次是数据科学与大数据技术、电子信息工程、软件工程、人工智能，其中虚拟现实技术开设院校最少。东北三省六大软件类本科专业的开设数量排序与全国相一致，开设数量占全国比重基本在 10% 左右。其中，虚拟现实技术占比 19%；数据科学与大数据技术占比 11%，其次是计算机科学与技术占比 10.5%；电子信息工程占比 10.3%；软件工程占比9.9%；人工智能占比最低，为 9.2%。

从软件类专科专业布点数量看，全国开设数量最多的专业是大数据技术，共有 779 所，其次是软件技术、人工智能技术应用、电子信息工程技术、移动应用开发，工业软件开发技术开设院校最少。东北三省开设数量占全国比重最多的专业是工业软件开发技术，占比 10%；其次是大数据技术，占比6.5%；移动应用开发占比 6.0%；电子信息工程技术占比 5.5%；软件技术占比 5.4%；人工智能技术应用占比最低，仅占 4.2%。

表 6-2 列出了 12 个专业在东北三省的院校布点情况。从东北三省软件类本科专业开设数量对比来看，开设数量最多的为辽宁，吉林、黑龙江分别紧随其后。从东北三省软件类专科专业开设数量对比来看，软件技术在黑龙江开设最多，其次是辽宁；电子信息工程技术在吉林开设最多，人工智能技术应用、移动应用开发和工业软件开发技术均为辽宁开设最多。

表 6-2　东北三省 12 个重点软件类专业布点情况

（单位：个）

专业名称	层次	类型	辽宁	吉林	黑龙江	总计
计算机科学与技术	本科	传统优势型	39	29	32	100
数据科学与大数据技术	本科	战略新兴型	29	27	23	79
电子信息工程	本科	传统优势型	25	20	23	68
软件工程	本科	传统优势型	24	17	22	63
人工智能	本科	战略新兴型	19	13	11	43
虚拟现实技术	本科	战略新兴型	4	1	1	6
大数据技术	专科	战略新兴型	19	19	13	51
软件技术	专科	传统优势型	14	7	17	38
电子信息工程技术	专科	传统优势型	6	7	5	18
人工智能技术应用	专科	战略新兴型	9	4	4	17
移动应用开发	专科	传统优势型	6	2	0	8
工业软件开发技术	专科	战略新兴型	1	1	0	2

数据来源：根据掌上高考——高考志愿填报服务平台数据整理。

东北三省软件类本科专业开设最多的专业是传统优势专业——计算机科学与技术，共有 100 所院校开设，其中辽宁开设数量最多，有 39 所，黑龙江有 32 所，吉林有 29 所。其次是数据科学与大数据技术、电子信息工程、软件工程、人工智能，其中开设数量最少的是战略新兴专业——虚拟现实技术，仅有 6 所院校开设。

东北三省软件类专科专业与本科专业相比开设数量较少，开设数量最多的专业是战略新兴专业——大数据技术，总计有 51 所院校开设。大数据技术专业在辽宁和吉林开设数量最多，均有 19 所，黑龙江有 13 所院校开设；东北三省开设数量其次是软件技术、电子信息工程技术、人工智能技术应用、移动应用开发，其中开设数量最少的是工业软件开发技术，仅有 2 所院校开设，其中移动应用开发和工业软件开发技术在黑龙江均未开设。

二、东北软件类专业开设院校

截至 2023 年 6 月，全国共有普通高等学校 2820 所[①]，其中本科院校 1275 所，高职（专科）学校 1545 所。东北三省共有普通本科高校 139 所，在全国占比 10.9%；共有高职（专科）院校 99 所，在全国占比 6.4%。在东北三省中，辽宁省共有普通高等院校 114 所，规模居东北三省之首，占比达到 44.2%，其本科高校数量、高职（专科）院校数量也均位于东北地区第一名；吉林省共有普通高等院校 66 所，其中本科高校 37 所，高职（专科）院校 29 所；黑龙江省共有普通高等院校 78 所，其中本科高校与高职（专科）院校的数量持平。除黑龙江省之外，辽宁省和吉林省的普通高等院校数量均以本科院校为主。

在东北三省的 258 所普通高等院校中，共有 175 所院校开设了软件类专业，占比达到 67.8%；其中本科院校 111 所，占比高达 79.9%，高职（专科）院校 64 所，占比 64.6%。由此可知，软件类专业在东北三省的本科高校中覆盖率较高。在东北地区的三个省中，吉林省与黑龙江省软件类专业开设院校的整体数量规模与层次结构基本相似；辽宁省软件类专业开设院校数量仍然位居东北第一名，其中本科院校 45 所，在东北三省中占比 40.5%；高职（专

---

① 教育部：《全国普通高等学校名单》（截至 2023 年 6 月 15 日）。

科）院校 27 所，在东北三省中占比 42.2%。

从东北三省软件类专业开设院校的空间布局情况来看[1]，辽宁省 66.7% 的普通高等院校位于沈阳市和大连市，且在 72 所软件类专业开设院校中，71.1% 的本科院校、55.6% 的高职（专科）院校均位于沈阳市和大连市；吉林省 62.1% 的普通高等院校位于长春市，且在 51 所软件类专业开设院校中，71.1% 的本科院校、50% 的高职（专科）院校均设置在长春市；黑龙江省 62.8% 的普通高等院校位于哈尔滨市，且在开设软件类专业的 33 所本科高校、19 所高职（专科）院校中，位于哈尔滨市的学校分别占比 69.7%、52.6%。由此可以看出，东北三省软件类专业开设院校在空间布局上呈现出一定的集聚性，主要集中在沈阳市、大连市、长春市和哈尔滨市，高等院校的集聚为东北三省软件产业的建设提供了有力的人才支撑。

在东北三省软件类专业开设院校的整体办学情况与综合实力方面，175 所普通高等院校中，共有 11 所本科院校入选教育部认定的"双一流"建设高校及建设学科名单，其中 4 所高校被评为"双一流"建设高校，7 所高校被评为"双一流"建设学科（详见表 6-3）；共有 13 所高职（专科）院校入选教育部认定的"双高计划"建设单位（详见表 6-4）。其中 3 所被评为国家"双高计划"高水平院校建设单位（其中 B 档 1 所、C 档 2 所）；10 所被评为"双高计划"高水平专业群建设单位（其中 A 档 3 所，B 档 2 所、C 档 5 所）。东北三省设有软件相关专业的主要院校（详见表 6-5），为东北地区软件人才的培养提供了强有力的支撑。

表6-3 东北三省"双一流"建设高校

学校名称	类别
大连理工大学	"双一流"建设 A 类高校
东北大学	"双一流"建设 B 类高校

---

[1] 根据掌上高考—高考志愿填报服务平台数据整理。

续表

学校名称	类别
吉林大学	"双一流"建设 A 类高校
哈尔滨工业大学	"双一流"建设 A 类高校
大连海事大学	"双一流"建设 B 类高校
辽宁大学	"双一流"建设 B 类高校
延边大学	"双一流"建设 B 类高校
东北师范大学	"双一流"建设 B 类高校
哈尔滨工程大学	"双一流"建设 B 类高校
东北林业大学	"双一流"建设 B 类高校
东北农业大学	"双一流"建设 B 类高校

数据来源：教育部第二轮"双一流"建设高校及建设学科名单。

表6-4　东北三省"双高计划"建设高校

学校名称	类别
辽宁省交通高等专科学校	高水平学校建设单位（B 档）
长春汽车工业高等专科学校	高水平学校建设单位（C 档）
哈尔滨职业技术学院	高水平学校建设单位（C 档）
长春职业技术学院	高水平专业群建设单位（A 档）
黑龙江建筑职业技术学院	高水平专业群建设单位（A 档）
黑龙江农业经济职业学院	高水平专业群建设单位（A 档）
黑龙江农业工程职业学院	高水平专业群建设单位（B 档）
黑龙江职业学院	高水平专业群建设单位（B 档）
辽宁机电职业技术学院	高水平专业群建设单位（C 档）

学校名称	类别
沈阳职业技术学院	高水平专业群建设单位（C档）
辽宁经济职业技术学院	高水平专业群建设单位（C档）
渤海船舶职业学院	高水平专业群建设单位（C档）
吉林交通职业技术学院	高水平专业群建设单位（C档）

数据来源：教育部、财政部《中国特色高水平高职学校和专业建设计划建设单位名单》。

表6-5　东北三省设有软件相关专业的主要院校

学校名称	类型	相关专业
大连理工大学	国家"双一流"建设高校	计算机科学与技术、软件工程、网络工程、控制科学与工程、数字媒体技术、电子科学与技术、信息与通信工程、人工智能、自动化、电子商务
大连海事大学	国家"双一流"建设高校	计算机科学与技术、软件工程、网络工程、智能科学与技术、数据科学与大数据技术、物联网工程、通信工程、电子信息工程、人工智能、自动化
大连民族大学	中央部属高校	计算机科学与技术软件工程、网络工程、物联网工程、区块链工程、通信工程、电子信息工程、人工智能、机器人工程
大连交通大学	省一流重点建设高校	计算机科学与技术、软件工程、数据科学与大数据技术、电子科学与技术、通信工程、电子信息工程、人工智能、自动化、机器人工程、轨道交通信号与控制
大连工业大学	省一流重点建设高校	计算机科学与技术、数字媒体技术、电子信息工程、通信工程、自动化
大连海洋大学	省一流重点建设高校	计算机科学与技术、数据科学与大数据技术、电子信息工程、通信工程、自动化
辽宁师范大学	省"双一流"重点建设高校	计算机科学与技术、数字媒体技术、电子科学与技术、电子信息工程、人工智能

续表

学校名称	类型	相关专业
大连外国语大学	省一流重点建设高校	计算机科学与技术、软件工程、网络工程、信息管理与信息系统、大数据管理与应用、跨境电子商务
东北财经大学	省一流重点建设高校	计算机科学与技术、数据科学与大数据技术、人工智能、信息管理与信息系统、电子商务
大连大学	省一流学科建设高校	计算机科学与技术、软件工程、数据科学与大数据技术、电子信息工程、通信工程、自动化
大连东软信息学院	国内一流民办高校	计算机科学与技术、软件工程、网络工程、智能科学与技术、数据科学与大数据技术、物联网工程、数字媒体技术、虚拟现实技术、网络空间安全、电子信息工程、通信工程、人工智能、机器人工程、电子商务
大连理工大学城市学院	普通高校	计算机科学与技术、软件工程、网络工程、数据科学与大数据技术、物联网工程、数字媒体技术、虚拟现实技术、电子信息工程、通信工程、自动化
大连工业大学艺术与信息工程学院	普通高校	计算机科学与技术、数据科学与大数据技术
大连科技学院	民办高校	计算机科学与技术、软件工程、网络工程、数据科学与大数据技术、物联网工程
辽宁师范大学海华学院	普通高校	计算机科学与技术、数据科学与大数据技术、数字媒体技术
东北大学	国家"双一流"建设高校	计算机科学与技术、软件工程、物联网工程、数字媒体技术、信息安全、电子信息工程、通信工程、人工智能、自动化、机器人工程、工业智能
辽宁大学	国家"双一流"建设高校	计算机科学与技术、网络空间安全、数据科学与大数据技术、电子信息科学与技术、通信工程

学校名称	类型	相关专业
沈阳工业大学	省一流重点建设高校	计算机科学与技术、软件工程、物联网工程、智能科学与技术、数据科学与大数据技术、电子信息工程、通信工程、自动化、机器人工程、电子商务
沈阳航空航天大学	辽宁省、教育部、中国航空工业集团三方共建	计算机科学与技术、软件工程、网络工程、物联网工程、电子信息工程、通信工程、自动化、信息管理与信息技术、数字媒体艺术
沈阳建筑大学	省一流重点建设高校	计算机科学与技术、数据科学与大数据技术、通信工程、人工智能、自动化
沈阳师范大学	普通高校	计算机科学与技术、软件工程、网络工程、数据科学与大数据技术、电子信息工程、网络与新媒体
辽宁工程技术大学	省一流重点建设高校	计算机科学与技术、软件工程、网络工程、数据科学与大数据技术、数字媒体技术、电子信息工程、通信工程、人工智能、自动化、机器人工程
沈阳化工大学	省一流重点建设高校	计算机科学与技术、软件工程、网络工程、物联网工程、数据科学与大数据技术、信息与通信工程、人工智能、自动化
沈阳理工大学	省一流学科	计算机科学与技术、网络工程、物联网工程、智能科学与技术、虚拟现实技术、电子信息工程、通信工程、自动化、机器人工程、电子商务
沈阳大学	省一流学科	物联网工程、数据科学与大数据技术、电子信息工程、通信工程、人工智能、自动化、机器人工程
沈阳工程学院	省一流学科	计算机科学与技术、软件工程、物联网工程、网络空间安全、数据科学与大数据技术、数字媒体技术、电子信息工程、通信工程、人工智能、自动化、机器人工程
辽宁工业大学	省一流学科	计算机科学与技术、软件工程、物联网工程、数据科学与大数据技术、电子信息工程、通信工程、自动化、机器人工程

续表

学校名称	类型	相关专业
渤海大学	省一流学科	计算机科学与技术、软件工程、物联网工程、智能科学与技术、数据科学与大数据技术、自动化、通信工程、电子信息工程
辽宁科技大学	省一流学科	计算机科学与技术、软件工程、网络工程、物联网工程、数据科学与大数据技术、自动化、机器人工程、电子信息工程、通信工程
辽宁石油大学	省属重点	计算机科学与技术、软件工程、智能科学与技术、数字媒体技术、通信工程、自动化、人工智能
吉林大学	国家"双一流"建设高校	计算机科学与技术、软件工程、网络与信息安全、物联网工程、数据科学与大数据技术、电子信息工程、自动化、人工智能
东北师范大学	国家"双一流"建设高校	计算机科学与技术、软件工程、智能科学与技术、电子信息科学与技术、数据科学与大数据技术、数字媒体技术
延边大学	国家"双一流"建设高校	计算机科学与技术、电子信息工程、通信工程、人工智能、电子商务
长春理工大学	省一流重点建设高校	计算机科学与技术、软件工程、信息安全、网络工程、数据科学与大数据技术
长春工业大学	省一流重点建设高校	计算机科学与技术、软件工程、数据科学与大数据技术、数字媒体技术、信息安全、电子信息工程、人工智能、机器人工程
吉林农业大学	省一流重点建设高校	计算机科学与技术、物联网工程、数据科学与大数据技术、电子信息科学与技术、自动化
长春师范大学	省一流重点建设高校	计算机科学与技术、数据科学与大数据技术、人工智能、跨境电子商务
长春大学	普通高校	计算机科学与技术、软件工程、网络工程、网络空间安全、人工智能
长春工程学院	普通高校	计算机科学与技术、软件工程、物联网工程、数据科学与大数据技术

学校名称	类型	相关专业
吉林财经大学	省一流重点建设高校	计算机科学与技术、信息管理与信息系统、数据科学与大数据技术、大数据管理与应用、电子商务
吉林师范大学	省重点大学	计算机科学与技术、数据科学与大数据技术、软件工程、网络空间安全、光电信息科学与工程、通信工程、电子信息工程
东北电力大学	省重点大学	信息与计算科学、计算机科学与技术、软件工程、电子信息工程、通信工程、电子信息科学与技术、自动化、智能科学与技术、智能电网信息工程、数字媒体艺术
吉林建筑大学	普通高校	计算机科学与技术、软件工程、网络工程、信息安全、电气工程及其自动化、建筑电气与智能化、自动化、电子信息工程、电子信息科学与技术
哈尔滨工业大学	国家"双一流"建设高校	计算机科学与技术、软件工程、网络空间安全、信息安全、物联网工程、数据科学与大数据技术、数字媒体技术、电子信息工程、通信工程、智能视觉工程、自动化、机器人工程、智能装备与系统、人工智能
哈尔滨工程大学	国家"双一流"建设高校	计算机科学与技术、软件工程、信息安全、电子信息工程、通信工程、人工智能、自动化、机器人工程
东北林业大学	国家"双一流"建设高校	计算机科学与技术、软件工程、数据科学与大数据技术、电子信息工程、通信工程、人工智能、自动化、机器人工程
东北农业大学	国家"双一流"建设高校	计算机科学与技术、软件工程、物联网工程、数据科学与大数据技术、人工智能
黑龙江大学	省一流重点建设高校	计算机科学与技术、软件工程、网络工程、物联网工程、网络空间安全、数据科学与大数据技术、电子信息工程、通信工程、自动化

学校名称	类型	相关专业
哈尔滨理工大学	省一流重点建设高校	计算机科学与技术、软件工程、网络工程、物联网工程、网络空间安全、数据科学与大数据技术、电子信息工程、通信工程、人工智能、自动化、机器人工程
东北石油大学	省一流重点建设高校	计算机科学与技术、软件工程、物联网工程、网络空间安全、数据科学与大数据技术、电子信息工程、通信工程、人工智能、自动化、机器人工程
哈尔滨师范大学	省一流重点建设高校	计算机科学与技术、软件工程、物联网工程、数字媒体技术、数据科学与大数据技术、电子信息科学与技术、跨境电子商务
哈尔滨商业大学	省一流学科建设高校	计算机科学与技术、软件工程、物联网工程、数据科学与大数据技术、电子信息工程、机器人工程
黑龙江科技大学	普通高校	计算机科学与技术、软件工程、物联网工程、数据科学与大数据技术、电子信息科学与技术、电子信息工程、通信工程、人工智能、自动化
齐齐哈尔大学	普通高校	软件工程、计算机科学与技术、数据科学与大数据技术、物联网工程、通信工程、人工智能、自动化
佳木斯大学	普通高校	计算机科学与技术、电子信息工程、通信工程、自动化、机器人工程
黑龙江八一农垦大学	普通高校	计算机科学与技术、数据科学与大数据技术、电子信息工程、通信工程

数据来源：各高校官方网站。

三、东北软件类本科专业建设水平

参照所选取的六大软件类本科专业在"软科2023中国大学专业排名"情况，对东北软件类本科专业建设水平进行评估。"软科中国大学专业排名"于

2021 年首次发布，排名覆盖 93 个专业类的 700 多个本科专业，发布 3 万余个
专业点，是迄今为止规模最大的中国大学本科专业排名。排名采用"学校—
学科—专业"三层次专业竞争力评价框架，设置学校条件、学科支撑、专业
生源、专业就业、专业条件 5 个指标类别和 25 项指标，对 1200 多所高校的 6
万个本科专业点进行动态监测式评价。① 综合评级规则共分为 6 档，专业综合
排名位次为前 2% 或前 2 名的为 A+ 级，2%—10% 的为 A 级，10%—30% 的
为 B+ 级，30%—50% 的为 B 级，50%—70% 的为 C 级（未发布），70% 以后
的为 D 级（未发布），我们主要关注的是 A+、A、B+、B 等级专业。从六大软
件类本科专业在"软科中国大学专业排名"中入榜（即 A+、A、B+ 和 B 级专
业）总体情况来看（详见表 6-6），东北三省共有 192 个专业入榜（全国共有
1918 个专业入榜），在全国占比 10%。其中辽宁入榜数量最多，共有 92 个专
业，包括 1 个 A+、11 个 A、35 个 B+ 和 45 个 B 级专业；其次是黑龙江有 54
个专业入榜，包括 5 个 A+、5 个 A、20 个 B+ 和 24 个 B 级专业；最后是吉林
有 46 个专业入榜，包括 7 个 A、17 个 B+ 和 22 个 B 级专业。

表 6-6　东北三省软件类本科专业入榜的总体情况

软件类专业	辽宁				吉林				黑龙江			
	A+	A	B+	B	A+	A	B+	B	A+	A	B+	B
计算机科学与技术	0	3	12	9	0	2	6	5	1	1	5	6
软件工程	1	1	7	8	0	1	3	5	1	1	4	5
电子信息工程	0	3	5	12	0	1	4	4	1	1	4	4
数据科学与大数据	0	2	9	7	0	2	3	6	1	1	5	6
人工智能	0	2	2	7	0	1	1	2	1	1	2	3
虚拟现实	0	0	0	2	0	0	0	0	0	0	0	0
总计	1	11	35	45	0	7	17	22	5	5	20	24

数据来源：2023 年软科中国大学专业排名。

① 刘薇 . 新疆 13 个专业位列前 20［N］. 乌鲁木齐晚报（汉），2022-06-28（A07）.

　　计算机科学与技术专业东北三省入榜院校数量最多，共有 50 所院校入榜，在全国占比 20.53%。辽宁入榜院校最多，有 24 所；吉林与黑龙江持平，有 13 所。从专业级别来看，入榜 A+ 级专业的院校仅有 1 所在黑龙江，即哈尔滨工业大学；A 级专业入榜院校辽宁最多有 3 所，吉林有 2 所，黑龙江有 1 所；B+ 级专业入榜院校最多，共有 23 所院校入榜，其中辽宁最多，有 12 所，吉林有 6 所，黑龙江有 5 所；B 级专业入榜院校数量仅次于 B+ 级，有 20 所，其中辽宁最多，有 9 所，其次是黑龙江有 6 所，吉林有 5 所。

　　软件工程专业东北三省共入榜 37 所高校，在全国占比 11.3%，其中辽宁入榜院校最多，有 17 所；黑龙江次之，有 11 所；吉林最少，有 9 所。从专业级别来看，A+ 级专业辽宁与黑龙江各有 1 所院校入榜，分别是大连理工大学和哈尔滨工业大学；A 级专业入榜院校较少，三省仅各有 1 所；B+ 级专业辽宁入榜数量最多，有 7 所，其次是黑龙江和吉林；B 级专业入榜院校最多，共有 18 所高校入榜，其中辽宁最多，有 8 所，吉林和黑龙江各有 5 所。

　　电子信息工程专业东北三省共入榜 39 所院校，在全国占比 11.2%，其中辽宁入榜院校最多，有 20 所，黑龙江与吉林数量接近，分别是 10 所和 9 所。从专业级别来看，入榜 A+ 级专业的院校仅有 1 所在黑龙江，即哈尔滨工业大学；A 级专业入榜院校辽宁最多，有 3 所，黑龙江与吉林各有 1 所；B+ 级专业东北三省入榜数量分布均匀，辽宁有 5 所，吉林与黑龙江各有 4 所；B 级专业入榜院校最多，共有 20 所，其中辽宁有 12 所，吉林和黑龙江各有 4 所。

　　数据科学与大数据技术专业东北三省共入榜 42 所高校，在全国占比 11.35%，其中辽宁入榜院校最多，有 18 所；黑龙江次之，有 13 所；吉林最少，有 11 所。从专业级别来看，入榜 A+ 级专业的院校仅有 1 所在黑龙江，即哈尔滨工业大学；A 级专业入榜院校辽宁和吉林最多，各有 2 所，其次是黑龙江有 1 所；B+ 级专业辽宁入榜数量最多，有 9 所，其次是黑龙江和吉林，分别有 5 所和 3 所；B 级专业入榜院校最多，共有 19 所高校入榜，且东北三省入榜数量分布均匀。

　　人工智能专业东北三省共入榜 22 所院校，在全国占比 8.9%，其中辽宁入榜院校最多,有 11 所;黑龙江有 7 所;吉林有 4 所。从专业级别来看,入榜 A+ 级专业的院校仅有 1 所在黑龙江,即哈尔滨工业大学;A 级专业入榜院校辽宁最多有 2 所、黑龙江与吉林各有 1 所;B+ 级专业辽宁和黑龙江各入榜 2 所,吉林入榜 1 所;B 级专业入榜院校最多,且辽宁入榜高校数量最多,有 7 所,黑龙江其次,有 3 所,吉林有 2 所。

虚拟现实技术专业东北三省共入榜 2 所院校,在全国占比 12.5%,且都为 B 级,分别是专业排名第 13 的大连东软信息学院和专业排名第 15 的大连理工大学城市学院。

从东北三省入榜软件类本科专业中 A+ 与 A 级的院校来看,如表 6—7 所示,共有 7 所高校获得 A 级以上软件类专业,其中辽宁 3 所,吉林 2 所,黑龙江 2 所。在这 7 所高校中获得 A+ 级专业最多的学校是哈尔滨工业大学,有 5 个软件类专业均为 A+ 级,其中数据科学与大数据技术专业排名全国第一;其次是大连理工大学有 1 个 A+ 级专业和 3 个 A 级专业,其中 A+ 级软件工程专业在全国排名第 8,A 级专业有计算机科学与技术、电子信息工程和人工智能;东北大学、吉林大学和哈尔滨工程大学均有 5 个 A 级专业;大连海事大学有 3 个 A 级专业,分别是计算机科学与技术、数据科学与大数据技术、电子信息工程;东北师范大学也有 2 个 A 级专业,分别是计算机科学与技术、数据科学与大数据技术。

表 6-7　东北三省入榜软科 A/A+ 级院校总体情况

学校	A+	A
哈尔滨工业大学	5	—
大连理工大学	1	3
东北大学	—	5
哈尔滨工程大学	—	5
吉林大学	—	5

续表

学校	A+	A
大连海事大学	—	3
东北师范大学	—	2

数据来源：2023 年软科中国大学专业排名。

表 6-8 给出东北三省入榜软件类本科专业中 A+ 与 A 级的院校的排名情况，其中哈尔滨工业大学在计算机科学与技术、数据科学与大数据技术、电子信息工程、软件工程、人工智能 5 个专业全部排入全国前 10 名，大连理工大学软件工程专业也排入全国前 10 名。

表 6-8　东北三省入榜软科 A/A+ 级院校排名情况

专业	计算机科学与技术（共 487 所）	数据科学与大数据技术（共 370 所）	电子信息工程（共 347 所）	软件工程（共 327 所）	人工智能（共 248 所）
哈尔滨工业大学	3	1	4	8	7
大连理工大学	24	—	16	8	24
东北大学	20	22	31	17	31
吉林大学	26	25	41	30	34
哈尔滨工程大学	53	31	19	44	45
大连海事大学	76	53	57	—	—
东北师范大学	93	46	—	—	—

数据来源：2023 年软科中国大学专业排名。
注：表中数字为专业排名位次，虚拟现实技术专业因东北三省院校暂未入榜 A/A+ 级，因此未列入此表。

从国家首批特色化示范性软件学院来看，东北三省共有 5 所高校入选，其中辽宁有 2 所，分别是大连理工大学、东北大学；吉林有 1 所，即吉林大学；黑龙江有 2 所，分别是哈尔滨工业大学和哈尔滨工程大学。

第二节　东北软件类人才培养及就业

东北的软件类院校、开设软件类专业的院校、信息类职业技术学院等，通过逐渐调整完善招生规模与层次结构，实施专业化信息技术教育，培养软件研发技能，学生毕业后主要从事软件开发和信息技术服务工作，实现软件人才培养与软件产业发展的有机融合。

一、东北软件类专业培养

从东北三省软件类专业开设院校 12 个软件类专业 2023 年的招生计划来看（详见表 6-9）[①]，2023 年东北三省各高校 6 个软件类本科专业计划面向全国招生 3.8 万余人，其中辽宁省招生规模位居首位，招生计划为 1.67 万人，在东北三省中占比 43.8%；吉林省和黑龙江省分别计划招生 0.98 万人和 1.16 万人。2023 年，东北三省各高校 6 个软件类专科专业计划面向全国招生近 5000 人，其中辽宁省招生规模仍然是最大的，招生计划为 3000 余人，在东北三省中占比 65.2%，吉林省和黑龙江省共计招生近 2000 人。总体来说，东北三省软件类人才储备以本科层次为主，辅之以专科层次。

表 6-9　东北三省软件类专业开设院校招生规模

（单位：人）

院校层次	辽宁	吉林	黑龙江	总计
本科	16670	9795	11584	38049
专科	3246	483	1311	5040
总计	19916	10278	12895	43089

① 根据各高校官方网站公布的 2023 年招生计划整理。

从东北三省各软件类专业的招生规模及结构方面来看，本科层次（详见表 6-10），2023 年招生规模位于前三名的软件类专业分别是计算机科学与技术、软件工程与电子信息工程，全国招生规模分别为 12358 人、9370 人与7038 人，均属于传统优势型软件类专业。相比之下，虚拟现实技术作为战略新兴型软件类专业，由于开设院校较少，其招生规模也比较小。结合各高校的办学性质进一步分析发现，辽宁省软件类专业开设院校中，公办高校在数量上占比 68.9%，在招生计划的规模上占比 71.2%；吉林省软件类专业开设院校中，公办高校在数量上占比 63.6%，在招生计划的规模上占比 67.7%；黑龙江省软件类专业开设院校中，公办高校在数量上占比 60.6%，在招生计划的规模上占比 56.7%。由此可以看出，东北三省本科层次的软件类人才培养主要以公办院校为主，平均占比在六成左右。与此同时，可以看到部分软件类专业的招生计划是以民办高校为主，如虚拟现实技术专业。民办本科院校充分发挥自身优势特色，运用灵活的办学体制与机制，主动聚焦国家发展战略、对接区域产业需求，优先增设战略新兴专业，在建设适应新技术、新产业、新业态、新模式的专业体系上下功夫，围绕产业链、创新链构建特色专业集群，在软件类人才培养方面发挥重要作用。

表 6-10　东北三省软件类专业招生计划——本科层次

专业名称	辽宁省		吉林省		黑龙江省	
	总计	公办占比	总计	公办占比	总计	公办占比
计算机科学与技术	5138	58.6%	3391	66.6%	3829	50.4%
软件工程	4965	74.9%	1672	78.3%	2733	52.1%
电子信息工程	2779	88.0%	1897	76.8%	2362	61.0%
数据科学与大数据技术	2301	73.7%	1720	61.9%	1664	58.4%
人工智能	1308	75.0%	1075	50.4%	963	83.4%
虚拟现实技术	179	12.3%	40	0.0%	33	0.0%
合计	16670	71.2%	9795	67.7%	11584	56.7%

在专科层次（详见表 6-11），2023 年招生规模位于前 3 名的软件类专业分别是软件技术、大数据技术和人工智能技术应用，招生规模分别为 2154 人、1717 人与 531 人，大多为战略新兴型软件类专业。招生规模较小的工业软件开发技术专业为 2021 年新增设的专科专业，目前全国仅有 20 所院校开设相关专业，其中包括东北地区的 2 所院校。由于专业开设周期较短、布点院校较少，因此整体的招生规模受到影响。结合东北地区各高校的办学性质来看，辽宁省软件类专业开设院校中，公办高校在数量上占比 73.3%，在招生计划的规模上占比 36.3%；吉林省软件类专业开设院校中，公办高校在数量上占比 66.7%，在招生计划的规模上占比 76.2%；黑龙江省软件类专业开设院校中，公办高校在数量上占比 80%，在招生计划的规模上占比 88.8%。由此可见，东北三省在专科层次的软件类人才培养方面呈现出一定差异性，辽宁省以民办院校为主，吉林省和黑龙江省以公办院校为主。

表 6-11 东北三省软件类专业招生计划——专科层次

专业名称	辽宁省		吉林省		黑龙江省	
	总计	公办占比	总计	公办占比	总计	公办占比
软件技术	1335	30.9%	175	51.4%	644	75.2%
电子信息工程技术	141	77.3%	126	100%	162	100%
移动应用开发	133	100%	46	50.0%	0	0.0%
大数据技术	1252	23.7%	76	100%	389	85.1%
人工智能技术应用	355	63.9%	60	88.3%	116	100%
工业软件开发技术	30	0.0%	0	0.0%	0	0.0%
合计	3246	36.3%	483	76.2%	1311	88.8%

二、东北软件类专业就业

随着新一轮科技革命和产业变革孕育兴起，软件对经济社会高质量发展的支撑引领作用日益凸显，逐渐成为经济增长的有效驱动力，当今社会对于高素质的软件工程人才需求十分旺盛。根据麦可思的研究[①]，从2013年至2022年的本科生就业数据来看，作为传统优势型专业的软件工程和网络工程专业保持了10年来的强劲势头，位列本科生起薪前十名，稳定性极高。其中，软件工程多次位列前三，而网络工程也多次位居第三和第六名。此外，计算机科学与技术、信息安全和信息工程也9次位列榜单。麦可思最新发布的《2023年就业蓝皮书》中显示，作为战略新兴型专业的数据科学与大数据技术专业的毕业生月收入也位列前十名。随着以5G、元宇宙、虚拟现实等为代表的新一代信息技术与制造业的进一步融合，另外两个战略新兴型专业即人工智能与虚拟现实技术，同样成为热门人才培养方向。这些信息都清晰地反映出软件类专业在就业市场上的竞争力以及其就业质量的高度保障，东北三省的软件类专业在就业质量方面的表现优异。

根据辽宁省统计局2022年的统计年鉴数据，2021年度全省软件和信息技术服务业固定资产投资额增长速度为80.4%，信息传输、软件和信息技术服务业在岗职工人数合计超过了25万人，总工资额超过318亿元。在2022年全省经济运行情况中，计算机、通信和其他电子设备制造业增加值同比增长28.5%。就总体情况而言，软件相关行业发展迅猛，为软件类专业提供了广泛的就业机会。在应届毕业生就业方面，根据调研报告[②]，截至2021年，辽宁省内名列软科TOP100学校的公办和民办学校的软件类专业毕业去向落实率均表现优秀。其中，大连理工大学和东北大学的毕业去向落实率分别为97.04%和90.5%；而民办学校中，大连东软信息学院和沈阳工学院的毕业去向落实率也都在90%左右，这些数据均高于全国平均水平。辽宁省的软件和信息技术服务业近年来发展显著，投资增长和就业机会逐渐增加，软件类专业毕业生在就业市场上表现出色。

[①] 数据源自麦可思研究：2023年版就业蓝皮书（包括《2023年中国本科生就业报告》《2023年中国高职生就业报告》）。

[②] 数据源自各高校公开毕业生年度就业质量报告。

　　根据吉林省统计局 2022 年的统计年鉴数据，截至 2021 年末，吉林省的信息传输、软件和信息技术服务业的就业人员人数已经达到 4.5 万人，工资总额超出 42 亿元。此外，计算机、通信和其他电子设备制造业营业收入利润率为 10.7%，这项指标在全省统计的行业中名列前茅。吉林省 2022 年国民经济和社会发展统计公报还显示，2022 年度吉林省的信息传输、软件和信息技术服务业增加值也已达 576.21 亿元，比前一年增长了 8.6%。在应届毕业生就业方面，同样以吉林省内名列软科 TOP100 学校的公办和民办学校为例[①]，公办大学中，吉林大学软件学院 2021 年的毕业生中，总体毕业去向落实率和本科毕业生的毕业去向落实率分别达到 85.11% 和 80.75%。其中选择在信息传输、软件和信息技术服务业的学生人数占比为 12.64%，数据显示，该行业处于该校学生就业选择的前五大行业之中。民办院校中，吉林建筑科技学院 2021 年的计算机科学与工程学院（含计算机科学与技术、网络工程、软件工程、物联网工程）总体毕业去向落实率也达到 96.86%，长春光华学院 2021 年电气信息学院（含计算机科学与技术、电气工程及其自动化、物联网工程、数字媒体技术）毕业去向落实率则有 93.08%。总体而言，吉林省在信息传输、软件和信息服务行业中表现卓越，相关增长较为稳定，有良好的吸纳应届毕业生的能力。

　　根据黑龙江省统计局 2022 年的统计年鉴数据，截至 2021 年末，黑龙江省信息传输、软件和信息技术服务业的就业人员人数已经超出 5.8 万人，工资总额达到 55 亿元。全省软件和信息技术服务业固定资产投资额增长速度为 18.1%。毕业去向落实率方面，与前两个省相同，仍旧选取省内名列软科 TOP100 学校的公办和民办学校进行分析。以哈尔滨工业大学的软件学院 2019 届为例，本科生毕业去向落实率高达 97.10%，硕士 98.37%，博士则有 97.83%。在就业行业方面[②]，哈尔滨工程大学 2021 届的本科毕业生就业主要集中在信息传输、软件和信息技术服务业与制造业，人数分别占

---

① 数字源自各高校公开毕业生就业质量报告。

② 数字源自各高校公开毕业生就业质量报告。

就业人数的 22.37% 和 18.25%。民办学校中，处于前 100 的是黑龙江东方学院，其信息工程学院毕业去向落实率为 84.8%，计算机科学与技术、软件工程专业的毕业去向落实率分别有 88.89%、86.59%。黑龙江在信息技术和研究服务等软件相关类行业的人才需求规模较大[1]，提供了众多的就业机会，而本省高校在软件类行业方面的人才培养表现出色，能够为软件类行业输送大量优秀人才。

三、东北软件类人才分布

根据猎聘大数据研究院发布的《2022 年东北地区人才趋势报告》，沈阳、大连、长春、哈尔滨四个城市聚集了东北地区 80% 左右的人才，沈阳一城便占据了 27.61%。东北地区最新发布的职位统计显示（详见表 6-12），职位数量最多的地区仍是沈阳，占比 30.53%，其次为大连占比 22.71%，长春和哈尔滨合计占比 30% 左右。由此可见，上述四个城市肩负着促进东北地区经济增长、推动产业结构调整、提升东北老工业基地整体竞争力的重任。与此同时，四个城市的高等教育与区域经济发展基本形成了协调良好的互动机制，一方面高等教育为区域经济发展提供充足的人力资本，另一方面区域经济及产业发展为人才提供高质量就业机会。

表 6-12　东北职位发布城市分布 TOP10

城市	需求占比	城市	需求占比
沈阳	30.53%	大连	22.71%
长春	16.76%	哈尔滨	12.63%
吉林	1.42%	鞍山	1.23%
大庆	1.05%	营口	1.03%
锦州	0.94%	齐齐哈尔	0.87%

---

[1] 信息源自黑龙江省人民政府网调研问答。

第三节　东北特色化示范性软件学院

设立特色化示范性软件学院是适应新时代软件人才培养要求的特色化专业人才培养的新举措。特色化示范性软件学院通过探索具有中国特色的软件人才产教融合培养路径，培养满足产业发展需求的特色化软件人才，推动关键软件技术突破、软件产业生态构建、国民软件素养提升，形成一批具有示范性的高质量软件人才培养新模式。目前，国家示范性软件学院达到了 37 所，其中东北地区拥有 5 所。

一、东北大学软件学院

东北大学软件学院是 2001 年 12 月经教育部和国家计委批准设立的首批 35 所国家示范性软件学院之一，是 2021 年 12 月经教育部、工信部批准的首批 33 所特色化示范性软件学院之一。学院始终坚持面向国家战略、软件产业和区域发展需求，培养实用性、复合型、国际化的拔尖创新精英软件人才，推动智慧健康、金融科技等产业关键软件技术突破，构建良好的软件产业生态体系。

学院以企业需求为输入，以适应企业需求的合格软件人才为输出，构建理论教学体系。从培养计划制定、课程体系设置、教学内容、培养过程等方面引入企业深度参与，建立企业人才需求征集制度，参考企业对软件人才的需求信息，制定和调整人才培养方案。课程体系以"课群+模块"的方式进行组织与管理，通过模块及模块内课程的动态调整，紧随行业技术演进，相伴软件产业发展。学院以课程实验、程序实践、项目实训、企业实习为主体，以企业实际需求为导向，以培养学生能力为核心，积极进行教学模式改革与创新，创建了一整套与企业实际需求有效结合的实践教学体系。优化人才培养方案，构建创新创业教育课程体系，建立创新创业实践基地，打造集成果展示、应用体验、技术交流、创业孵化于一体的学生创新创业成果体验中心。建立全球化专业视角，适应多文化工作环境，培养国际软件行业稀缺的、英语精通、技术过硬的高级软件人才。

学院成立之初就确立了校企协同育人的办学模式，经过多年探索实践，校企融合不断深入，在机构组建、教学团队建设、教学资源引进、校外基地建设等方面，明确了企业参与和运行方式，形成了一套高效、务实、灵活的校企协同育人机制。学院有一支由企业技术骨干组成的兼职教师团队，一定比例的企业专家参与教学相关的研究、咨询、指导、评估、服务，确保人才培养各项决策与社会和企业的需求相一致。同时，借助企业资源建设案例库、项目库，以软件产品从研发到运行的生命周期为载体，确保知识掌握与社会实际需求不脱节，扩大高端企业实习基地规模，与百度、腾讯、字节跳动、小米、京东等几十家企业签署协议建立校外实习实训基地。

学院以"软件创造价值，教育塑造灵魂"为办学理念，坚持"依托优势、改革创新、面向需求、多元合作、质量第一、品牌运作"的办学思路，已成为国家实用性高级软件人才培养模式创新实验区、国家软件人才国际培训基地，建有国家级实验教学示范中心、辽宁省云计算工程技术研究中心、辽宁省基于大数据的信息产业共性技术创新中心、辽宁省虚拟仿真实验教学示范中心。[1]学院培养的软件专业毕业生成为东北软件产业发展的重要力量。

二、大连理工大学软件学院

大连理工大学软件学院成立于 2000 年，于 2001 年入选教育部首批国家示范性软件学院，2021 年入选教育部首批特色化示范性软件学院。学院现有软件工程、网络工程、数字媒体技术 3 个本科专业，均入选国家一流本科专业建设点，设有软件工程、智能系统、机器学习、大数据、网络空间安全、几何计算与智能媒体技术研究所，以及教育部、省级重点实验室和市级

---

[1] 王书睿. 面向未来突出特色——东北大学软件学院简介 [J]. 中学地理教学参考, 2022 (10)：105.

平台。学院面向国家战略领域软件人才需求、新工科建设需求，突出大型工业、新型平台软件和嵌入式高端软件人才培养特色，以大型工业软件人才培养体系和人才培养核心能力建设为"主体"，以面向大型工业装备的智能嵌入式软件核心技术、面向大型工业领域的新平台应用开发为"两翼"，遵循"一体两翼"特色化软件学院建设思路，探索特色化示范性软件学院建设发展途径，培养具有自主创新能力的高级复合型软件拔尖人才。

学院建设"校内厚基础+校外特色化"内外双循环的软件工程专业教学体系，聚焦大型工业软件、嵌入式软件、新平台软件，突出新工科人才培养内涵，打造校企联合品牌，形成多种校企协同创新新模式。坚持企业参与特色软件人才培养方案制定及课程建设，与特色软件行业国家领军企业合作，以科研项目为牵引推进校企联合培养，围绕嵌入式软件领域持续开展学术研究、技术开发及人才培养。依托航天嵌入式软件领域的实际课题，开展研究生的联合培养，培养学生的综合设计能力和创新能力。

学院始终坚持以培养一流软件人才为目标，以提高人才培养质量为核心，以建设面向未来、适应需求、引领发展、理念先进、保障有力的一流专业为抓手，以校企协同为驱动，在专业建设、课程建设、教学资源、科研发展等方面，取得了一系列成果，培养了大批软件人才。

三、吉林大学软件学院

吉林大学软件学院成立于 2001 年，是由教育部和国家计委联合批准设立的首批国家示范性软件学院之一，2011 年成为获得软件工程一级学科博士学位授予权的首批单位之一，2021 年成为教育部批准的首批特色化示范性软件学院。学院有计算机科学与技术、软件工程和数学 3 个一级学科和 12 个省部级重点实验室或工程中心，共享计算机科学与技术学院、数学学院的各类教育资源。

学院不断改进软件人才培养模式，落实产教融合，探索具有学校特色的软件人才产教融合培养路径，培养满足产业发展需求的特色化软件人才，推动关键软件技术突破和软件产业生态构建，培养一批高质量的智能软件类卓越复合型人才。致力于培养厚基础、宽口径善于解决复杂工程问题，具有人工智能背景，拥有宽阔国际化视野和独立创新能力，面向人工智能、大数据等领域的软件工程师、算法工程师和研究学者。突出对学生专业知识和专业技能的培养，强调软件开发的工程性，着力打造线上线下融合实践教学平台，深化校企协同育人机制，使学生熟练掌握从事软件需求分析、设计、测试、维护和项目管理的基础知识、基本方法和技能。

学院重视与企业的合作，以产学研合作方式一体推进教育、科技、人才良性循环，先后与百度、中科方德、吉大正元、腾讯、华为、字节跳动等公司签署合作协议，共同构建产教融合人才培养新模式。学院充分发挥"人工智能＋大数据"科研优势、教学育人改革取得的成果和经验，全面建设面向智能行业应用软件的特色化示范性软件学院，与企业共同解决人工智能等产业发展面临的重大核心技术问题，在人工智能核心算法创新设计、人工智能平台框架生态构建、人工智能赋能网络空间安全和自主基础软件生态构建方面，承担特色化示范性建设的历史使命。

四、哈尔滨工业大学软件学院

哈尔滨工业大学是国家重点支持的 9 所高校之一，1956 年在我国最早设立了计算机专业，拥有一流的计算机科学与技术学科、实力雄厚的师资队伍，2000 年创办软件学院。哈尔滨工业大学软件学院作为国家示范性软件学院之一，面向国家重大战略需求、社会经济发展主战场和学科发展前沿，面向软件产业需求，充分利用计算机学科的综合优势，依托软件工程一级学科，坚持"国际化、工业化、高质量、高速度"的办学理念，创办一流的软件学院，营造一流的办学环境，建设一流的工业化师资队伍，聚焦软件工程领域的复杂工程问题求解，培养具有国际化、工业化特色的高端人才。

哈尔滨工业大学软件学院以工业化为鲜明特色，20 多年来已形成了一套适应国内外企业需求的工业化软件人才教育体系，面向产业人才需求和技术发展前沿，建立了系统完善的软件工程人才工业化培养体系，体现在工业化办学定位、工业化教育观、工业化教学体系及质量标准、工业化师资队伍等方面，营造了良好的工业化办学氛围，培养了大批工程创新能力强的学生。

学院基于优秀项目成果与人才培养模式，打造新工科的软件工程专业人才培养体系，深化校企合作，在培养方案、课程教材、联合实验室、学生俱乐部、工业实训、实习基地建设、合作技术研发等方面深度融合，将开源软件引入教学，参与开源软件项目，支持国产软件发展。

五、哈尔滨工程大学软件学院

哈尔滨工程大学软件学院于 2008 年正式成立，2021 年获批教育部首批特色化示范性软件学院，是教育部计算机类专业教指委系统能力培养改革试点院校。学院充分发挥"船海"特色与优势学科方向，以大型船舶工业软件为切入点，以特色化软件人才培养为目标，以深度校企合作为软件人才质量提升的突破口，形成了"船舶领域导向、理论实践并举、校企深度合作、多维协同育人"的办学特色。

目前，学院拥有计算机科学与技术和软件工程 2 个一级学科博士点、1 个电子信息领域工程硕士点和 1 个机械领域工程博士点，以及计算机科学与技术博士后流动站。计算机科学与技术、软件工程和信息安全专业均通过工程教育认证，计算机科学与技术、软件工程及信息安全专业为"国家级一流专业"[1]，学院三个本科专业全部进入"双万计划"专业建设行列。学院瞄准船舶大型工业软件领域，坚持产教融合总体思路，强化多元师资队伍育人能力建设，优化学院和工业软件领域龙头企业协同机制，充分融入社会资源，创新校企协同办学模式，探索具有中国特色的船舶工业软件产教融合人才培养路径。

学院构筑了特色鲜明的创新人才培养体系，通过强化科教育人及深度融合，提升人才培养全过程参与科研实践比重，激发学生勤学善学、勇于探索

---

① 常亮. 能力牵引的计算机类工程应用型人才培养体系 [J]. 教育教学论坛，2021（20）：129-132.

的创新潜力。学院建设了"哈工程—华为"智能基座产教融合协同育人基地，"智海 AI 课程虚拟教研室"获评教育部首批虚拟教研室。学院与中望龙腾、同元软控等十余家自主工业软件龙头企业，在课程建设、教材编制、师资队伍、实训平台建设等方面开展了全方位深度合作，成立了多个校企联合实验室及实习实践基地。学院与中船集团 702 所等行业内十余家单位，面向国家船舶工业软件完全自主可控和高质量发展的需求，联合开展关键核心技术攻关，促进软件生态体系建设。

第四节　东北软件类民办本科及高职学院

开展大规模职业技能培训，是提升劳动者就业创业能力、缓解就业结构性矛盾、促进扩大就业的重要举措，也是推动经济社会高质量发展的重要支撑。为加快培养高素质劳动者和技术技能人才，东北各地在支持发展公立院校软件学院的同时，积极推动软件类民办本科及高职学院、专科层次人才培养院校建设，为东北乃至全国软件产业发展输送了大量软件专业人才。

一、大连东软信息学院

大连东软信息学院成立于 2000 年，是经教育部批准设立的以工学为主，工学、管理学、艺术学、文学、医学等学科相互支撑、协调发展的民办普通高等院校。学校现有软件园校区和博川校区，总占地面积 83.3 万平方米，全日制在校生 2 万余人。学校聚焦"IT+ 数媒 + 健康医疗科技"领域，构建了计算机与软件类、智能与电子类、数字媒体与设计类、信息与商务管理类、健康医疗科技类五大优势专业集群，设置了计算机与软件学院、信息与商务管理学院、智能与电子工程学院、数字艺术与设计学院等 13 个教学机构，36 个本科专业，7 个专科专业。

学校坚持服务行业及区域经济发展的应用型办学定位，紧密依托东软的

IT 服务优势和大连高新区的产业优势，构建了产教融合、面向应用的办学体制，形成了校企合作、协同共赢的运行机制，实现了人才培养与产业需求、企业需求的互补对接。学校成立至今，已为社会各界培养了近 65000 名毕业生，学生进入中国五百强、世界五百强等海内外知名企业，如国家电网、中国移动、中国电信、华为、腾讯、百度、小米、中芯国际、IBM、思科、埃森哲等。2017 年成为辽宁省首批向应用型转变的 10 所示范高校之一。

学校致力于成为有特色、高水平、创业型应用技术大学，以工学为主，工学、管理学、艺术学、文学等学科相互支撑，服务于 IT、健康产业及相关行业。在 2012—2014 年三个年度辽宁省面向全省本科高校开展的本科专业综合评价中，学校参评的 11 个专业中有 7 个位于全省前三名。截至目前，学校共有 7 个国家级一流本科专业建设点，分别是：计算机科学与技术、软件工程、数字媒体技术、电子信息工程、集成电路设计与集成系统、电子商务、动画；8 个省级一流本科专业建设点。国家级一流本科专业建设点获批数量居全国民办高校第一。建校以来，学校共获省级以上教学成果奖 72 项，其中国家级教学成果一等奖 2 项、二等奖 2 项。

大连东软信息学院基于东软集团和大连软件园的产业背景，通过与企业的密切互动，使学校的人才培养更加贴近产业的发展。通过校企对接，为学生创造实习实践机会，全面提升了学生的专业实践能力。通过开展研发合作、师资共建、人才输送等多种形式的校企合作，全面提升了人才培养质量。学校先后被教育部评为"全国首批 99 所深化创新创业教育改革示范高校""全国首批 50 所创新创业典型经验高校""全国高校实践育人创新创业基地"，并获批科技部火炬中心"国家级众创空间"、辽宁省"大学科技园"、首批大学生创业孵化示范基地、首批大学生创新创业教育实践基地、首批大学生创业项目选育基地等多项荣誉资质。

二、沈阳北软信息职业技术学院

沈阳北软信息职业技术学院始建于 2001 年，前身是沈阳航空航天大学北方软件学院，2012 年由教育部批准更名为沈阳北软信息职业技术学院，是辽宁省省级示范性软件学院。

北软作为辽宁省"兴辽卓越"高职专业群建设单位，形成了特色的计算机与安全专业群（省级示范专业）、航空与智能制造专业群（计算机＋数控＋航空）、大数据与商务专业群（计算机＋外语＋商务）、数字设计专业群（计算机＋创意设计）、软件与人工智能专业群（智能＋软件），开设专业 30 个。其中，软件技术、计算机应用技术、大数据技术、飞机机电设备维修、电子商务专业为省级现代学徒制试点专业，计算机专业群为省级高水平特色专业群，信创产业学院获批辽宁省兴辽产业学院。近年来，获得省级教学成果奖13 项，教学成果一等奖 3 项。

北软与其举办者沈阳格微软件有限责任公司具备"企驻校、校进企"的天然优势，多年来共同打造多个教学实践平台即格微协同翻译生产线（国家级教学实践平台）、航空发动机知识化设计支撑平台（国防专项教学实践平台）、工艺规程协同编制平台（国防专项教学实践平台）、专题情报平台（省级专项教学实践平台）、格微协同协作平台（省级专项教学实践平台）、数字生态校园平台（省级专项教学实践平台）、智能巡检云平台（省级专项教学实践平台），将企业的实际需求融入课程设计之中，通过产、学、研、用一体化的发展模式，构建了独具特色的职业教育改革北软体系。

学院先后为国防、兵工、航空航天、装备制造、软件"互联网＋"应用等行业领域，培养了万余名计算机、航空、数控、电子商务、外语和数字媒体类专业人才，是辽宁省技能型领军人才和实用人才培养重要基地。作为辽宁省唯一具备航空特色的职业技术学院，是中国航空企业急需人才的输送基地，也是国内最大的工程资料协同翻译基地。

三、吉林电子信息职业技术学院

吉林电子信息职业技术学院位于吉林市，始建于 1964 年，时称"吉林有色金属工业学校"，2002 年升格为高等职业技术学院。

学校设有电子与通信工程学院、软件工程学院等 11 个教学单位，其中移动通信技术专业群、软件技术专业群、智能制造专业群、智能建造专业群、绿色智能矿冶技术专业群等 9 个专业群被确定为吉林省特色高水平高职专业（群）建设项目，软件技术专业被确定为国家紧缺人才培养试点专业。学校先后与中国第一汽车集团有限公司、中国中车长春轨道客车股份有限公司、中国黄金集团公司、奇瑞捷豹路虎汽车有限公司等单位开展合作交流，并与华晟经世、中德诺浩、大连东软、大唐移动、中航未来、北京正保等知名企业开展合作办学。

学校是吉林省首批设立职业技能鉴定训练基地院校之一，先后被确定为"国家职业技能鉴定基地""吉林省职业技能鉴定基地"。作为吉林省首批"1+X"证书制度试点院校，负责 Web 前端开发、建筑信息模型（BIM）、工业机器人操作与运维、业财一体信息化应用等 16 个"1+X"证书制度试点。

第七章
东北软件园区发展概述

软件园区是软件产业发展的核心区域和重要载体，是支撑软件产业创新发展的集聚区和规模化发展的增长极，是提供综合服务、推动就业创业、促进技术创新的关键力量。东北地区最早建设了软件园区，大连成为国家级软件产业基地和国内首个"官办民助"软件园区，沈阳建设了东大软件园，吉林省长春和黑龙江省哈尔滨、大庆也相继设立了软件产业园，为东北软件产业发展提供了平台和载体。本章重点介绍东北软件园区的发展过程和主要特色，进一步探索软件园区发展规律，加快东北软件产业协同化、规模化、国际化进程，促进东北全面振兴实现新突破。

第一节　辽宁省软件园区发展状况

辽宁省软件产业园区是软件产业发展的核心区，主要包括大连软件园、沈阳国际软件园等具有国际国内影响力的产业园区。大连软件园入驻软件企业千余家，沈阳国际软件园被工信部认定为"中国骨干软件园区十强"。辽宁软件产业园区通过提供软件企业、软件人才、软件技术发展的公用设施和成长环境，为软件产业发展做出了重要贡献。

一、大连软件园

大连软件园是中国较早建立的国家级软件产业基地之一。1998 年在大连高新技术产业园区设立，由亿达中国投资公司建设运营，是当时全国唯一"官助民办"的软件园区。后来相继建设了大连软件园信息谷园区、天地软件园、腾飞软件园等子园区。大连软件园是一个聚焦软件开发、信息技术服务及软件外包的产业聚集区，通过产学研结合、产业上下游衔接以及大中小企业协同发展，逐步形成了多方共赢的产业生态圈。园区企业的主要业务模块包括信息技术应用的多个领域，如软件开发、数据处理、"互联网+"、云计算、互联网金融、智慧医疗等，同时也培育了军民融合、智能制造、人工智能等新兴产业。园区的业态呈现出智能化、无污染、低能耗的特点，成为新型工业化示范区。

大连软件园通过提供良好的软件产业发展环境和完善的配套设施，吸引了众多软件和信息技术服务企业入驻，成为大连经济发展增长点。到 2023 年底，大连软件园已经入驻中外软件企业 700 多家，其中包括简柏特、IBM、埃森哲、思科、罗克韦尔等 60 家世界五百强企业的分支机构，以及东软集团（大连）股份有限公司、信华信技术股份有限公司、大连均联智行科技有限公司、大连中科创达软件有限公司、众安科技（大连）有限公司等从事新兴领域开发和信息技术应用的创新型企业。园区企业共登记软件著作权 4746 个，登记软件产品 5400 个，有效发明专利 1369 个，通过 ISO9001 认证的企业有 135 家，通过 CMM/CMMI 五级评估的企业有 16 家。园区内营业收入超过 10 亿元的企业达到 8 家，整个区域聚集高技术人才近 10 万人。

大连软件园是一个充满活力的智慧产业园区，大数据处理、人工智能、工业设计、芯片设计、智能制造、智慧医疗、文化创意等新技术和新业态正在快速发展，形成了多元化、高端化、绿色化的产业园区，提高了区域科技创新能力和绿色发展水平。大连软件园专注营造软件产业发展环境，实现与软件企业协同发展，得到了政府、企业和社会的广泛认可，先后被确定为"国家火炬计划软件产业基地""国家软件产业基地""国家软件出口基地"和

"中国服务外包基地城市示范区"，也是全球第一个获得联合国授予的"国际花园社区金奖"的产业园区。

大连软件园通过搭建针对性和实效性的专业平台，为客户提供全产业链服务，支持企业发展、科技创新、创业孵化、人力资源服务、智慧党群建设。软件园吸引高技能人才聚集，推动软件行业快速壮大，带动了相关产业发展，如互联网金融、智慧医疗和智能制造等领域。软件园的发展促进了产城融合，提升了国际化活力，提供了企业壮大和人才进步的机会，提高了区域竞争力和吸引力。软件园的国际化特色也使得大连成为国内外企业合作的重要城市，推动了大连的对外合作交流。大连软件园作为大连软件及信息服务业的核心区域，承担着促进中外高新技术企业健康发展的重要责任。通过不断引入新技术、新业态、新模式，开展技术研发、产品创新、服务升级，软件园企业能够适应市场需求变化，不断提高核心竞争力，促进企业发展、产业发展、城市发展。

目前，大连软件园整体运营面积已达 143 万平方米，累计容纳 1000 多家中外高科技企业，带动区域就业人口超 50 万人。在成为中日软件产业合作战略门户、东北亚服务外包中心、亚太软件和服务交付中心的同时，园区产业的多元化、高端化、融合化、先进性、创新性特征日趋显著，服务日臻完善，有望成为全球软件服务和创新中心。

二、沈阳国际软件园

沈阳国际软件园是辽沈地区规模和影响力大、科技创新产业集聚程度高、建设运营管理好的开放式软件园区，拥有 6 大区块、97 栋楼宇、使用面积约 90 万平方米、从业人员超 40000 人，目前正处于载体面积稳步扩大、产业集聚程度不断提升的高质量发展阶段。沈阳国际软件园秉承"实现企业办公理想，建设产业生态、助力客户成长"的使命，坚持"外引内育"的核心发展策略，大力引进和培育行业领军企业和高成长性科技企业，通过全要素集聚、全周期服务促进企业加速发展，打造产业创新生态，实现区域、产业、企业、园区协同共赢发展。沈阳国际软件园先后获得 20 余项国家级资质荣誉，被工信部评定为中国骨干软件园区十强、中国九大试点智慧园区之一、中国工业软件研发与服务领军园区、国家火炬计划软件产业基地；连续 6 年获得中软协评定的中国最具活力软件园荣誉称号。

近年来，沈阳国际软件园抓住建设"数字辽宁、智造强省"的机遇，持续集聚创新资源要素，加速壮大数字经济产业集群。到 2023 年底，园区入驻企业 1603 家，其中世界五百强企业分支 48 家，中国软件百强企业 23 家，上市公司及子公司 110 家；本土国家高新技术企业 337 家，规上入库企业 158 家，实现总收入 630 亿元。园区现有高级人才（科学家）创业团队 50 余个，国际顶尖人才创办企业 2 家，新型研发机构 7 家，"瞪羚"企业 23 家，种子"独角兽"企业 1 家。园区还培育了 30 余家本土成长的全国细分市场领军企业，22 家上市后备企业，其中 7 家企业计划近三年登陆资本市场。

沈阳国际软件园依托自身搭建的国内一流企业加速与育成服务体系，为企业提供全周期、全要素服务，将几人规模的初创项目、小微企业逐步培育成高新技术企业、"瞪羚"企业以及上市后备企业，在园区实现更大的企业发展规模，并发挥产业集聚效应，带动产业链上下游企业在园区协同发展。园区围绕人才、资本、技术等创新主体发展的核心要素，聚焦强化协同创新、技术攻关、资源集聚、科技成果转化、产学研合作等发展任务，开展全方位的资源整合和链接，形成了体系完备、要素齐全，涵盖"政产学研金创服"全链条产业要素，显著提升企业运营效率。近三年累计为园区科技企业直接、间接融资超 10 亿元，人才招聘近 3300 人，助力企业加速成长。

沈阳国际软件园持续完善企业孵化功能。园区自身拥有两个国家级科技企业孵化器（国际软件园和昂立信息园），与中嘉博众集团合作共建的国家级众创空间——博众青年创业工场。沈阳中科创新产业孵化园是园区投资引入的东北唯——家以面向中国科学院中青年科学家创新创业服务为主的科技企业孵化器。园区已培育孵化近 200 家有较高潜力的科技企业，并围绕企业育成、孵化加速、科技金融、商业运营等，构建了全链条产业体系和全要素创新发展生态。园区不断强化金融服务功能，通过设立基金管理公司——沈阳德鸿创展股权投资有限公司，重点面向园区及辽沈科技企业开展股权投资；通过引进金融服务机构，壮大盛京基金小镇，帮助科技企业解决融资难的问题。沈阳国际软件园与海创智库科技服务中心合作成立了海创人才创新创业服务中心（沈阳），策划组织人才交流活动，包括海外高层次人才项目对接会、双创周创新课堂、海智大赛海外专场、海归高层次专家座谈会等，每年为企业输送人才 1000 余人。园区注重深化产学研协同创新，积极建设和引进新型研发机构和创新资源，推动开放创新、技术创新和集成创新。目前已经组建沈阳国际软件园协同创新研究院，以联合研发中心（实验室）、协同创新工程中心等模式为企业提供核心技术支撑，打造共性技术服务平台。同时通过产业协会的平台，将园区产业生态圈外延不断扩展，吸引更多科技企业和创新资源在园区集聚，加速建成区域科技创新和新兴产业策源地。

沈阳国际软件园以建设全国领先的千亿级数字经济产业集聚区为目标，规划项目全部建成后，预计整体入驻企业将达 3000 家以上，产业规模达到 1000 亿元以上，从业人员约 10 万人，培育 100 家本土细分领域隐形冠军企业，成为辽沈乃至东北发展数字经济的核心平台、升级版的创新创业和科技成果产业化示范园区，加快向中国科技园区第一梯队迈进，助力辽宁全面振兴取得新突破。

三、东软软件园

东软软件园原名东大软件园，是由东软集团投资兴建的集软件研究、开发和产业于一体的多功能园区，是"国家火炬计划软件产业基地"第一批认定的四大软件园之一。东软软件园于 1997 年开园，经历近 30 年的发展，现在已拥有 A、B、C 三个园区，分别承担 IT 信息服务、IT 教育、医疗信息化功能，总占地面积达 145 万平方米。园区拥东软集团股份有限公司、东软医疗系统股份有限公司、沈阳东软熙康医疗系统有限公司、东软睿驰汽车技术（沈阳）有限公司、东软云科技（沈阳）有限公司、沈阳东软睿道教育服务有限公司等 30 多家以软件为核心高科技企业。员工总数达 22000 余人，主营业务包括智慧城市、智能网联汽车、智慧医疗健康、企业数字化转型、国际软件服务等。孵化形成一系列科技创新型企业，构建了以软件为核心的大健康、大汽车、大教育产业生态集群。

东软软件园拥有国家数字化医学影像设备工程技术研究中心、计算机软件国家工程研究中心、车载智能终端研发技术国家地方联合工程研究中心等国家级创新平台，拥有辽宁省网络空间安全技术创新中心、辽宁省区块链专业技术创新中心、辽宁省车载智能终端产业专业技术创新平台、辽宁省智能网联与汽车动力电池技术工程研究中心、辽宁省新媒体融合工程研究中心等省、市级创新平台 20 余个，为园区持续集聚和培养高端人才、突破领域核心关键技术、开展工程技术研发、促进高水平合作奠定了坚实基础。

东软软件园以东软集团为核心，在经营管理、财务管理、人力资源管理、质量管理、安全管理、知识产权管理、项目管理等方面形成统一的制度。在项目管理方面，园区建立了诸如项目立项管理、项目执行管理、项目验收管理、项目风险管理、项目经费管理、成果转化管理等一系列规章制度，为园区各研发项目的运行提供方法论及规章制度，并对园区各企业提供项目管理培训。在人才激励机制方面，园区构建了基于员工能力发展的职位体系，通过推广绩效考核体系，实行对员工的岗位激励，通过实施职业生涯发展计划，实行对员工的职业发展激励。在技术及业务模式创新方面，园区设置专人负责对行业技术发展现状与趋势、同行业竞争对手实力与技术发展水平、产品供求市场等信息的收集与研究，定期出版研究报告与简报，为技术创新管理提供参考。园区建立了知识产权管理和服务中心，为园区各企业申请专利、软件著作权等提供支持保障。园区以完备的公司孵化体系，积极孵化专业公司，推动孵化公司向"专精特新"方向发展，积极引入外部资本，推动新技术、新产品快速推向市场。近年来，成功孵化了东软睿驰汽车技术有限公司、东软汉枫医疗互联网科技公司、荣盛互联网财险公司、东软医疗人工智能研究院等一批创新企业和研究机构。

四、辽宁信创产业园

辽宁信创产业园是 2020 年 10 月，由辽宁省信息产业发展公司、东华软件公司等共同投资在沈阳建设的信创产业集聚区，是东北唯一一家省级信息技术应用创新产业园区，旨在建设立足辽宁、覆盖东北的全场景国产化信息化技术应用创新高地，形成极具特色的数字经济生态体系，打造高质量发展新引擎。

园区以建设"要素齐全、资源集聚、五链融合"的科技创新高地为目标，充分利用园区内人才、区位、科研资源等比较优势，积极导入京津冀、长三角、珠三角等全国各地的创新资源，完善"产学研合作＋成果产业化＋科技金融＋人才支撑"全过程创新生态链。为了吸引全国信息技术核心企业入驻，园区按照国产芯片、国产化整机设备、基础软件、网络安全、系统集成、行业应用六大主题，重点聚集国产化核心企业，构建良好的信创产业生态，形成全国信创产业领军的"四梁八柱"企业在辽宁快速聚集。首批已引进东华信创东北研发基地、华为辽宁鲲鹏双创基地、联想集团信创制造基地、奇安信网络安全实验室、麒麟软件信创技术中心等 16 家信创头部企业落户园区。

辽宁省信创产业园现已实现满园运营，引入企业 24 家，聚集软件人才1300 人。现已完成注册企业 19 家，其中辽宁东华信创科技有限公司注册资金 3 亿元，麒麟软件、辽宁聚联信息技术有限公司均为 1000 万元，注册资金总额为 3.69 亿元。园区产业生态初步形成，主营业务涵盖芯片设计、系统集成、基础软件、整机外设、应用软件、网络运营服务、数据库、信息安全、信息化咨询、安全服务等信息技术创新业态，强化了信创产业发展能力。目前正在完善发展环境，集聚更多企业形成产业集群，加快壮大产业规模。

五、大连腾飞园区

大连腾飞园区由新加坡凯德集团独资开发建设，位于大连高新技术产业园区，占地28公顷，在15公里长的大连软件产业带上，自2005年开发运营，是大连唯一一座外资独资的科技园区，被誉为大连软件行业持续增长和发展的先导区，在推动整个软件产业带的快速发展中起到了重要作用。

"腾飞"是凯德集团旗下产业园区品牌，在亚洲享有盛誉。大连腾飞园区建筑品质过硬，连年获得国家优质工程（金质奖）、辽宁省建设工程优质结构奖、LEED 银级等国际、国家级、省级建筑奖项。地理位置得天独厚，紧邻地铁 1 号线河口站及星海湾跨海大桥，地铁、自驾出行，十分便捷。纵贯园区南北的配套长廊，全线搭载自动扶梯，实现轻松通勤。

大连腾飞园区采用工作、生活、休闲相结合的理念，除了打造高品质办公空间，园区也致力于为企业提供多样的生活配套便利。腾飞园区依托于集团国际化运作经验，已成长为一个集产业办公楼与成熟配套服务设施的现代化智能园区。腾飞园区以特有的过硬的建筑品质、专业的客户服务、纯熟的商务氛围、秀美的园区景色等综合维度，营造了一个充满活力人文元素的商务生活空间，成为知名企业办公场所的首选，落户园区已然成为企业品牌化的有力市场背书。腾飞园区不仅为大连引入了全新的国际商务生活方式，更为大连业务流程外包及软件研发产业的发展提供了新的平台和聚焦点。

园区为企业及从业者提供了丰富的员工活动及休闲放松场所。园区有专业的室外足球场、篮球场及包含健身、羽毛球、游泳等项目的多功能运动馆，以星巴克、Tim Hortons、Manner Coffee、瑞幸咖啡、汉堡王、多乐之日、鸣记烤鱼为代表的配套街区，街区内包含品牌连锁餐厅、咖啡店、花店、银行、移动营业厅、服装零售等生活类配套门店。园区旨在创建超越单纯办公空间的社区商务环境，以协助 IT 精英提升从业体验，提高工作效率，发挥个人潜能。

大连腾飞园区注重发展以大数据、云计算、物联网为代表的新一代信息技术产业，重点发展电子信息、生物医药、智能装备、汽车零部件、新材料等主导产业，以航空航天、高端装备为代表的特色产业，以新能源、生物医药等为代表的新兴产业，已经实现集群式发展，成为推动高质量发展的创新能极。

腾飞园区加快特色转型，融入了新一代信息技术发展的时代浪潮。面对高质量发展中遇到的机遇与挑战，园区凭借开放包容的精神禀赋，始终保持开放的胸怀，在招商引资、经济运行、基础开发、园区合作、基层管理等方面始终秉承全心全意为企业服务的理念，全力推进外资、外贸、外包齐头并进，对先进产业、先进技术、先进管理，园区始终突出开放的平台，为企业更好更快发展提供了有力支撑。

至 2023 年底，大连腾飞园区进驻企业超百家，入驻率达 80%，世界五百强企业 25 家。高新园区管委会坐落在园区内，其他知名企业包括拜耳、亚马逊、花旗、HPE、德勤、毕马威、软银、柯尼卡美能达、印孚瑟斯、FPT、江森自控、亿达信息、凯捷、乐天、富赛等。

第二节　吉林省软件园区发展状况

吉林省坚持把建设软件产业基地作为实现软件产业跨越式发展的重要举措，把长春软件园和吉林软件园作为发展软件产业的主要载体。两个软件园以大型骨干软件企业为依托，以发展软件和信息服务企业为主要任务，培育了一批具有自主知识产权、市场占有率高的软件产品，提高了技术创新能力和软件产业化能力，形成了以软件为主的特色产业和优势产业，建立了比较完备的软件产业体系，成为技术创新基地、产业发展基地、人才培养基地和软件出口基地，带动了全省软件产业健康持续发展。

一、长春软件园

长春软件园是一个创新型软件产业基地，成立于 1999 年 1 月，位于长春市高新区。园区从优化产业布局和区域功能出发，按照"明确定位、错位竞争、集聚发展"的原则，建设了多个子园区，引进和助力企业成长，推动软件产业健康发展。2000 年被科技部评定为国家火炬计划软件产业基地，2005 年被国家林业局、吉林省版权局认定为数字版权保护科技示范基地，2006 年被吉林省信息产业厅认定为吉林省软件产品出口基地，2010 年被认定为吉林省首批服务外包重点园区。长春软件园产业集群效应逐渐显现，已成为产业发展快速、创新能力强大、示范带动作用明显的软件园区。一汽启明、金鹰电脑、长春鸿达、吉大正元、长白软件、长联软件、当代集团等一批吉林省骨干软件企业在这里崛起。其中吉大正元、长春鸿达、长白实业三家企业被科技部火炬中心命名为国家软件产业基地骨干企业。

长春软件园不断优化提升创新环境和产业环境，为区内软件企业孵化、软件产品研发、市场开拓提供公共服务平台。通过创建信息与网络安全、模式识别、教育培训、企业管理共四个省级软件研发基地，培育了许多具有自主知识产权的软件产品。坚持创新驱动，支持企业加大研发投入，逐步形成技术创新体系，加快提高自主创新能力，形成了涵盖企业级应用软件、高端嵌入式软件、软件服务和外包、文化创意软件等领域的产业结构。到 2020 年，软件园企业总数达 580 户，拥有员工 40188 人，累计资产总额达到 79 亿元，营业收入 112 亿元，净利润 9 亿元，软件出口及离岸外包超过 2408.39 万美元，拥有软件著作权 4703 项，形成了以信息安全软件、生物识别软件、5G 车联网应用软件为特色的产业结构。

长春软件园大力推动新一代网络信息技术产业、光电信息技术、汽车行业信息化的融合协同发展，布局建设了科技特色鲜明、产城深度融合、绿色生态环保的高科技电子信息产业园区。坚持以高端光电元器件和高性能汽车电子核心组件、交互系统设备、专用软件服务和信息集成、测试研发业务为主导，紧紧围绕云计算、大数据、高端工业软件、物联网、信息安全、工业互联网、5G 通信和网络、虚拟现实、区块链、人工智能等 10 个方面，推动战略性新兴产业集聚规模化，打造产业增长发展新引擎。

长春软件园还包括媒体产业园和数字游戏产业园。媒体产业园由长春伍陆柒捌集团投资并建设经营，以服务外包业务为主导，已形成了涵盖软件应用人才培养、软件项目开发、网络产业、动漫产业孵化和动漫信息增值服务领域等多个专业化的动漫产业格局。数字游戏产业园是由吉林动画学院投资并参与建设开发经营管理，拥有大型互联网动漫游戏产品技术研发、制作和运营基地、游戏网络数字发行交易平台系统，以及动画博物馆、动漫展览馆、特种电影制作播放技术演示体验厅等场馆，已累计聚集60多户文化科技企业。

二、吉林软件园

吉林软件园创建于2000年6月，位于吉林市高新区。园区企业以开发应用软件为主，形成了以骨干企业为主力，以科技孵化器为载体，以公共技术平台为支撑，以自主创新为源头，以服务外包、电子商务、数字媒体软件、嵌入式软件为特色的产业形态。2003年被科技部认定为国家火炬计划软件产业基地。2014年以来，吉林市出台扶持政策，创造适于软件企业成长的发展环境，大力引进和培育服务外包主体，提供后台服务支撑，加快软件产业发展。

吉林软件园以建立省内服务外包产业基地、推动吉林省软件与服务外包产业与国际标准接轨为目标，重点引进数据中心、呼叫中心、离岸外包、金融服务、电信增值、电子商务、旅游、会展、教育、游戏、动漫、创意、文化、云计算等软件类企业，推动软件服务外包、行业软件硬件开发、信息技术服务业务加快发展，形成以软件园为载体的产业集聚。

为促进软件服务业与传统产业融合，园区结合吉林市实际，围绕汽车、电力、化工等传统产业的信息化升级，以工业控制与管理软件、嵌入式软件为发展重点，推动云计算、软件服务外包等新兴产业持续发展，培育了一批创新能力强、高成长性的科技型中小企业群，使吉林软件园成为吉林高新区的一个亮点。

第三节　黑龙江省软件园区发展状况

　　黑龙江省软件园区主要包括哈尔滨软件园和大庆北方软件园，投入资金累计7.95亿元，完成园区工程建设面积39.76万平方米，入驻园区企业139户，入驻园区IT商服企业500多户。

一、哈尔滨软件园

　　哈尔滨软件园是黑龙江省和哈尔滨市两级政府共建的"十五"期间重大项目，整体规划为中区、西区、东区、南区4个集中区。哈尔滨市政府负责牵头组织，以民营和股份制企业的运行机制为管理模式，采取"政府推进、企业运作、政策引导、校企合作"的形式进行建设。中区以技术研发为重点，由哈尔滨工业大学负责建设；西区以技术培训和网络中心建设为重点，由黑龙江大学和哈尔滨理工大学负责建设；东区以市场交易和商务中心建设为重点，由哈尔滨工程大学负责建设；南区以技术孵化和生产制造为重点，由南岗区和哈尔滨软件园发展有限公司负责建设。

（一）哈尔滨工业大学软件园（中区）

　　哈尔滨工业大学软件园（中区），是利用哈尔滨工业大学的科研优势，发挥学校办企业在资金、市场、运营机制和人才的先发优势，在校内实现强强联合，建立"前店后厂"新模式。软件园最初入驻研究机构10家、软件公司20家，孵化项目50项，从事软件开发及服务的从业人员达300多人，承接多项与信息产业紧密相关的科研项目，打造一批国内先进的具有"龙江基因"的代表性产品。"十五"期间，哈工大软件园发展迅速，软件及系统集成销售收入达到2.214亿元，上缴税金1252万元，美国微软公司、美国太平洋公司、东大阿尔派公司、联想集团、美的公司等一批国内外著名企业入园加盟，打通了进入国际市场的通道，与世界软件市场接轨。2000年以来，哈工大软件园纳入哈尔滨工业大学国家大学科技园统一管理。

　　哈尔滨工业大学国家大学科技园是依托于哈尔滨工业大学建立起来的A

类国家级大学科技园，成立于 1999 年 12 月，是科技部、教育部首批确立的 15 家试点国家级大学科技园之一，2001 年 5 月经国家验收合格，被正式批准授予国家级大学科技园，2005 年 12 月和 2013 年 3 月分别被认定为"国家高新技术创业服务中心"和"高校学生科技创业实习基地"。科技园现有企业 89 家，其中在孵企业 82 家，科技园发展有限公司参股企业 18 家，这些企业涉及电子信息、生物医药、新材料及材料设备、光电一体化、节能环保等领域。哈工大国家大学科技园现已建设成为转化高新技术、孵化高新技术企业、培育新兴产业和师生创业的重要基地，培育了哈尔滨博实自动化股份有限公司、哈尔滨工大正元信息技术有限公司、哈尔滨工大瞳慧人工智能科技有限公司、哈尔滨工大翼神龙无人机科技有限公司、哈尔滨工业大学众达电子有限公司、哈尔滨海特卫星技术有限公司、哈尔滨工大易通机器人技术有限公司等一批创新型软件企业。

（二）黑龙江大学软件园（西区）

黑龙江大学软件园（西区）以黑龙江大学信息技术研究所、黑龙江大学电子工程研究所、黑龙江伊思特信息技术有限公司、黑龙江大学科技开发总公司为基础组建，并以陆续组建的黑大软件、黑大电子、黑大北软、黑大创力等 4 家校办股份制企业为骨干，构成了 4 个研究机构（黑龙江省数据库与并行计算重点实验室、黑龙江大学信息技术研究所、黑龙江大学微控制器仿真实验室、黑龙江大学电力自动化研究所）、7 家校办企业为骨干的格局，2003 年获批为省级大学科技园后，建成了以软件企业孵化中心、软件人才培训基地和软件产品加工出口基地为代表的"一个中心，两个基地"。2005 年，为振兴东北老工业基地，把科技成果尽快转化为生产力，充分发挥黑龙江大学作为地方综合性大学的作用，经黑龙江省科技厅、省教育厅联合批准，黑龙江大学省级大学科技园正式成立，软件园并入科技园管理。2010 年，为进一步加强科技园建设，推动学校科技成果产业化，黑龙江黑大科技园有限公司成立，科技园开始公司化运作。现有孵化场地面积 3400 余平方米，入园企业 34 家，从业人员 300 余人，涉及电子信息技术、现代农业、环保、新材料应用等多种行业，在软件开发、光纤传感技术、智能仪器仪表、电力自动化产品、物联网、大数据技术服务、智慧城市、种子、生物工程、环境监测与治理、新材料等方面形成了一定优势，成功转化多项高新科技成果。

2024年，按照黑龙江大学"十四五"发展的整体规划，黑龙江大学科技园区将在学生创业教育、创新创业人才培育、物理空间规划、科技创新型企业引进、学校科技成果转化等方面打造专业化、全链条的大学科技园，培育成长型初创企业、发展高新技术企业，打造"环大学"知识经济圈，以学校"双一流"建设为目标，助力黑龙江大学实现高质量发展，为国家战略实施、东北老工业基地振兴和龙江经济社会发展做出更大贡献。

（三）哈尔滨工程大学软件园（东区）

哈尔滨工程大学软件园（东区）于2001年12月开工建设，总投资6亿元，园区占地7.6万平方米，其中包括10万平方米的高科技产业及软件产业用房，可为800家企业提供研发、经营场地。东区建立了具有特色的三级分层孵化体系，提供"一站式"的科技创业服务。在科技部和省科技厅的支持下，建设公共软件测试平台和软件开发平台，为众多的中小软件企业提供专业、高效的软件测试，并培养软件测试的专门人才，助力企业测试业务加快发展。

核心园区规划为哈尔滨工程大学国家大学科技园，形成了层次化、规模化、智能化的多功能园区。最外层建有全省最大的IT产品交易中心——船舶电子大世界，可容纳500家企业入驻，成为软件园对外交流与沟通的形象窗口、科技成果及产品的展示窗口、科技信息的集散地、高新技术及产品的贸易中心，为推动全省IT产业发展起到了积极的促进作用。中间层是园区的互联网信息门户——"IT黑龙江"网站，成为省内提供IT商情资讯、导购信息、软硬件知识、电子商务服务和信息化生活服务为一体的地方IT门户型网站，位居全省IT商业网站第一位。核心园区配有一流的教学环境和设备，为企业营造人才培育环境，为开展各类技术培训奠定了基础；软件园搭建的VUE国际考试中心，是黑龙江省首家获得各主流IT工程师认证考试的中心；园内博士后科研工作站，集居住和办公功能于一体的 SOHO 办公环境，吸引了海外学人入园创业。

截至 2023 年上半年，园区拥有孵化企业 82 家，其中高新技术企业 25 家，科技型中小企业 30 余家，新增在孵企业 21 家，毕业企业 19 家，孵化企业 2022 年总收入 2.7 亿元，吸纳 700 余人就业。

园区已获得多项荣誉，主要包括 2009 年被评为国家级技术转移示范机构，2010 年被评为中国产学研合作创新示范基地，2012 年获批国家级科技企业孵化器，2013 年获得武器装备生产许可证，2015 年获得中国产学研合作促进奖，2016 年获得中国产学研合作军民融合奖，2016 年被批准为国家级众创空间，2021 年科技园获评全国优秀科技园（全国 22 家），2018、2019、2021 年孵化器获评全国 A 类级别。

（四）哈尔滨理工大学软件园（西区）

哈尔滨理工大学软件园（西区）成立于 2003 年，哈尔滨理工大学成立了黑龙江省示范性软件学院，为软件园的发展提供了充足的人力资源。2004 年，哈尔滨理工大学科技企业孵化器有限责任公司正式注册成立，对部分入孵企业进行投资入股，培育园区内有发展实力的软件企业。园区大力促进软件应用项目与软件工程项目推广应用，以合作共建形式成立"CIMS 技术研究基地"和"现代集成制造技术研究所"，为 CAD 软件的产业化奠定基础。园区内校办培训机构为多家国企实施 CAD/CAPP/CAM 技术的应用开发人员培训，实施软件二次应用开发，协助政府有关部门确立 CAD/MIS 应用示范工程。校办企业与国内外厂商和用户合作，开发了计算机模拟智能整骨、电机内电磁场计算软件，以及水轮机叶片维修焊接机器人软件等共享市场的软件类项目。

二、黑龙江省地理信息产业园

黑龙江省为了发挥地理信息和测绘方面的技术优势，在软件外包和数据加工方面形成新的增长点，于 2003 年 7 月成立黑龙江省地理信息产业园，是全国首家以地理信息为主营业务的专业园区。2007 年，黑龙江省政府、国家测绘局、国务院信息化工作办公室三方达成协议，共同支持建设地理信息产业园，建立了国际地理信息数据加工基地、地理信息企业孵化基地、武汉大学东北研究院、国家级航空摄影基地、地理信息服务硬件系统研发与生产基地、地理信息公共服务平台、地理信息软件园、地理信息科技创新基地、地理信息科普基地。园区形成了以科技创新为基础，先进地理信息技术为支撑，境外服务外包为龙头，空间地理信息数据加工为重点的地理信息产业化集群效应。

黑龙江省地理信息产业园成功开发了用于国家基本比例尺的数据采集更新、城市地理信息数据采集、导航数据采集等方面的"测绘者"软件、车辆监控与轨迹采集系统、数字三维模型数据采集技术，以及黑龙江森工林区野生动物资源、湿地及保护区管理地理信息系统。园区通过提供优质的地理信息产品，推动现有的测绘生产和地理信息企业进行整合，培养了一批具有国际竞争力的高科技企业。

园区大力发展地理信息数据生产、加工和外包业务，积极研发具有自主知识产权的重大项目，如黑龙江省地理信息公共服务平台、车载 GPS 监控系统和遨游龙江影像网络浏览发布系统等。截至 2024 年，园区已经打造了以 1 个孵化器、2 个工程中心、2 个重点实验室、3 个基地为核心的科技创新和人才培养体系。园区通过国际交流与合作强化人才培养，先后与 30 多个国家和地区建立了联系，其中包括芬兰国家技术研究中心、荷兰地理信息产业园（GBP）、荷兰国际地理信息科学与地球观测学院（ITC）等国际知名权威机构。

三、大庆软件园

2002 年开始建设的大庆软件园，占地面积为 7.6 万平方米，包含 7 栋独立建筑和 38000 平方米的建筑面积。2003 年 9 月，企业开始进驻运营。2004 年 9 月，科技部正式批准大庆软件园为全国 29 家"国家级火炬计划软件产业基地"之一。

2005 年，三期工程开工建设，重点建设以中科院华建集团为主的信息产业园和以航天集团为主的航天科技园。软件园由软件产业孵化区、软件项目研发区、软件出口基地、软件人才培训基地、综合服务区 5 个功能区组成，并按照国际软件园的发展思路，建设了集技术研发、软件开发、商务、住宿和娱乐为一体的国际化软件园区。软件园提供技术支持环境，开放了软件工具库、人力资源库、项目库 3 个基础资源库，建成了软件开发试验平台、软件质量平台、软件公共技术支持平台。

"十五"期间，园区共进驻企业 120 多家，承担国家"863"计划 3 项、火炬计划 8 项，大庆三维集团、大庆华创电子有限公司、大庆金桥信息工程技术有限公司三家企业，被誉为国家火炬计划软件产业的中流砥柱。微软中国有限公司在软件园设立潜力发展中心，定期为园区企业提供免费培训。软件园在石油石化、数据处理、图文处理、数字设备和嵌入式系统等领域展现出独特的地方特色。

在软件园企业中，拓普公司的地质绘图与数据分析软件、澍汇公司的测井解释软件、金桥公司的实时数据库分析系统及组态软件、华创公司的流程控制软件等，在石油石化行业获得广泛应用。以莱亨公司的物位计和探测仪、三维公司的医院物流系统等为代表的嵌入式系统已占据本行业的大部分市场。华创公司开发的审计软件为审计署指定推广产品，红光科技公司的多维汉语教学系统获联合国教科文组织高度评价，卫兆通公司的心脏综合数字化医疗系统在解放军总医院等多家医院应用，三维公司的监控组态软件成功应用于"神五""神六"飞船的燃料注入系统。翼开信息技术有限公司的卫星定位系统和车辆调度指挥系统，有效提升了城市信息化水平。2016 年，软件园整体并入大庆服务外包产业园，大庆全市约九成服务外包企业集中于此。

第八章
东北软件行业协会

作为政府和软件企业之间的桥梁纽带，软件行业协会的发展得到了政府行业主管部门的重视和支持，承担了"双软认定"初审和推荐、行业标准制定、软件产业发展情况调研等职责，发挥了软件行业协会作为政府助手、企业帮手、产业发展推手的作用。本章介绍东北软件行业协会的发展历程、主要成绩和推动软件产业发展的重要作用。

第一节　辽宁省软件行业协会

辽宁省软件行业协会（以下简称"辽宁软协"）成立于 2001 年，经辽宁省民政厅批准注册，在省工信厅指导下，由省内从事软件及其相关产业的企事业单位、高校、科研院所、社会组织等自愿组成，是代表辽宁省软件和信息技术服务业，具有专业性、行业性、非营利性特点的社会团体，会员规模已经达到千余家。

20 年来，辽宁软协秉承"全心全意为会员服务，尽职尽责促产业发展"的宗旨，践行"服务企业、沟通政府、回馈社会"的职能，为政府提供支撑、为会员提供服务，不忘初心，砥砺前行，为推动辽宁软件产业高质量发展贡献力量。

一、组织架构

辽宁软协设有会员代表大会、理事会、监事会。2021年底，协会召开第五次会员代表大会，进行了换届选举，选出名誉理事长3人、理事长1人、副理事长27人、理事64人、秘书长1人。秘书处下设综合管理部、技术服务部、会员服务部、创新业务部四个部门，组织架构见图8-1。专家委员会下设人工智能、数据要素、产业融合、软件项目管理、信创五个工作组。辽宁软协按时召开会员代表大会、理事会、监事会，履行民主程序，每年向会员报告工作情况、财务情况、重大的人事罢免和选举制度执行情况。

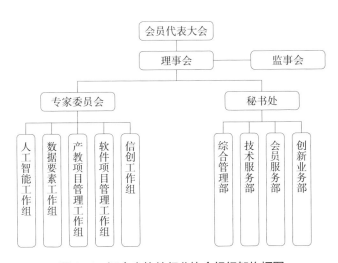

图8-1　辽宁省软件行业协会组织架构框图

二、历史沿革

辽宁软协已历时五届，理事长单位分别为东软集团股份有限公司、中国科学院沈阳计算技术研究所有限公司、辽宁省电子信息产品监督检验院、荣科科技股份有限公司、信华信技术股份有限公司。

三、发展历程

2001 年，辽宁软协正式成立，在沈阳召开第一届一次会员代表大会，选举产生了第一届理事长单位，全国第一家软件上市公司东软集团董事长刘积仁当选为理事长。协会受辽宁省信息产业厅的授权委托，成为全省唯一的软件产品和软件企业认定机构，正式开展"双软认定"工作，开启了协会的初创起步期。协会不断加强自身建设，组建专业的人员团队、开办网站、创办会刊，积极开展政策培训、重点软件企业推荐认定，同时支撑政府开展产业战略研究、行业调研，助力软件产业快速发展。

2011 年，软件产业持续快速发展，软件企业如雨后春笋般壮大，协会进入创新发展期。在第三届理事会的带领下，协会进一步完善自身建设，官方网站改版升级，实现业务线上服务，通过开发"双软认定"评估系统，提高了申报和审批效率。业务进一步扩展到提供政策信息、认证评估、知识产权、战略研究、咨询培训、行业交流等全方位服务。会员规模持续增长，协会首次获得 AAAAA 级社会组织荣誉称号，知名度和影响力显著提高。同时，协会成立了监事会，加强了协会监管机制。

2020 年，软件产业进入高质量发展阶段，数字经济为辽宁软件发展提供了前所未有的机遇，协会紧跟时代步伐，进入争创巅峰期。协会制定了"十四五"发展规划，提出了"从尖峰犇巅峰"的发展目标，力争从自身建设、会员服务等各方面实现跨越式发展。辽宁软协坚持以"聚力协同创新，优化产业生态"为指导思想，正在以"1+N"的模式（即以软件产业为"1"个基础，聚焦"N"个服务），在现有服务领域基础上，创新开展数字化转型、标准研究与推广、人才培养与评价等服务，为加快"数字辽宁、智造强省"建设再建新功。

四、资质荣誉

20 年来，辽宁软协先后被中国软件行业协会、中国网络社会组织联合会、辽宁省网络安全联盟纳入会员单位，连续 13 年在全国软件行业协会评选中荣获先进集体称号，并与全国各地软件行业协会及相关社团组织建立了良好的沟通与合作机制。

辽宁软协 2015 年首次被辽宁省民政厅评为 AAAAA 级社会组织，2016 年发布《辽宁省软件行业协会团体标准管理办法》，制定了《软件企业评估规范》（T/LSIA-001-2016），成为辽宁省社会团体标准制定先行者。2021 年被中国软件行业协会授权为项目管理能力评估首批试点机构，成为辽宁省软件项目管理能力标准体系推广开拓者。2022 年被中国软件行业协会评为软件行业中小企业公共服务示范平台。同年，协会组织编制《首版次软件产品评估规范》（T/LSIA003-2022），成为国内第一个首版次评估相关标准。2023 年被辽宁省工信厅授权为辽宁省 DCMM 贯标推进机构和数字化转型贯标推进单位，协助做好相关标准的政策制定、组织培训、宣传推广、贯标跟踪、效果评估、经验总结等工作。

五、主要成绩

辽宁软协在创新发展过程中，注重整合优质资源，聚焦会员需求，构建特色鲜明、形式多样、受众广泛的服务体系，努力打造"支撑政府的智库，服务产业的平台"，现已成为会员技术创新、市场开拓、壮大成长的孵化器，会员资源优化配置不可或缺的资源池，会员合法权益的代言人。

（一）在服务政府方面

辽宁软协积极开展产业发展调研、政策法规研究、行业报告撰写等多项服务。先后形成《辽宁省软件企业优势资源情况调研报告》《辽宁省 IC 设计企业与嵌入式软件企业情况调研报告》《沈阳市工业企业信息化建设情况调研报告》《沈阳市软件园区发展现状调研报告》《辽宁省关于创建软件名城、名园研究报告》《辽宁省"首版次软件产品"工作调研报告》等 10 个成果。先后完成《辽宁省电子信息产业"十三五"规划》等编写任务，撰写了《辽宁省软件和信息技术服务业发展报告》《辽宁省软件产业高质量发展项目谋划工作研究报告》等20余篇产业报告。2022—2023年，承担"数字辽宁、智造强省"专项资金中关于软件和信息服务业的项目评审工作。2022年，承担辽宁省工程系列数据科学与工程专业职称评审标准制定工作。

（二）在服务会员方面

辽宁软协提供了高质量的评估评价服务、信息服务、技术服务、先进标准推广、知识产权服务、人才服务、行业交流等服务。"双软"评估服务累计评审软件企业近3000家，软件产品近1.5万件，信用评价服务累计评价企业近20家；信息服务采用线上与线下相结合的方式，为会员单位提供完整的信息发布和咨询互动服务；技术服务涵盖政策咨询、高新技术企业认定咨询、"专精特新"咨询、专有技术认定评价等服务；知识产权服务主要包括软件著作权登记受理及咨询服务，通过开通快速通道缩短申报周期、减少申报成本、提高登记通过率。先后在行业推广国内外先进标准，为数百家企业提供专业的咨询评估服务；创新开展人才服务，探索软件行业人才培养的新路径、新模式；定期开展数字能力融合之路等交流会，搭建行业对接平台，促进良性互动发展。

（三）在行业自律方面

辽宁软协制定了《辽宁省软件行业自律公约》，提倡按照合法、诚信、公平和等价有偿的原则，发展软件经营单位之间互助互利的合作关系，提高全省软件和信息服务的水平和竞争能力，维护社会公共利益和行业内公平竞争的市场环境，优化软件行业生态环境。

面向未来，辽宁软协将按照"管理规范化、服务专业化、团队职业化、发展生态化"的理念，链接资源，创新服务，打造软件产业生态平台，做好数字经济时代的服务者、产业高质量发展的推动者，以全新的模式构建数字化、现代化协会，努力谱写辽宁软协新篇章。

第二节　吉林省软件行业协会

吉林省软件行业协会（以下简称"吉林软协"）成立于 2001 年 2 月，是由吉林省内从事软件和信息服务业及其相关产业的企事业单位及个人自愿结成的地方性、行业性、非营利性的社会组织。吉林软协由吉林省信息产业厅协调，经吉林省民政厅注册登记，是唯一授权代表吉林省软件和信息服务业、具有行使省级机构职能的社团法人资格的行业机构。

一、组织架构

吉林省软件行业协会采取会员代表大会制度，会员代表大会每届五年，理事会是会员代表大会的执行机构，秘书处是理事会的办事机构。吉林软协成立以来，共经历四届会员代表大会，产生了四届理事会。吉林软协组织机构明晰，业务运作规范，协会领导成员代表性广泛，会员企业的数量和质量提升明显，得到政府、企业和社会的普遍认可，在软件行业内享有美誉。

二、资质荣誉

吉林软协是吉林省唯一授权的软件企业和软件产品认定机构，负责区域内软件企业和软件产品评估工作。吉林软协从 2003 年起连续 18 年被中国软件行业协会评为先进软件行业协会和软件行业先进集体，2014 年被吉林省民政厅评为全省首批 AAAAA 级社团组织，2022 年被中国软件行业协会评为软件行业中小企业公共服务示范平台，被吉林省促进中小企业服务发展中心授予中小企业示范服务站称号。

三、"双软"认定评估

"双软"认定评估、规划布局内重点软件企业遴选，是吉林软协的立会之本和工作重心。2016 年 4 月，吉林软协发布了吉林省《软件企业评估规范》

《软件产品评估规范》团体标准，开展了吉林省软件企业评估和软件产品评估工作。2018 年 1 月，吉林软协负责吉林省区域软件企业评估、软件产品评估工作。2016 年至 2021 年，吉林软协累计评估 501 家软件企业和 1350 个软件产品。另外，吉林软协作为国家规划布局内重点软件企业的认定服务机构，负责吉林省区域内软件企业申报材料的受理和初审，面向会员开展软件著作权、专利等知识产权代办服务、高新技术企业认定、"专精特新"企业认定等服务。

四、公共服务平台

吉林软协基于多年积累的产业经济数据、"双软"评估数据等，结合互联网收集的相关数据，对吉林省软件产业发展进行系统研究和分析，从不同维度出发，推出相关产业报告。2021 年起，吉林软协发布年度《吉林省软件业务收入百强企业发展报告》，分析百强企业各项经济指标及发展趋势。2022 年起，吉林软协发布年度《吉林省软件行业发展报告》和《吉林省工业软件发展报告》，分别从整体宏观角度和细分行业角度分析行业发展状况和趋势。吉林软协会同吉林省工信厅软件处，组织编写了《吉林省软件产业十年》一书，收集整理了国家和地方政府促进软件与信息服务业发展的重要文件和资料，为软件企业检索和掌握各项优惠政策提供方便，同时宣传重点软件企业为产业发展做出的贡献。

2015 年，吉林软协建设了吉林省软件和信息服务业公共服务平台。公共服务平台包括产业监测服务平台、行业管理服务平台、企业资源服务平台、产学研用服务平台、软件发展战略联盟平台、人才服务平台、知识服务平台。平台运营 7 年来，已累计注册 1289 家软件企业、4151 个软件产品。2020 年，吉林软协注册了官方认证的微信公众号，持续推送协会工作动态。

五、行业活动

多年来，吉林软协积极组织省内软件企业参加相关活动，加强业务培训和交流互动，受到企业的认可和好评。2020 年，围绕工业互联网、大数据、数字化转型等主题举办企业家交流活动。2021 年，为推进吉林省工业互联网平台和应用建设，吉林软协发起成立工业互联网联盟，首期成员单位 100 家。2022 年，吉林软协主办"吉林省软件产业高质量发展论坛暨吉林省软件产业 20 年评选表彰大会"，全面表彰"吉林省软件产业 20 年"功勋人物、杰出贡献企业家、突出贡献工作者、优秀青年企业家、卓越程序员、突出贡献企业、优秀企业和优秀解决方案。2023 年，吉林软协先后举办"软件企业政策和服务辅导会"和中小企业智改数转活动，主办"软件产业助力东北振兴论坛暨吉林省信创工委会成立大会"，推动软件产业高质量发展和赋能东北振兴。

第三节　黑龙江省软件与信息服务业协会

黑龙江省软件与信息服务业协会（以下简称"黑龙江软协"）成立于 2000 年 10 月，由黑龙江省信息产业厅作为主管部门，经省民政厅注册登记，由省内从事软件和信息服务业及其相关产业的企事业单位及个人自愿结成的地方性、行业性、非营利性的社会组织。黑龙江软协成立以来，已成为全省软件和信息服务业领域不可替代的行业管理组织，得到行业内外的关注和认可，连续 10 余年被中国软件行业协会评为全国先进软件行业协会。协会理事会下设秘书处主持日常工作，分为业务部、人事部、会员服务部、技术部、财务部。黑龙江软协现已历经六届。

截至 2023 年底，黑龙江软协会员单位 330 家，主要是软件企业、互联网企业，也包括研究机构、大专院校等，聚集了行业经营主体、相关机构和个人。协会致力于成为政府、行业组织、企事业单位之间的桥梁纽带，成为政府的助手和企业的帮手。一是协助政府部门加强软件行业管理，强化行业自律，创立行业行约行规，规范行业行为，促进软件行业企业交流、业务对接与合作；二是组织政策宣传、信息发布、技术培训、咨询服务、会员交流，推进软件与信息服务行业发展进步；三是为企业提供科技成果转化、资质规划布局、政府科研项目、产学研合作等多方面综合性的链条式服务；四是发挥行业组织优势，开展政企沟通、峰会筹办、商机对接等服务，提供价值服务；五是及时了解企业需求与诉求，了解企业、行业发展现状，为企业向政府和相关部门反映诉求提供渠道，给政府发布政策提供支撑。

一、综合服务

一是受理软件著作权登记，每年 200 件左右；二是协助企业申报专利，提高授权成功率，2021 年至 2023 年连续三年通过率达 100%；三是提供创新成果鉴定服务，推动企业科技成果转移转化，促进技术成果走向市场；四是对企业资信等级，包括基本素质、财务状况、盈利能力、管理水平和发展前景进行综合分析和评价，测定企业履约能力和可信任程度；五是软件企业信用等级评价，通过分析企业信用程度、债务风险承担能力、经营状况、发展前景及不确定性因素，对其经营与发展的影响进行综合评估，为参与招投标、政府采购提供参考。

二、认证类服务

一是"双软"认证，对软件企业享受"两免三减半"优惠政策进行资格性认证，帮助软件企业降低享受优惠政策时的税务风险；二是信息安全服务认证及管理体系认证，帮助企业保持稳健健康运营模式，提高企业在技术、资源以及管理等方面的能力；三是软件能力成熟度模型集成认证，推动软件企业在产品研发、生产、服务和管理上不断成熟进步，持续提升和完善企业自身能力；四是质量管理体系认证，依托完整的质量管理体系和专业的智能管理人员，严格按照质量体系执行。

三、评估类服务

一是信息化能力和信用评估，根据客户不同成长价值阶段的需求特性，对资质与体系申报进行综合评估，提供全方位一站式优质服务；二是数据管理能力成熟度评估，帮助企业利用先进的数据管理理念和方法，建立和评价自身数据管理能力，完善数据管理组织、程序和制度，发挥数据在促进企业向信息化、数字化、智能化发展方面的价值；三是信息系统建设和服务能力符合性评估，提高企业信息系统建设和服务企业的能力与水平，帮助企业顺利达到评估证书；四是软件服务商交付能力评估，对企业持续提供高质量产品和服务所具备的综合能力进行评估；五是软件项目管理能力评估，通过评估企业的组织级、项目级管理能力和组织前瞻能力等要素，评价企业的项目管理水平；六是信息技术服务运行维护符合性评估，提升企业运维服务质量；七是信息安全等级保护评估，为企业提供专业化信息安全等级保护测试咨询。

四、行业赋能服务

黑龙江软协搭建的公共服务平台，在市场、人才、技术、信息、管理、知识产权等方面，为企业提供大量有效的服务。将会员企业发布的业务宣传、业务交流、企业招聘等信息免费刊载在协会平台，每年为中小企业提供免费培训服务，培训内容涉及政策解读、技能提升。协会为企业提供科技成果转化、资质规划布局、政府科研项目、产学研合作等多方面综合性的链条式服务。协会坚持服务为本，开展政企沟通、峰会筹办、商机对接等服务工作，为软件行业发展赋能。

五、获奖和荣誉

黑龙江软协成立以来，积极倡导"服务为本、效率为先"的理念，创新服务模式，连续多年被省民政厅评为黑龙江省 AAAAA 级社会组织，多次被省工信厅评为系统新社会组织先进单位；连续 6 年获得中国国际软件和信息交易组委会优秀组织奖；连续 10 年获得中国国际软件博览会最佳组织奖。2022 年被认定为哈尔滨市中小企业公共服务平台，是唯一获此殊荣的非营利性组织，同时被中国软件行业协会评为软件行业中小企业公共服务示范平台。

第四节　大连市软件行业协会

为了树立大连市 IT 产业形象，维护行业企业整体利益，发挥社会组织的服务职能，助力大连软件发展腾飞，大连市软件行业协会（以下简称"大连软协"）应运而生。会员已涵盖大连 80% 的软件和信息技术服务业企业，协会成为行业品牌，成为政府的助手和企业的帮手。

大连软协立足行业实际，基于会员需求，提供各类服务，助力企业成长，维护行业利益，充分发挥沟通政府与企业、机构与企业、企业与企业的桥梁纽带作用，成为企业信赖、政府支持、行业权威的协会，推动软件行业高质量发展。

一、发展概况

大连软协成立于 1992 年，是大连地区从事 IT 相关产业的企事业单位自愿结成的地方性、行业性、非营利性的社团组织，接受市工信局业务指导，在市民政局登记注册的 AAAAA 级社团。协会在企业服务、组织建设、宣传报道等方面不断创新，是大连 IT 行业最具活力的社团组织，在促进大连软件产业发展方面发挥了重要作用。

大连软协现有 1100 余个会员，涵盖软件开发、系统集成、动漫游戏、运营维护、数字文创、共享服务等所有与 IT 相关的领域。大连软协成立以来，努力为大连 IT 产业营造良好的产业氛围，展现大连 IT 人持续创新、引领时尚的形象，吸引更多的年轻人来连融入软件行业队伍。面向未来，大连软协将继续汇集多方力量、深耕细分领域，服务企业、服务政府、服务产业，赋能大连软件产业迈向新的辉煌。

二、组织架构

大连软协的最高权力机构是会员代表大会，具有决定本团体的发展方针及规划、制定和修改协会章程、制定和修改理事（常务理事）、负责人产生办法、选举和罢免理事、监事等职权。

会员代表大会的执行机构是理事会，包括专家委员会、秘书处及分支机构，在闭会期间领导本团体开展日常工作，对会员代表大会负责，具体架构见图 8-2。2016 年增设监事会作为协会的监督机构，负责监督协会遵纪守法和执行章程的情况。大连软协专家委员会拥有行业专家近百名，参与协会运营、采集行业数据、进行产业研究、制定行业标准、组织人才培训、开展行业宣传等相关工作。专家委员会下设个人信息保护工作委员会、电子信息职业教育行业指导委员会、标准化工作委员会，同时还成立了日本分会、营销分会、人力资源分会、系统集成分会、电子信息职业教育集团，以及车联网联盟、区块链联盟、元宇宙联盟、数字双碳联盟、信息安全产业联盟、信创公共服务平台、财税研究会等二级机构。其中，大连软协标准化工作委员会、营销分会、日本分会、车联网联盟的运作独具特色，成效显著。

连软协标准化工作委员会成立于 2004 年，组织架构见图 8-3，是由众多企业与科研院校专家组成的一支专业化队伍，通过开展大规模的标准化工作，建立了一套从标准立项、过程监督指导、验收发布、宣贯试运行到全面实施的完整流程。标准化委员会承担了辽宁省软件和信息技术服务标准化技术委员会、辽宁省区块链和分布式记账技术标准化技术委员会的秘书处工作。多年来共组织和参与编制 150 余项标准，目前已发布实施国际标准 7 项、国家标准 8 项、行业标准 7 项、地方标准 41 项、团体和联盟标准 38 项，尚

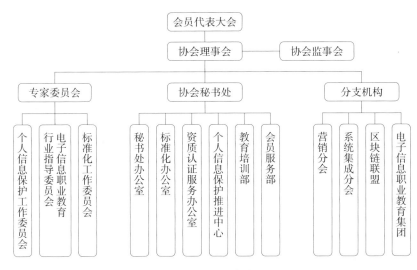

图 8-2　大连软件行业协会组织结构图

有部分标准正在编制过程中。

大连软协营销分会成立于 2016 年 12 月，是服务大连本地 IT 行业营销人，助力营销人职业发展和个人成长的平台。分会整合 IT 行业销售渠道资源，为本地 IT 企业搭建面向全国的营销网络，同时为外埠 IT 企业对接本地市场。营销分会工作群现有 300 多本地营销人员，参加每月线上线下活动。会员承

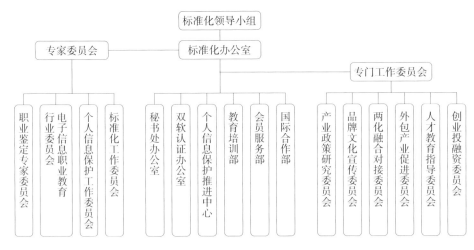

图 8-3　大连软件行业协会标准化工作委员会组织结构图

诺遵守自律公约，共同营造良好的营销环境。分会面向营销人员开展专业技能和销售技能培训，对信息化建设中的热点、焦点、难点问题进行专题研讨和学术交流，搭建营销渠道，组织 IT 产品和解决方案的推介活动，组织会员进行信息技术分享和考察活动，向各组织提供信息咨询、人才选拔、会议服务，均收到预期效果。

大连软协日本分会成立于 2023 年 3 月。自 20 世纪 90 年代起，大连开始发展软件产业，并迅速崛起成为中国重要的软件产业基地之一。日本是大连软件产业最重要的合作伙伴，日本企业与大连的软件企业在软件开发、测试、运维等领域有着广泛的合作。目前，大连在日本成立软件公司 500 余家，软件人才已经融入整个日本软件产业，技术水平受到了广泛的认可。为帮助大连企业更好地发展日本软件业务，增强大连软件企业的国际竞争力，提高大连软件企业的行业影响力，促成大连企业在日本开展合作，大连软协决定成立日本分会。目前分会已发展会员单位 40 余家，预计一年之内可发展会员超过 100 家。日本分会的主要工作包括：一是组织中日软件企业交流活动，提供市场信息和资源，促进技术创新和升级，学习法律和市场规则；二是推广"大连软件"品牌，参加国际软件展览和推广活动，提升大连软件行业的知名度和影响力，推出优秀企业和产品；三是促进人才交流，从日本引才回连、引项目回连，提升人才交流和合作水平；四是加强政府合作，帮助大连市政府在日开展招商活动，协助日本政府了解大连企业，推动中日在投资、技术、人才、项目等多方面开展合作，为大连经济发展助力。

大连软协车联网联盟成立于 2020 年 9 月，有 18 家成员单位，汇聚了智慧交通车联网领域龙头企业、高等院校、科研机构、知识产权服务机构、律所等多方成员。联盟以专利为纽带，以专利协同运用为基础，维护产业整体利益，为产业创新创业提供专业化知识产权服务，推动大连市智慧交通车联网产业发展。联盟在持续扩大智慧交通车联网专利"朋友圈"，吸纳更多智慧交通车联网相关领域高校、优质企业、专业服务机构加入联盟。联盟致力于增强成员间的交流合作，为会员企业提供专利服务，在智慧交通车联网产业关键领域，推动相关高校院所、科研机构和产业上下游企业的联系与合作，建立创新前端充分对接、全过程紧密结合、后续知识产权保护的产学研合作机制。积极搭建智慧交通车联网产业专利池，根据产业需要，联合进行多类别、多地域、多层级、多用途的知识产权布局，全面覆盖和有效保护产业创新成果和成员单位合法权益。

三、个人信息保护评价

2004 年，大连软协在国际个人信息保护相关机构的建议和企业的要求下，率先在全国开展软件和信息服务业个人信息保护工作，研究制定了一套完善的个人信息保护评价和管理体系。大连软协组建了近 30 人的个人信息安全专家委员会和评审团队，设置了个人信息保护评价办公室，专家和评审团队成员来自各大院校和各行业信息安全专家，并编制了国家、行业、地方等一系列标准，为全国开展个人信息保护评价工作提供了先例。2006 年，又依据相关标准构建了个人信息保护评价体系，面向软件及信息服务行业企业开展个人信息保护评价工作。PIPA 是我国最早的个人信息保护能力和水平的评价体系，主要针对计算机处理相关单位开展的个人信息保护能力评价，目的是帮助企业建立个人信息保护规章制度，提高企业的个人信息保护能力。截至目前，协会累计已有 110 多家企业通过了 PIPA 评价，其中包括北京、上海、广州、西安、吉林、济南、青岛、沈阳等 11 个省、市的多家企业。大连软协还与日本情报处理开发协会开展交流与合作，实现了日本个人信息保护与大连市个人信息保护评价的互相承认，为企业增加了承接国际业务的竞争力。2009 年受工信部委托，大连软协开展《个人信息保护规范》全国标准的起草工作。2011 年，协会组织开展的"个人信息保护管理体系建设研究"项目获市科技成果技术奖三等奖。2017 年与中国软件行业协会合作，开始在全国范围内开展个人信息保护评价工作。

四、标准制定和产业研究

随着产业链的完备以及市场的成熟，标准化工作越来越呈现其重要性和迫切性，软件行业标准化成为大连软协为会员服务的一项重要工作。大连软协在省、市行业和标准化主管部门的指导下，结合产业发展情况，构建了综合配套的软件和信息技术服务标准体系和应用推广体系，参与了近百项标准的制修订工作。特别是参与了全国信息技术标准化技术委员会信息技术服务分技术委员会、中国电子工业标准化技术协会信息技术服务分会的《信息技术服务标准体系建设报告 5.0》的编制工作。通过各项标准的落地与推广，搭建标准化知识库和专家库，建立标准化服务平台，面向政府、企业、行业提供标准化信息咨询服务，提供标准化咨询和服务，为辽宁乃至全国软件和信息技术服务业发展提供了有效支撑。

大连软协立足职能定位，发挥行业专家作用，运用第一手资料和数据，开展系列性产业发展研究，系统分析软件和信息技术服务业发展趋势，提出思路建议，定期发布相关研究报告。从 2002 年开始，大连软协牵头组织专家每年编写一部《大连软件和信息技术服务业发展报告》，总结大连软件和信息技术服务业发展经验和成长规律，提出下一年度及未来产业发展趋势和基本思路，研究细分领域发展状况，发现产业演进升级的轨迹和规律，为全市软件和信息技术服务业发展提供指导和参考。

五、"双软"认证评估

大连软协承担大连地区软件企业和软件产品的"双软"认证工作，为软件企业的整体形象宣传和品牌推荐提供行业服务。自 2001 年开展该项工作以来，累计办理软件企业 990 余家，软件产品 5816 件。为了更好地服务企业，大连软协引进了工信部直属实验室，依托具有国家级权威资质和资深的专家队伍，可为大连软件企业出具公正权威的测试报告，测评数据与结论具有公正性和真实性，从而帮助企业提高竞争力。同时，协会积极推进行业自律，开展企业信用评价工作，通过规范企业市场行为，减少不良竞争，创造良好环境，使软件市场更加透明，供需双方信用情况一目了然，从而促使软件企业将更多的精力投入到提升产品质量、服务能力和创新能力中，推动整个行业健康发展。

六、特色活动

"格子衫节"是大连软协为 IT 人打造的专属节庆活动。多年来，协会联合全体会员坚持打造"格子衫节"品牌，以"格子衫"作为大连的新城市符号，聚合行业资源，为大连 IT 产业营造良好氛围，牢牢树立大连软件在全国软件行业的旗帜。同时展现大连 IT 人持续创新、引领时尚的形象，吸引更多的年轻人来连并选择软件行业。2021 年举办首届格子衫节，汇聚了大连行业龙头企业 100 余家，参与人员超 10 万人，囊括论坛、格子衫英雄汇、技术社区、格子市集、运动嘉年华等多种活动，为大连 24 万"格子衫"提供了发声的舞台。2023 年，格子衫节参与企业达到 600 余家，包括华为、思科、IBM、SAP、联想等世界五百强企业，共吸引带动参与人员 5 万多人。

中国软件交易渠道年会，是依托中国国际数交会（软交会）、由大连软协组织的展会，旨在打造一个为全国软件企业交流合作的平台，通过软件产品开发商与软件产品渠道代理商、系统集成商等一对一交流，促进双方实现合作。自 2010 年首届以来，至今已举办 13 届。渠道年会为软件企业的产品推广提供了一个最快捷的渠道，参会企业可以在最短时间内与来自全球多个国家以及全国渠道代理公司进行洽谈，促进了供需有效结合和软件企业之间的跨区域合作。

七、国际合作

大连软协注重加强与世界各地软件行业的交流与合作，通过多种渠道与国外企业、组织建立联系，特别是与日本、阿根廷等国在软件技术和人才方面有着广泛交流与合作。日本是大连软件外包最重要的订单来源伙伴，日本企业与大连软件企业在软件开发、测试、运维等领域有着广泛的合作，每年都会组织中日企业对接交流会或商务洽谈会，定期互访参观考察，积极推进各类合作项目。2023 年，大连软协成立了日本分会，帮助大连企业更好发展日本软件业务。2022 年是中国和阿根廷建立外交关系 50 周年，大连软协与阿根廷圣菲市3 家 IT 相关协会开展了线上交流活动，圣菲市中部滨海科技园、信息技术行业协会、游戏机行业协会介绍了当地企业发展情况，增进了中阿间的相互了解，探讨双方科技领域的合作事宜，为今后的深入合作打下了良好的基础。另外，协会积极推动与各国在投资、技术、人才、项目等多方面开展合作，提升大连软件行业的知名度和影响力，增强大连软件企业的国际竞争力。

八、荣誉和成绩

大连软协成立以来，在政府的指导和会员的支持下，开展了大量卓有成效的工作，取得了显著成绩，获得了多项荣誉。多次获得中国软交会（数交会）优秀组织奖，被评为全国先进软件行业协会、全国软件行业协会先进集体。大连软协是国家信息技术服务标准工作组全权成员单位、国家信息技术服务标准研制和应用单位、中国安全产业协会单位会员，同时也是中国移动5G 应用示范区、中电标协理事单位。

大连软协担任了国家信息技术服务标准化外包组副组长单位、中国电子工业标准化技术协会信息技术服务分会理事单位，多次被评为中国电子工业标准化技术协会信息技术服务分会优秀会员。2016 年被大连市民政局授予 AAAAA级社会团体，2020 年被辽宁省工商业联合会、辽宁省总商会授予"四好商会"称号。

第九章
东北软件产业发展路径

东北软件产业走过了 30 多年的规模化发展历程，经历了中国政府信息化、企业信息化以及国际软件外包高速发展的辉煌期，也经历了没有跟上互联网时代产业变革的发展缓慢期。当前，中国软件产业正处于由技术革新、商业模式创新、政策驱动以及市场需求变化共同塑造的产业体系巨大变革期，这些变革不仅深刻影响着软件产品的形态、开发方式、商业模式和市场格局，也为整个行业带来了前所未有的发展机遇和挑战。东北软件产业能否利用业已形成的产业基础，通过优化产业发展路径，实现产业高质量发展，进而形成推动数智化时代东北全面振兴的新质生产力，是当前乃至今后一个时期面临的一个重大课题。本章基于对国内外软件产业发展趋势的研判，结合东北软件发展的优劣势分析，采用 SWOT 分析方法，导出东北软件产业发展的战略选项，并据此确立东北软件产业的重点发展方向，形成新时期下东北软件产业发展路径。

第一节　我国软件产业发展背景

软件产业发祥于美国，美国在全球软件产业发展的重要历史时期都起到至关重要的作用，至今在国际软件产业中仍然保持龙头地位。中国软件产业发展过程是对美国软件产业学习和追赶的过程。中国软件产业在国家政策支持下快速成长，市场规模持续扩大，产业结构不断优化，国际竞争力日益提升，呈现出良好的发展势头。

一、我国软件产业发展历程

从全球来看，软件作为一个独立发展的产业，基本上经历了比较完整的五代，包括软件外包服务时代、面向企业的软件产品时代、企业解决方案时代、面向大众的软件产品时代、互联网增值服务时代。[①] 全球软件产业发展的时代及其特征见图 9-1。可以看出，每个新时代的出现都是以一种新的软件商业模式产生为标志，但新的商业模式演进并不意味着旧的商业模式退出，实质上，至今软件服务外包、软件产品、解决方案、互联网增值服务等模式依然并存。

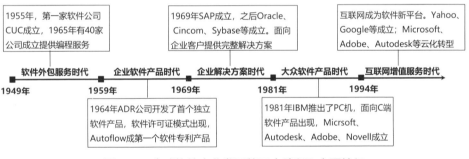

图 9-1　全球软件产业发展的五个阶段和主要特征

中国软件产业发展从新中国成立之初就已经起步，在 20 世纪 50 年代后期，开始计算机研发工作，在科研和军工小范围探索使用软件。与计算机硬件制造相比，中国软件产业发展比较滞后。改革开放后，计算机研制和应用开始向商业化领域发展，直至 80 年代，才真正出现了独立的软件公司，此时美国软件产业已经进入第四代的客户大众市场软件时代。因此，我国软件产业错过了全球软件产业重要的软件产品时代和解决方案时代，这也是导致我

---

① 王杨，肖旭，于淑艳. 软件产业发展模式研究［M］. 北京：科学出版社，2009：87-89.

国在基础软件、工业软件、大型解决方案供应商等方面大幅落后于美国等发达国家的主要原因。

国内软件产业在全球软件产业发展的大框架下具有独特的发展特点，其发展历程大致可归纳为产业创立期、政企信息化时代、互联网时代、移动互联网时代、数字经济时代五个阶段。[①] 中国软件产业发展的五个阶段和时代特征见图 9-2。

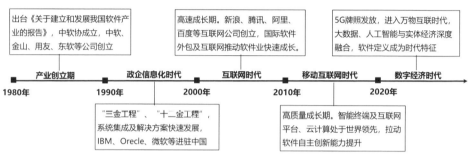

图 9-2　中国软件产业发展的五个阶段和时代特征

二、我国软件产业发展现状

经历了 30 多年的高速发展，我国计算机软件产业取得了长足进步，但整体上距离美国等发达国家尚有一定的差距。

据巴西软件行业协会（ABES）及 IDC 公布的 2022 年统计数据显示，从软件及服务支出排名来看，2022 年，美国软件及服务支出额约为 7890 亿美元，遥遥领先；其次为英国，支出额为 1060 亿美元；再次为日本，支出额为 940 亿美元，中国的软件及服务支出费用为 77 亿美元，排名第五。从产业链角度的竞争格局来看，当前世界软件市场形成了以美国、欧洲、印度、日本、中国等为主的国际软件产业分工体系，世界软件产业链的上游、中游和下游链条分布逐渐明晰。在产业链上游美国掌握着全球软件产业的核心技

[①] 陈新河.中国软件和信息服务业发展历史［M］// 李颖.中国软件和信息服务业发展报告（2011）. 北京：社会科学文献出版社，2011：63-80.

术、标准体系及产品市场，大部分操作系统、数据库等基础平台软件企业均位于美国。产业链中间件环节集中在爱尔兰、印度、日本、以色列等国家和地区。其中，子模块开发以印度、爱尔兰为代表，独立的嵌入式软件以日本实力强大。产业链下游集中在德国、中国等国家和地区，中国在应用软件领域厚积薄发，发展势头强劲。[①]

在基础软件领域，长期以来，美国 IT 巨头处于垄断地位，随着我国信创产业的推进，自主可控的国产化 IT 底层架构和生态体系已逐步形成，实现基础软件（操作系统、数据库、中间件等）国产化替代的技术已经成熟，目前我国操作系统国产化率不足 6%，数据库系统不足 30% 份额，国产替代提升空间巨大。[②]

在工业软件领域，设计类软件如 CAD/CAM/CAE 等，市场份额的 95% 以上被国外软件所占据；生产制造软件类如 MES、SCADA 等，虽在细分领域有一定优势，但在大型高端应用场景上仍表现乏力。经营管理类软件如 ERP、SCM 等，在市场份额占优，但是面向大型企业高端市场，国外厂商仍占据 60% 多的份额，随着产业数字化进程的推进，工业软件的发展已经上升到国家战略。[③]

在信息技术服务领域，国内厂商在定制开发、技术服务与系统集成方面具有明显的优势，行业应用软件本土化率大幅提升，银行、保险、医疗、政务、电力、交通、电信、教育、应急管理等领域的国产信息化系统和行业应用软件占比均达到 75% 以上。但是，在大型国际化信息系统建设中，仍然是 IBM、埃森哲、SAP 等跨国公司占据领先优势，国内厂商无论在产品市场份

① 前瞻产业研究院 .2023 年全球软件行业区域竞争格局分析 美国掌握全球软件产业核心技术【组图】［EB/OL］.［2023-08-07］.https://www.qianzhan.com/analyst/detail/220/230807-57e08041.html.

② 黄鹏 . 转型之擎：软件产业高质量发展路径探索［M］.北京：电子工业出版社，2020：86-99.

③ 陈立辉，卞孟春，刘建 . 求索：中国工业软件产业发展之策［M］.北京：机械工业出版社，2021：22-30.

额、人员规模还是营收能力上都至少与这些企业差了一个数量级。[①]

在嵌入式软件领域，由于中国在通信设备、智能手机、智能网联汽车、安防设备、医疗电子、数控设备、机器人、机械装备等方面快速发展，嵌入式应用软件的需求爆发式增长。硬件厂商自给自足的嵌入式软件开发模式，在日趋激烈的竞争形势中，越来越难以适应时代需求，第三方专业化的嵌入式软件厂商发展势在必行，将成为软件服务外包的一个重要分支。[②]

第二节　我国软件产业发展趋势

当前，物联网、云计算、大数据、人工智能等新一代信息技术快速发展，推动软件产业向服务化、平台化、融合化方向发展。同时，进入数字经济时代，国民经济各个领域对软件和信息技术服务产业的需求持续强劲，产业发展进入融合创新、快速迭代的关键期。重大技术变革与产业经济升级促使软件产业迎来新的发展趋势。

一、新基建释放软件产业新动能

以 5G、大数据、人工智能、工业互联网为核心的新型基础设施正在成为基建投资的新热点。从增长态势来看，2021—2025 年国内新基建的直接投资将达 10 万亿元，带动投资 17.1 万亿元。[③]新基建不只是网络、计算中心、算力中心等硬件基础设施建设，实质上新基建所承载的数字内容，特别是使硬件发挥功能的软件，也是新基建的核心。新基建为软件产业发展提供了巨大的市场机遇。新基建不仅本身带动大量的基础软件、平台软件、应用支撑软件的需求，同时也激发了新消费和新的应用场景，为软件产业带来了发展的

① 张小燕.2021—2022 年中国软件产业发展蓝皮书［M］.北京：电子工业出版社，2022：27-30.
② 韩宝国.推进嵌入式软件产业高质量发展［J］.中国工业和信息化，2021（08）：62-67.
③ 徐宪平.新基建：数字时代的新结构性力量［M］.北京：人民出版社，2020：449-467.

新模式、新业态和新空间。

二、数据要素孕育软件产业发展新生态

2020 年 5 月，"培育数据市场"首次出现在国务院政府工作报告中，许多省、市制定和实施了与大数据相关的政策文件，大数据作为一种战略资源和新兴技术越来越受到重视。数据新要素拓展了软件生态版图，随着物联网、大数据、人工智能的发展，以数据为核心的软件生态逐渐发展起来。围绕数据的全生命周期，具有数据采集、分析、清洗、处理、交易、存储、可视化等功能的软件蓬勃发展。《"十四五"大数据产业发展规划》提出：培育数据要素市场，鼓励各类所有制企业参与数据交易平台建设，加快健全数据产权交易和行业自律机制，构建完善产业体系，推动围绕数据要素的相关软件产业生态加快形成。[①]

三、数字产业化促进软件产业高质量发展

软件在数字化进程中发挥着重要的基础支撑作用，随着数字产品及数字服务加速向网络化、平台化、智能化方向发展，驱动云计算、大数据、人工智能、5G、区块链、工业互联网、虚拟现实和增强现实等新一代信息技术与软件的融合，推动软件加快迭代创新。国家对产业链安全的高度重视，加速推进软件的国产化和自主化进程，基础软件、工业软件、信创软件将迎来更好的发展环境。数字技术的进步推动了新产品、新服务、新模式、新消费的不断涌现，融媒体、AR/VR 技术的广泛应用，推动短视频、数字游戏、互动娱乐、影视动漫、数字出版、数字展览等数字内容产业快速增长。

四、产业数字化成为软件产业的主战场

软件与实体经济融合已被视为实现经济高质量发展的重要途径，随着数

---

① 黄鹏 . 转型之擎：软件产业高质量发展路径探索［M］. 北京：电子工业出版社，2020：239—240.

字化转型不断深化，软件正在以物联化、平台化、智能化为目标赋能千行百业，重新定义产品功能、生产方式、运营管理、服务模式、企业能力、供应链体系，加速智慧农业、智能制造、智慧物流、智慧金融、智慧交通、智慧医疗、智慧教育等智能场景落地。与消费互联网不同，产业互联网要满足行业的多样性、复杂性以及个性化需求，为软件赋能提供更加广阔的空间。产业数字化加大了工业软件、行业大数据分析、工业互联网平台、人工智能应用、信息安全等软件的市场需求，为软件定制与集成开发商、系统解决方案供应商、数字化工程实施的服务商，特别是给垂直行业形成深度沉淀的软件公司带来更大的发展机遇。

五、社会治理数字化助推软件产业发展的新需求

2022年6月，国务院印发《关于加强数字政府建设的指导意见》，充分释放数字发展红利，对全面开创数字政府建设新局面作出部署，提出将数字技术广泛应用于政府管理服务，推进政府治理流程优化、模式创新和履职能力提升，构建数字化、智能化的政府运行新形态。社会治理数字化催生了对软件产业的新需求，随着人们对政府服务的精准化、实时化、全面化需求不断升级，驱动人们通过大数据、区块链、人工智能等新兴软件技术，创新政府监管和治理方法，搭建面向不同治理主体的信息连接桥梁，促进简政放权，提高公共服务水平，建立"数据多跑路、群众少跑腿"的服务模式。①

六、软件定义成为软件产业发展新格局

数字经济时代，软件逐渐成为一切产业信息化的核心，软件定义将彻底改变甚至颠覆很多行业的内部格局。软件定义扩展了产品的功能，变革了产品的价值创造模式，催生了平台化设计、个性化定制、网络化协同、智能化生产、服务化延伸、数字化管理等新型生产经营模式，推动了平台经济、共

---

① 汤潇.数字经济：影响未来的新技术、新模式、新产业［M］.北京：人民邮电出版社，2019：266-272.

享经济蓬勃兴起。软件定义赋予企业转型升级能力，在航空航天、汽车、重大装备、钢铁、石化等行业，企业纷纷加快数字化转型，使软件赋能的现代化智能产品层出不穷，智能化程度成为工业企业核心竞争力的标签。软件定义赋予基础设施新的能力和灵活性，软件产业成为生产方式升级、生产关系变革、新兴产业发展的重要引擎。[①]

第三节　东北软件产业主要优势

东北软件产业具备较好的基础，特别是辽宁省，作为最早发展软件产业的省份之一，软件产业规模一度位居全国第四。尽管近十几年来产业规模增加有限，但东北软件产业仍然保留它的底色，在某些方面还具备一定的优势。

一、工业软件基础较好

东北是我国老工业基地，工业基础较好，是大型国有装备制造企业聚集的地区。在20世纪90年代传统工业信息化过程中，东北一些大型国有企业率先开启信息化进程，培育了一批从事工业软件研发的企业。如出自长春一汽的启明信息技术有限公司、出自鞍钢集团的鞍钢集团自动化有限公司等。这些工业软件企业的特点是工业领域专业知识基础雄厚，对行业理解深刻，在工业技术与信息技术融合方面做得比较深入，推动了两化融合的发展。

东北在工业自动化研究领域拥有一批国家队，如东北大学在流程工业综合自动化领域、中科院沈阳自动化所在工业自动化控制与智能制造领域分别处于国内领先地位。另外，东北在数字装备制造方面启动较早，培育了一批优秀的数字化产品，至今在行业中仍处于领先水平，如新松机器人公司和哈尔滨严格集团的工业机器人、东软集团的汽车电子、中科数控的蓝天高端数

---

① 张小燕.2021—2022年中国软件产业发展蓝皮书［M］.北京：电子工业出版社，2022：5-6.

控系统、东软医疗的医学影像设备等，这些数字技术的智能化产品是产业数字化的重要基础，将在产业数字化过程中发挥越来越重要的作用。

二、垂直行业积累经验较多

东北软件企业较早进入信息化解决方案领域，从国家推行"三金工程""十二金工程"开始，东软集团股份有限公司、哈尔滨工业大学软件工程股份有限公司、信华信技术股份有限公司等一批早期成立的软件企业就积极参与国家信息化建设，后来涌现一批公司深入垂直行业助力行业实现信息化，如荣科科技股份有限公司、启明信息技术股份有限公司、东北师大理想软件股份有限公司、哈尔滨优先科技股份有限公司等。通过多年在垂直领域深耕细作，东北一些软件企业在交通、能源、金融保险、医疗健康、教育培训、数字政府等多个领域形成行业知识沉淀，奠定的优势地位一直比较稳固。

三、国际化工程能力较强

沈阳、大连是中国最早进入国际软件服务外包领域的城市。2000 年以来，东软集团股份有限公司、信华信技术股份有限公司、大连文思海辉信息技术有限公司多年保持国内软件出口前三强业绩。东北软件企业的软件外包服务对象主要是日本、欧美等大型跨国公司，包括索尼、松下、NEC、微软、英特尔、高通、亚马逊等，在与国际大型企业的合作过程中，培养了一批国际化软件工程人才，企业国外项目承接能力、质量管控能力以及国际化交付能力持续提升，具备了世界一流的管理规范、工作流程和质量保障能力。

四、基础软件人才培养能力较强

在计算机科学与技术、软件工程、电子信息工程、数据科学与大数据技术、人工智能、虚拟现实技术六大类主要软件相关专业中，东北专业布点达359 个，占全国 10.4%，高于全国平均水平。2023 年，东北三省软件类专业院校开设的 12 个软件类专业招生达 3.8 万余人。依据"软科 2023 中国大学专业排名",在计算机科学与技术专业排名中,东北三省入榜院校数量多达 50 所,在全国占比达 20.53%,远高于全国平均水平。软件工程专业、电子信息工程专业、数据科学与大数据技术专业在全国占比分别为 11.3%、11.2%、11.4%。东北软件类本科专业建设总体好于全国平均水平,在基础软件人才获取方面具有优势,并且人才成本也相对较低,性价比优势明显。另外,东北在音乐、美术、体育等文化领域拥有优秀科教资源,可为数字文创及数字内容产业培养大量的专业人才。

五、产业数字化场景比较丰富

东北产业基础扎实,工业门类齐全,仅辽宁省,在国民经济行业的 41 个工业大类中拥有 40 个,207 个工业中类中拥有 197 个,666 个工业小类中拥有 500 个,工业体系完整性居全国领先水平。新能源、新材料、高端装备制造、精细化工在全国占据十分重要的位置。东北农业资源优势得天独厚,旅游资源丰富,文化独具特色,这些都为产业数字化提供了丰富的场景。辽宁省重点围绕解决装备制造、石化、冶金、轻工、采矿等行业痛点、堵点,截至 2023 年底,发布产业数字化应用场景资源达 2892 个。吉林省在汽车产业、石化产业、医药制造业、装备制造产业等领域具有传统优势,正在加快从初级自动化向高端数字化、智能化转型升级。黑龙江省农业综合机械化率高达 96.8%,位列全国第一,已建成 230 余个"互联网+"农业高标准示范样板基地,成为全国农业现代化的先行者、国家数字农业发展的新样板。

六、数字化创新资源实力雄厚

东北科技创新资源丰富,科研院所数量、国家级创新平台数量均处于全国前列。在软件密切相关领域,东北拥有中科院沈阳自动化所、中科院沈阳计算所两大国家级研究所;拥有十几个国家级创新平台,包括:东北大学的国家计算机软件工程研究中心、流程工业综合自动化国家重点实验室，吉林大学的汽车底盘集成与仿生全国重点实验室、知识驱动人机智能教育部工程研究中心，哈尔滨工业大学的机器人技术与系统国家重点实验室、智慧农场技术与系统全国重点实验室，中国科学院沈阳自动化研究所的机器人学国家重点实验室、中国科学院沈阳计算技术研究所的高档数控国家工程研究中心，东软集团的国家数字化医学影像设备工程技术研究中心等。围绕创新平台科研成果转化，形成的创新产品、新技术、新模式，持续支撑创新型企业不断涌现，已经成为软件产业和数字经济发展的新生力量。

第四节　东北软件产业存在的主要问题

东北软件产业在 20 世纪 90 年代的政企信息化时代，以及本世纪前十年的国家软件外包时代，抓住机遇取得了快速发展，形成了一定的产业规模和产业地位。随着信息通信技术和数字经济的高速发展，近十年来中国软件产业的竞争格局发生了较大的变化，东北软件产业的发展与东部区域的差距在拉大。2011—2021 年是中国软件高速发展的 10 年，东南沿海大部分城市保持 3—5 倍的高速增长，中部武汉市增长高达 11 倍，西部地区的西安也增长 7 倍以上。在东北，沈阳近十年仅增长 87%，在 15 个副省级城市中从 2011 年的第 6 位下滑至 2021 年的第 11 位；大连市近十年增长 15%，在 15 个副省级城市中从 2011 年的第 7 位下滑至 2021 年的第 13 位；沈阳和大连先后被济南、青岛、西安、武汉等城市全面赶超。东北软件产业近些年发展缓慢，存在着一些不容忽视的问题。

一、技术创新能力不强，产业变化适应能力不高

电子信息制造业和互联网产业是软件产业最重要的上游产业，2010 年以来，电子信息制造产业中心逐渐由日韩转移到中国东南沿海地区，以美国为

代表的互联网与移动互联网产业的快速壮大，促使软件产业的格局发生了巨大变化。深圳、杭州等东部城市在电子信息制造业和互联网产业的带动下，显示出强大的软件创新能力；武汉、成都、西安等中西部城市抓住东部中低端产业转移的机遇，利用人才资源优势，承接东部电子信息制造业的转移以及软件外包服务，实现软件产业快速成长。东北既没有在电子信息制造业和互联网产业形成新突破，也未能随着产业中心的转移而完成外包服务目标的转移和升级，软件产业发展没有跟上形势的变化。

二、产业规划引领不够，政策支持力度相对弱化

东北普遍缺乏对软件产业发展的顶层设计和规划引领，目前很多其他省、市都出台过软件产业专项规划，而东北各省、市至今鲜有发布软件产业专项规划。对软件产业缺乏持续的专项资金支持，近十年是中国软件产业大发展的黄金十年，相对于南京、济南、成都、武汉、厦门等一批城市不断出台软件产业新政策，东北各城市在此期间几乎没有新的政策出台。东北一些城市虽然设置了数字经济专项资金，但对软件产业的支持力度不够，无论是覆盖面还是精准度都存在不足。另外，东北缺乏对行业的分析、评估与指导，一些发达地区城市通过政府购买服务，开展软件行业监测分析工作，能够及时掌握软件行业运行情况，开展产业态势研究、政策效果评估，不断完善对行业的服务和支撑，这方面东北也比较欠缺。

三、行业龙头企业引领作用不足，产业聚集度仍需提高

东北发展软件优势在于软件基础人才资源丰富、成本低，培育壮大行业龙头企业，吸引国内外行业头部企业来东北建立研发基地是东北软件产业的一个重要的发展手段。2000年以来，大连软件服务外包崛起，IBM、戴尔、埃森哲、惠普、简伯特等一批大型跨国公司纷纷在大连设置研发基地，2010年以后则基本没有新的大型企业入驻。东北除了本土成长起来的东软集团、信华信、启明信息、哈工大软件等较大型企业外，几乎没有国内的行业龙头

企业在东北设置规模化的研发基地，而居于同样发展定位的西安市，则聚焦产业龙头企业，大力开展招才引智、招商引资活动，吸引华为、中兴、中软国际、腾讯、百度、大疆、浪潮、科大讯飞、海康威视等为代表的100多家国内知名企业，先后在西安建立研发基地，相继聚集了中国软件百强企业中的46家，收入过亿元企业143家，过万人企业4家。通过龙头企业的"强磁场"带动和辐射，成都、西安、武汉等中西部城市逐步形成规模化的软件产业集群。相比之下，东北目前软件行业龙头数量不多，产业聚集程度不高。

四、软件研发投入力度不够，产业数字化市场拉动力不足

2000年以来，受东北老工业基地整体经济下滑的影响，科技研发投入R&D经费严重不足，2023年全国科技经费投入统计公报显示，辽宁、黑龙江、吉林的R&D经费投入分别为676亿元、219亿元、229亿元，R&D投入强度为2.24%、1.55%、1.44%，分别位列全国第17位、21位、22位。研发活动规模小、强度低，很大程度上阻碍了东北软件企业的创新技术研发，降低了企业的核心竞争力。同时，东北传统企业的信息化投入能力下降，信息化发展水平严重滞后，据国家网信办等部门和机构发布的《2020年各地区信息化发展评估报告》，辽宁、吉林、黑龙江在31个省、市的信息化综合评估排名中分列18位、23位、27位，东北整体信息化水平已经低于全国平均水平。信息化建设是拉动软件产业的重要引擎，随着东北地区信息化市场需求下降，信息化发展水平滞后，不仅难于形成对外部优秀企业的吸引力，本地区的优秀企业也纷纷转移到外地或在外地开办研发基地，导致人才与企业资源严重流失。

五、产业链体系不健全，上下游协同效应不明显

以行业解决方案和国际软件外包为主发展起来的东北软件产业，在产业结构上还需要持续优化，需要不断强化产业链体系建设。移动互联网时代，

电子信息终端和互联网平台是软件的主要载体，在 2021 年评选的软件百强企业中，前 20 名中纯粹的软件企业仅有 3 家，大部分企业为消费电子和互联网企业，而东北本身缺少这样的企业，这是东北软件产业规模难以做大的主要原因。与东部地区相比，东北的创新活力明显不足，对高端人才吸引力不强，除个别领域外，整体上处于产业链中低端环节。并且关于如何做大中低端产业，也存在两个方面的突出问题：一是解决方案提供能力不强。面对大量的产业数字化升级需求，如何获取项目机会，解决方案供应商或系统集成商的能力和资质是关键；而东北的大型 IT 解决方案供应商数量不多，制约了大型工程项目的承接，只能承接分包的软件开发服务，处于价值链低端。二是产业链上下游协作关系脆弱。比较理想的状况是产品公司与解决方案公司集中精力在产品及解决方案规划设计上，把一些低端开发业务分包给下游的中小企业，从而带动整个产业链共同成长；而东北的状况是上下游合作较少，企业各自为战，不利于壮大产业规模。

六、产业生态建设不完善，行业影响力亟待提升

软件产业发展只有依托大型软件园区，才能形成要素集聚效应和产业规模效益。目前，东北软件园区的发展有待加快，园区产业规模需要持续壮大。例如，沈阳国际软件园营业收入占沈阳软件产业收入的 41.5%，成为沈阳软件产业发展的重要支撑，但相对于其他主要城市的软件园建设，还存在较大的距离。承担济南软件产业发展重任的齐鲁软件园，入园企业和收入近乎是沈阳国际软件园的 3 倍。再有，沈阳国际软件园主体是中小科技型创新企业，缺乏龙头企业的带动。软件园区建设发展过分局限于物理空间，不利于形成更大的生态系统。另外，中国软件名城作为我国软件产业集聚的主要载体，是打造城市影响力、推动软件产业集聚的重要抓手，我国已布局建设 14 个软件名城，广东省、江苏省、山东省都已经各自在省内建成两个"中国软件名城"，而东北至今尚无一个"中国软件名城"。

第五节　东北软件产业面临的机遇与挑战

数字经济时代来临，国内外软件产业的发展格局发生巨大变化，东北软件产业的发展机遇与挑战并存。一方面，数字中国建设、数字经济发展、产业数智化发展、新一轮东北振兴战略为东北软件产业发展带来重大利好。另一方面，面对国际和国内的激烈竞争，来自技术、人才、市场、成本方面的不利因素也构成对东北软件产业实现新时代发展目标的严峻挑战。

一、东北软件产业发展新机遇

软件作为信息技术关键载体和产业融合关键纽带，成为我国新时期抢抓新技术革命机遇的战略支点。"软件定义"是新一轮科技革命和产业变革的新特征和新标志，已成为驱动未来发展的重要力量；全球产业格局加速重构，新发展格局赋予软件产业新的使命。从东北地区来看，随着新时代东北全面振兴战略的实施，东北承担起维护国家"五大安全"重大使命，构建新发展格局推动东北经济高质量发展成为我国重大战略任务，发展数字经济，充分释放软件融合带来的放大、倍增和叠加效应，成为实施这个战略任务的重要支点，东北软件产业迎来前所未有的发展机遇。

第一，数据要素驱动为软件产业带来新生态。以大模型、大数据、云计算为代表的数字技术的一系列革命性突破，引发了传统生产要素以及以数据为代表的新生产要素的融合与创新配置，成为推动新质生产力发展的重要技术"底座"。数据要素的集聚呈现向区域中心化发展的趋势，而数据要素集聚将决定未来软件产业的集聚。目前，国家正在布局全国一体化大数据协同创新体系以及算力枢纽节点，东北在气候条件以及电力供应方面具备优势，工业数字化前景看好，具备建设东北枢纽节点的有利条件。以数据要素的集聚推动软件产业的集聚，将成为东北软件产业一个重要的增长点。

第二，软件核心技术自主可控为软件产业注入创新活力。国家对基础软件、工业软件的重视达到前所未有的高度，随着国产化替代的步伐加快，核心软件被国外厂商垄断的局面将被打破，基础软件、工业软件等产品的核心开发商及相关外包开发商迎来了很大的发展机遇。东北软件不少企业长期为国际巨头软件公司提供外包服务，具有国际化的软件交付能力和高水准的软件工程能力，在推动国家自主可控软件开发服务方面具有很好的潜力。

第三，全行业数字化转型为软件产业带来巨大增长极。数字经济推动全行业数字化转型，软件产业加速与各领域深度融合，围绕大数据、云计算、区块链、物联网、虚拟现实等数字技术，正持续涌现出一系列新经济增长点。软件正在以物联化、平台化、智能化的方式赋能千行百业，加速智慧农业、智能制造、智慧物流、智慧金融、智慧交通、智慧医疗、智慧教育等智能场景落地，这对于多年在行业领域深度耕耘的东北软件产业是巨大发展机遇。

第四，构建东北新发展格局为软件产业发展带来新空间。国家正在启动新一轮东北振兴战略，而推动东北产业结构升级是新一轮东北振兴的核心驱动力。产业结构升级的巨大需求推动软件加速向各行业、各领域渗透融合，促成新产业、新业态、新商业模式，软件产业作为引领多领域、多维度、深层次变革的引擎，将广泛拓展市场需求边界。

二、东北软件产业发展面临的挑战

东北软件产业发展在国内外环境、区域间人才、市场和技术的竞争，以及发展中积累方面存在许多问题，这使软件产业发展面临许多新的挑战。

第一，中美高技术领域竞争加剧导致美国对中国高科技企业的制裁，依赖美国技术的产业链被断链等情况时有发生，东北软件产业以行业领域的应用软件为主，大多基于美国基础软件以及中间件构筑，一旦发生底层生态的切换，将受到很大冲击。

第二，国内主要城市都在大力发展软件产业，目前不少城市提出软件规模扩增计划、软件名城建设规划，拼抢软件市场以及高端人才的大战愈演愈烈，产业竞争态势日益加剧。

第三，软件云化、平台化、服务化趋势加快，软件产品和服务向基于云计算方向发展，向一体化软件平台的新体系演变，产业模式从传统的"以产品为中心"向"以服务为中心"转变，相对于"ToC"型软件，"ToB"型软件在云化、平台化方面是滞后的，这对常年从事"ToB"型软件研发的东北软件企业，也是一个较大的挑战。

第四，软件人才特别是高端软件人才流失加剧。东北高端人才流失现象比较严重，软件产业更是成为人才外流的重灾区，人才梯队不稳定，吸引和留住软件人才均面临挑战。虽然政府对人才也很重视，陆续出台各种人才政策，但真正收效还有待时日。

第六节　东北软件产业发展的战略选择

本节根据东北软件产业发展现状以及数字经济时代下面临的机遇与挑战，采用 SWOT 分析方法对东北软件产业进行分析，并在此基础上寻求东北软件产业发展的一些策略选项。详见表 9-1。

表 9-1　东北软件产业 SWOT 分析

外部分析 ＼ 内部分析	优势 S	劣势 W
	· 国际化工程能力较强	· 产业结构不平衡，过重企业端
	· 垂直领域形成知识沉淀	· 自主创新能力不强
	· 工业体系完善，场景丰富	· 传统产业数字化转型滞后
	· 科教资源丰富、人才成本低	· 生态不健全，行业影响力弱

续表

机会 O ·数据要素孕育产业新生态 ·重视基础软件、工业软件 ·全行业数字化转型的机遇 ·新时代东北振兴的驱动	SO 战略（增长型战略） ·构建东北数据要素中心 ·大力发展新型工业软件 ·大力发展数字内容产业 ·加快软件服务规模化成长	WO 战略（扭转型战略） ·构建产业驱动型成长模式 ·加快引入硬件及平台型企业 ·优势领域加强创新能力建设 ·推进制造业融合创新
威胁 T ·中美高技术领域竞争加剧 ·主要城市产业竞争加剧 ·云化、平台化的发展趋势 ·软件人才流失加剧	ST 战略（多元化战略） ·积极融入国家信创产业 ·领军型人才、龙头企业引进 ·加快行业软件的升级 ·构筑软件人才培育高地	WT 战略（防御性战略） ·坚持软件服务的核心定位 ·构建解决方案供应商能力 ·加大政策优惠、优化生态 ·促进区域合作、资源共享

一、SO 战略（增长型战略）

根据东北软件产业发展优势和未来发展机遇，归纳 SO 备选策略如下：

第一，构建东北数据要素中心。积极争取国家一体化大数据中心创新体系东北算力枢纽节点建设，构建东北数据要素聚集地、东北数据要素交易市场，进而推进相关软件产业集聚。

第二，大力发展新型工业软件。充分发挥东北在工业场景资源和数字资源方面优势，发展工业嵌入式软件、工业互联网以及工业智能软件。充分利用东北地区工业自动化领域的优质创新资源，深化产学研合作，加强军民融合，选择优势领域联合攻关，形成技术优势，在国内工业软件占据一席之地。

第三，大力发展数字内容产业。数字内容产业是信息技术与文化创意高度融合的产业形式，东北特别是辽宁地区，在音乐、美术、体育等方面具备良好的教育资源，每年培养大批创意人才；东北在文化传媒领域具有独特优势，涌现出大量的东北籍自媒体人。依托辽宁省工业设计研究院是国家级工业设计中心，以及许多这类工业设计方面的优质资源，大力发展工业设计，挖掘东北数字内容产业的发展潜力。

第四，重中之重还是规模化增长的问题，只有规模化增长才能聚敛人气，形成良性循环，应利用自身的优势不遗余力地推动产业规模增长，将软件外包推广到国内的大型国企、民办企业、私营企业，凭借过去积累的国际软件外包的成功经验，积极发展国内的软件外包。

二、WO 战略（扭转型战略）

根据东北软件产业发展劣势和未来发展机遇，归纳 WO 备选策略如下：

第一，构建产业驱动型成长模式。目前，东北软件产业主要模式是软件服务外包及行业解决方案，软件服务外包主要面向日本、欧美等发达国家和地区，行业解决方案更多的是面向国内信息化发展较好的省、市，基本属于外向型，内部产业驱动不足是东北软件产业发展滞后的主要原因之一，随着东北工业数字化升级以及智慧城市建设的加快，要重视数字化需求侧与供给侧的有效配合，以产业数字化需求拉动软件产业成长，形成产业驱动型成长模式。

第二，加快引入硬件及平台型企业。电子信息硬件产品与互联网平台是最重要的软件载体，这类企业将极大地带动软件产业成长，东北在这方面存在明显短板，中西部地区在承接东部知识密集型产业转移方面做得较好，东北需要学习这方面的先进经验。

第三，优势领域加强创新能力建设。在东北创新能力和高端人才吸引力不占优的情况下，创新方面要有所为有所不为，应聚焦智能网联汽车、智能机器人、数控系统、智能医疗等优势领域，加强创新，形成部分领域领先。

第四，推进制造业融合创新。当前，东北制造业企业数字化升级进展较慢，除了制造业经营状况因素外，软件企业与制造业企业的融合不够是一个重要原因，应推动软件企业与制造业企业深度合作，甚至包括资本层面的合作，如合资共建创新型企业等。

三、ST 战略（多元化战略）

根据东北软件产业发展优势和发展挑战，归纳 ST 备选策略如下：

第一，积极融入国家信创产业，积极承接信创产业开发外包，同时加快既有行业应用软件的全国产化适配，形成一批高水平的国产系统技术方案和行业应用方案。

第二，持续加大对行业龙头企业和领军型人才的引进。为在全国各城市软件产业的激烈竞争中处于不败之地，领军型人才至关重要，根据东北软件产业发展特点，要重点引进解决方案咨询类、结构设计类、数据治理规划类等方面高级人才。

第三，推动开放合作，加快行业软件的升级。以行业应用软件开发以及行业解决方案为主的东北软件企业，要加大与运营商、大型互联网厂商的合作，共同构建云化、平台化生态，加快行业应用软件的云化、平台化升级。

第四，持续加大软件人才培养体系建设，构筑软件人才培育高地。充分发挥东北科教资源优势，以数字经济职业技能培养为目标，建立汇集高校、职业院校、科研院所及企业的联合培养机制，批量培养多层次数字化应用型人才，打造数字经济人才培养高地，支持有条件的大学建设国家级"特色化示范性软件学院"，支持区域内音乐、美术、体育等艺术类院校融合数字技术，培养数字创意和数字内容产业所需人才。

四、WT 战略（防御性战略）

根据东北软件产业发展劣势和发展挑战，归纳 WT 备选策略如下：

第一，坚持以软件服务为核心的定位。东北软件产业除了个别优势领域外，在大的方向上还是要回避自身在产品研发方面的先天不足，坚持软件外包服务、行业解决方案的发展方向。在软件外包服务方面，要积极在国内电子信息制造和互联网的产业链条上获得更多的机会。在行业解决方案方面，要与东北产业数字化转型形成有效的相互驱动模式。

第二，增强行业解决方案供应商能力。软件开发工作来源于上游的产品开发商，以及企业系统解决方案供应商，东北软件产业的系统解决方案供应商能力不足，也是产业规模难以放大的重要因素。

第三，加大政策优惠，营造良好的发展环境。东北在软件产业方面的规划布局，以及支持政策方面，与先进城市都有较大差距，应对标软件名城、名园的标准以及先进城市发展经验，努力完善发展环境，创造发展条件，增强发展动力。

第四，加大东北区域合作和实现协同发展。抱团取暖，促进区域人才、数据、技术等资源的开放共享，促进区域内供需的有效对接，共同研究和探索构建东北亚数据经济中心以及数据贸易中心的路径，形成合力，共同推进。

第七节　东北软件产业重点发展方向

本节从软件产业细分领域角度来梳理上述 SWOT 策略分析结果，总结东北软件产业的重点发展方向。东北软件产业发展应以工业软件、行业应用软件、信息安全软件、人工智能软件、数字创意领域为主攻方向，巩固提升优势产品和服务，加快布局新技术和新应用，推动软件产业与其他产业融合发展，充分释放数字技术对经济发展的放大、叠加和倍增作用，为产业发展注入新的推动力。

一、工业软件

东北各省都把发展工业软件作为数字产业化的发展重点，东北软件企业应利用好这个发展契机，推进软件技术与工业技术的深度融合，大力发展工业软件。在实际工作中，针对东北在大型通用工业软件产品方面比较薄弱，工业软件投入大、风险高的特点，需要扬长避短，谨慎选择工业软件的发展路径。

第一，优先发展产品与装备的智能化软件。东北是我国重要的装备制造业基地，随着万物互联的时代来临，产品与装备的数字化、网络化、智能化是发展的必然趋势，要加快推动软件与工业产品的结合，提升产品自感知、自诊断、自决策、自执行能力。推动东北在机床装备、电力装备、工程机械、机器人、运载装备等领域的产品与装备整体升级为"智能一代"，重点围绕智能网联汽车、智能机器人、数控机床、数字医疗设备、无人机等产品，开展嵌入式软件系统研发，突破嵌入式操作系统、嵌入式数据库核心技术，开发软硬一体化中控系统，提升软件附加值，通过量产带动软件规模和效益成长。同时，提供装备智能化构建智能运维服务平台，支撑制造业向生产服务型加速转型。

第二，构建生产控制类工业软件新优势。生产控制类软件需要与工业制造场景深度融合，共同打造大型工业软件厂商传统企业融合协同发展的局面。东北应基于在生产控制类工业软件领域的良好基础，充分利用在自动控制、流程工业自动化领域的丰厚技术资源，结合工业场景优势，面向装备、汽车、电力、冶金、石化、医药等行业领域，努力构建与行业特征深度融合的 MES、DCS、SCADA、APS、CAPP 等系统，在细分领域形成一批优秀的生产控制类软件。

第三，积极发展工业互联网平台软件。面向智能制造时代，以工业互联网平台、工业大数据分析、工业智能为核心的新一代工业软件，逐步成为推进工业转型升级的核心。目前，在工业互联网平台研发方面，我国还处于初级阶段，市场格局尚未形成，应利用东北制造业数字化的场景资源优势，大力发展工业互联网平台，针对具有特色的工业企业优先发展专业型平台，推动新一代信息技术与工业机理模型融合创新，开展协同设计、共享制造、供应链升级、资源统一调度等，并形成示范应用，继而面向国内同行业推广。

第四，开拓细分领域工业设计与仿真软件。工业设计与仿真软件是工业软件的制高点，一直以来被国外垄断，随着国家推进解决"卡脖子"问题，工业设计仿真软件迎来较好的发展机遇。工业设计仿真软件的本质问题在于工业知识的沉淀和表述，东北虽缺少专业的设计仿真软件厂商，但在制造业却有很多的工业知识沉淀，特别是东北拥有较多的大型央企和军工企业，他们有很多场景需求，在技术和资金方面实力雄厚。在实施路径上，可优先梳理国外产品，探讨国产化替代的可行性。通过有效地整合工业设计、工业制造、软件资源，在细分领域组织设计仿真软件研发，将机会转化为发展效果。

二、行业应用软件

行业应用软件在东北软件产业中占比较大，在诸多领域拥有一定较深的经验积累。应聚焦优势行业，凭借对新兴技术的把握、理解及服务经验，主动挖掘跟踪客户需求，研究新技术在具体场景中的应用，加快升级软件产品，推进行业解决方案向物联化、平台化、智能化方向发展。鼓励软件企业与行业龙头企业联合，协同研发行业专用软件产品。

第一，面向金融、交通、能源、物流、电信等重点行业，大力发展行业智能化解决方案，开展数据分析等新型服务。面向医疗、卫生、教育、养老、社保等公共服务领域，创新服务模式，构建新型信息技术服务支撑体系。

第二，面向东北现代农业发展需求，围绕农业生产管理、经营管理、市场流通等环节，发展智慧种植、智慧养殖相关应用软件与解决方案，推动产品质量安全追溯、农业大数据应用、涉农电子商务等平台化发展，以软件赋能智慧农业创新发展，打造东北智慧农业全国示范标杆。

第三，围绕餐饮、娱乐、出行、文化、旅游等居民生活服务领域消费需求，培育线上线下结合的服务新模式，发展基于软件与互联网的分享经济服务新业态，以及各类创新型的产品和服务，助力网红经济、直播带货、东北红色旅游、全域游、全季游产业发展，注重冰雪经济品牌建设。

第四，围绕智慧城市建设，重点发展智慧交通、智慧社区、智慧政务等领域的智能化解决方案和服务。

三、信息安全软件

巩固东北软件企业在网络安全、数据安全、终端安全、密码算法等领域的传统优势，积极发展面向工业互联网、车联网、人工智能应用等新兴领域信息安全相关产品和解决方案，加快虚拟化安全、数据安全隔离与加密、安全中间件、数据备份与恢复、网络安全等关键技术研发及产业化。

第一，加强网络安全领域研究。重点围绕工业互联网、车联网、物联网等新兴应用场景，建设网络安全测试验证、培训演练、设备安全检测等共性基础平台，提升网络攻防靶场、网络信息安全检测等配套能力；加快推进行业网络安全态势感知平台建设，着力提升支撑网络安全管理、应对有组织高强度攻击的能力。加强对车载终端安全、自动驾驶安全等车联网安全的技术研究。

第二，加快工控安全领域布局。加强工业互联网安全监测和态势感知能力建设，针对工业可编程逻辑控制器（PLC）、分布式控制系统（DCS）、数据采集与监控系统（SCADA）等易受攻击的领域，重点研发工业防火墙、联合安全网关、工业 PC 安全防护等隔离和加密认证装置。

第三，构建商业密码应用领域新优势。加强加密算法、数字签名、数字认证、密钥管理等密码产品和访问控制、安全审计、反恶意软件和 APT、DLP、ICS 防火墙，网络风险监控等网络安全产品的研发，增强商用密码产品检测、商用密码资源支撑服务能力。

四、人工智能软件

随着大模型、生成式 AI 等技术的快速发展，新一轮人工智能浪潮以不可阻挡之势席卷而来，人工智能技术将进一步走向实用化，成熟的人工智能技术作为一种新质生产力的代表，正广泛向制造、农业、医疗、金融、交通、教育等各领域渗透。东北应该抓住人工智能产业发展机遇，在既有的自然语言理解、机器视觉等优势领域深化研究，形成重点突破，更重要的是加强人工智能技术在传统行业领域的应用，利用东北在数字化场景以及数据要素资源方面的优势，大力开展人工智能应用软件的研发和示范应用，推动行业数智化升级。

第一，加强人工智能核心技术攻关及成果转化。依托东北大学自然语言处理实验室、吉林大学知识驱动人机智能教育部工程研究中心、哈尔滨工业大学机器人技术与系统国家重点实验室、沈阳自动化研究所机器人学国家重点实验室等人工智能相关领域优质的创新资源，健全产学研协同创新机制，面向东北智能产业的需求，在自然语言理解、计算机视觉、新型人机交互、智能控制与决策、机器学习、深度学习、大语言模型等人工智能核心技术领域联合攻关，加快产品开发及成果转化，形成人工智能核心技术的供给源。

第二，深化人工智能技术的行业应用。以沈阳国家新一代人工智能创新发展试验区为引领，深挖行业应用场景，大力开展人工智能创新应用。加快推动最先进的人工智能技术在智能机器人、智能汽车、智能医疗领域应用，形成全国领先优势。积极打造智能制造、智慧商圈、智慧供应链、智慧物流、智慧金融、智慧能源等人工智能创新场景，加快培育智能化的先进制造业和现代服务业。围绕智慧城市建设，面向教育、文化旅游、交通、环保、应急、社区、养老等领域开展人工智能应用示范，推进人工智能新技术、新产品、新模式在民生和社会治理领域落地应用。

第三，推动 AI 大模型融合纵深发展。探索大模型在各行各业的具体场景应用，研究通用大模型落地垂直行业的痛点，通过大模型专业数据集扩充、典型行业应用场景规则，优化模型构建、算法训练优化等方式，构建与业务场景深度融合的垂直领域大模型。推动大模型技术与既有行业解决方案融合，聚焦医疗、金融、传媒、文旅、政务、制造业等领域，加快大模型在垂直行业落地，成为赋能产业数智化转型的新动力。

五、数字创意领域

发挥东北在音乐、美术、体育、影视等方面的科教资源优势，促进软件企业、数字内容制作企业与艺术类高校，以及工业设计、文化创意等企业融合创新，推动数字创意与工业制造、文化旅游、媒体传播、体育赛事、健康服务等各领域融合渗透，扩大优质数字创意产品供给，培育更多新产品、新服务、新业态，推动支撑新产品、新服务、新业态的软件产业持续形成规模。

第一，加强数字创意领域软件技术研发。锚定数字化采集与建模、数字高速渲染、虚拟现实、增强现实、全息成像、裸眼 3D、AI 绘制、云端渲染、人机交互、内容增强、智能生成与设计、视听感知处理、数字版权管理等发展方向，构建先进技术与大型云端服务性产业化软件平台，带动相应软件规模化发展。

第二，推动数字创意产业与文旅产业的融合发展。面向旅游、演艺、体育、会展等产业数字化新需求，加强数字内容供给，培育交互式、体验式的融合新业态。以工业文化旅游、红色文化旅游、冰雪文化为重点，推进智慧景区、智慧场馆建设，打造"元宇宙＋"新型应用场景领域应用，推出沉浸式全景在线产品。促进数字文创与社交电商、网络直播、短视频、在线教育等在线新经济融合，发展文创电商、文创直播等模式，加快融媒体平台建设，推动文化创作、文化服务、文化消费产业化发展。

第三，推动数字创意与工业设计的融合发展。以东北域内国家级工业设计中心为核心，推进前沿数字技术在工业设计领域的应用，利用数字化手段全面提升产品设计、系统设计、工艺流程设计、商业模式设计的水平与效果，建设创意数字化转化平台，发展基于互联网的个性化定制、众包设计等新模式，壮大东北软件产业规模。

第十章

东北软件产业发展对策

推动东北软件产业高质量发展，不仅需要明晰产业发展路径和重点发展方向，更需要从政策引领、市场驱动、技术创新、产品研发、应用推广、企业发展、人才培养、产业聚集区以及产业支撑体系建设等多个维度形成推进综合措施，各方面协同发力，共同构筑有利于软件产业高质量发展的生态环境。在推动产业发展过程中，政府、企业、高校与科研院所、第三方服务机构是产业生态建设的重要主体，分别承担政策引领、产业建设、技术与人才输出、支撑体系建设的重要职责。① 本章围绕东北软件产业发展路径及重点方向，重点针对这四大类软件产业生态构建主体，分别提出具体的发展对策建议。

第一节 政府侧：强化政策引导支持，优化发展环境

软件产业作为新兴产业以及政策敏感型甚至依赖型产业，自始至终需要政府的扶持和引导。东北软件产业曾经的快速发展，得益于政府产业政策的引导支持；未来软件产业的高质量发展，仍然离不开软件政策的引领推动。面向东北振兴、数字东北建设的新形势，政府应重点从软件产业的顶层设

---

① 陈立辉，卞孟春，刘建 . 求索：中国工业软件产业发展之策［M］. 北京：机械工业出版社，2021：
77–83.

计、区域产业、产业数字化驱动、优化产业环境等方面发力，从政策上形成推进软件产业发展的有效措施。

一、加强顶层设计和政策引领

"十四五"以来，东北三省加强了数字经济的发展规划，分别发布了《数字辽宁发展规划 2.0》《"数字吉林"建设规划》《"数字龙江"发展规划（2019—2025 年）》，发展数字经济驱动东北产业振兴已经形成共识。软件是数字经济的基础，是数字中国建设的关键支撑，如何提升软件产业的支撑能力为数字化建设提供强力技术供给，同时如何借助发展数字经济的机遇拉动软件产业增量提质发展，从战略角度制定科学合理的软件产业发展规划，注重对软件产业发展的顶层设计和规划引领，是东北三省四市应给予重点关注的问题。

第一，加强软件产业发展的整体规划。针对各省在软件产业细分领域的特点，结合各省在数字经济领域的发展规划，制定体系化的软件产业中长期发展方案。[①] 要细化产业发展布局，认真规划区域产业发展重心，做到有所为有所不为，既要充分利用已有的优势，提升细分领域核心竞争能力，形成产业龙头带动作用，又要根据产业数字化发展需求，引进培育短板领域，以产业数字化带动软件产业发展壮大。根据各省产业发展条件，聚焦工业软件、嵌入式软件、行业应用软件、信息安全软件等重点领域，加强核心技术攻关，提升产业链整体能级；加快培育云计算、大数据、信息安全等软件技术和产品，积极布局人工智能、元宇宙、区块链等新赛道，培育产业发展新动能；针对各省发展数字化转型的重大项目需求，有计划地引导本地软件企业加大相关软件研发投入，吸引外部优秀企业在本地设置研发机构，形成本地软件技术供给，促进数字产业化与产业数字化共同发展。

第二，完善软件产业政策配套体系。根据产业发展战略和规划，构建满足产业发展需求的地方政策体系，为重点产业发展制定自主研发、合作研

---

① 赵岩.工业和信息化蓝皮书：软件产业发展报告（2021~2022）[M].北京：社会科学文献出版社，
2022：12-26.

发、招商引资、跨国并购等不同的发展路径，并为各种发展路径制定不同的支持政策。调整完善产业园区、财税、人才、招商、双创等政策措施，建立健全政策措施落实监督机制，不打折扣地落实好软件企业所得税优惠政策。要加强东北三省四市之间政策协同，通过协同完善顶层设计，促进区域协同合作，实现产业错位布局；通过强化组织协调机制，共同培养产业链、供应链等措施，进一步提升东北软件产业协同发展能力。

第三，加强软件产业运行监测和发展状况评估。确立软件产业运行监测评估机制，完善软件产业运行指标采集体系及数据上报机制，准确、及时地反映软件产业的发展状况、趋势和问题。定期开展专题评估与深度研究，发布软件产业发展报告，直观反映产业发展态势，对国内其他地区软件产业进行竞争力对比分析，揭示地区软件产业的优势与短板，及时提供发展指导和政策建议，为政府、企业和投资者提供决策参考。

二、加强区域产业协同

东北地区三省四市应积极发挥区域资源禀赋优势，深化联动，密切协作，共同打造数字经济发展的基础支撑，合力提升软件供给能力，推动东北地区软件产业协同发展取得更好质效。

第一，加强数字基础设施建设的协同。共同争取建设全国一体化算力网络国家枢纽节点，形成东北区域算力中心与存储中心的统一部署，深度融入国家一体化大数据中心协同创新体系的战略布局。发展辽宁以实时算力中心为主、黑龙江和吉林以大数据存储、容灾备份中心为主的东北区域的数据中心协同布局，构建"一群多城、群城两级、多层异构、云边协同"的一体化大数据中心空间格局，统筹东北区域的各类政务云、公有云、私有云等各类数据中心资源，在物理上形成一个算力枢纽和多个重点区域城市数据中心的供给结构。[①] 构建一体化算力服务体系，加快建立完善云资源接入和一体化调

---

① 陈锡民，徐利，窦丽莉.打造浑南科技城数据要素集聚新高地助力沈阳建成"东北数字经济第一城"[J].辽宁经济，2023（02）：42-47.

度机制，打造集成基础算力资源和公共数据开发利用环境的公共算力服务，面向政府、企业和公众提供低成本、广覆盖、可靠安全的算力服务。

第二，加强数据要素市场建设的协同。研究共建东北数据要素交易中心，形成"一中心、多层次、多元化"数据要素市场生态体系，打造区域中心化的数据要素流动交易平台，完善数据要素交易平台标准和监管体系，根据实际需求不断完善交易平台的功能，促进数据交易平台规范发展，加快数据跨区域、跨行业流通。统筹制定促进公共数据开发利用的政策法规，健全完善公共数据授权运营机制，引导大型央企国企、大型互联网企业加大数据流通使用。开展数据跨境流通合作，集三省之力共同打造以面向东北亚为主的数据跨境流动互信合作平台，开展数据跨境监管及安全审计，提高数据跨境流动监管效率，探索建设离岸数据中心，重点围绕跨境电商、物流运输、数字文化等领域，大力推进东北亚国际数据合作，积极参与"数字丝路"建设，强化同俄罗斯远东地区及东北亚国家的合作对接。

第三，加强软件技术与产业数字化应用的供需协同。促进东北各区域在数字产业化与产业数字化建设方面的政策联动，推动东北区域内软件技术供给方与产业数字化建设需求方的有效对接和供需匹配，实现区域内优势互补，互利互惠。建立数字化转型协同机制，推动各地数字化转型促进中心的信息共享，通过聚集、开放、共享服务商的资源、业务、能力等要素，助力应用企业精准识别和有效发现东北区域内优质服务商。建立区域协作平台，通过线上线下相结合的信息化协作，提供项目发布、技术需求对接、资源共享、在线交流等功能，打破地域限制，促进区域内各主体的信息共享与合作。建立标准化的需求表达机制和评估体系，确保技术需求的准确传达和有效匹配。

第四，加强数字化人才培养的协同。推动东北地区搭建协同创新育人平台，推进资源共建共享，在人才交流、平台构建、信息共享、品牌共建、项目落地、活动组织等方面展开深入合作，共同搭建高端化、专业化交流合作平台。加强高等学校联盟建设，深化职业院校合作，推动东北地区人才联合培养；加强三省在产教融合方面的深度合作，鼓励校企跨省合作，共建特色化示范性软件学院，推进校企高端人才互认互聘，共建学生就业基地，提供更多的实习、见习、实训资源，创造更多的就业机会。加强人才支持政策协调，健全职称资格、职业资格区域内互认制度。

三、发挥有效市场需求的拉动作用

东北地区数字经济发展释放了本地市场和应用需求，提供促进软件产业快速发展的持续动力。政府应有效利用数字经济发展契机，为本地软件产业发展创造良好条件，拉动软件产业成长壮大。

第一，积极引导本地软件企业投入产业数字化建设。政府要有计划分步骤开展智慧城市建设，同等条件下优先支持本地区软件企业做"示范工程"和"试点工程"，为企业创新释放需求领域，利用首版次软件扶持政策，支持企业形成成功实施的业绩案例，进而向全国乃至全球销售市场提供产品与服务。支持本地区各行业和各领域与本地软件企业合作开展智慧应用、两化融合项目建设，提升传统行业的网络化、信息化、智能化水平，打造软件企业行业应用新产品和新服务，为走向全国乃至世界市场奠定基础。

第二，以数字经济建设拉动区域软件产业成长。针对东北软件龙头企业匮乏的现状，以数字化建设需求为牵引，加大招商引资力度，引进一批国内外行业领军企业、品牌企业来东北设立区域总部、研发中心等，并通过外引龙头企业，内培中小企业，构筑企业梯度发展态势，夯实东北软件产业可持续发展能力。引导一批创新能力强、市场潜力大、成长性好的中小软件企业，走"专精特新"发展之路，积极培育软件细分领域的"小巨人"和"单项冠军"。指导一批优质企业进入国家鼓励的重点软件企业清单，积极推动一批优势企业通过兼并重组发展上市。

第三，促进数字创意向相关产业渗透拉动数字创意产业快速增长。推动数字文化创意和创新设计在电子商务、文化旅游、"三农"经济、公共管理等各领域应用，培育更多新产品、新服务、新业态，形成有利于创意经济发展的市场格局。提升旅游产品开发和旅游服务设计的文化内涵和数字化水平，促进虚拟旅游展示等新模式创新发展。挖掘创意"三农"发展潜力，提高休闲农业创意水平，促进地方特色农产品、乡村文化开发，以创意民宿推动乡村旅游发展和新农村建设。推动数字创意在医疗、展览展示、地理信息、公共管理等领域应用。构建数字创意相关项目资源库和对接服务平台，创新使用多种形式的线上线下推广手段，广泛开展会展活动，鼓励行业协会、研究机构积极开展跨领域交流合作。[①]

四、持续强化软件产业发展的聚集载体

政府需要在软件产业集聚区建设、营造软件产业发展氛围、扩大产业影响力等方面加大力度，为产业发展构建良好的支撑环境。[②]

第一，做优做强东北软件名园。支持以大连软件园、沈阳国际软件园、长春软件园、哈尔滨软件园为代表的重点软件产业园区，对标中国软件名园建设标准，不断增强其在产业规模、高质量发展等方面的集聚效应和领先优势。创建新兴、特色软件园和产业集群，推动软件产业提质增效。重点引进和培育一批核心技术突出、创新能力强、发展潜力大的国内外优势软件企业，引导重大工程和重点项目向园区集聚。

第二，支持创建软件名城。支持沈阳、大连对标中国软件名城建设标准，高水平创建中国软件名城。加快科技、企业、人才等创新要素集聚，塑造软件品牌形象，提升产业影响力，形成技术先进、服务完善、应用繁荣、保障有力的产业生态。强化沈阳、大连对东北软件产业的产业集聚效应和辐射带动作用，构建"双城引领，多点突破"的产业发展新格局，提升核心城市区域合作水平，加快打造全国领先的信息技术服务产业集群，引领东北软件产业高质量发展。

第三，扩大软件城市的影响力。办好大连"中国国际数字和软件服务交

① 金江军.数字经济引领高质量发展［M］.北京：中信出版集团，2019：120-122.
② 王明友，李向辉，赵奕，崔纯.我国软件产业链整合研究［M］.北京：冶金工业出版社，2019：89-103.

易会"，借助沈阳"全球工业互联网峰会"、长春"先进装备制造业博览会"、哈尔滨"国际装备制造业博览会"等展会，搭建"软件赋能"主题分会，策划举办"国际软件融合创新博览会"等展会或软件大赛，"人工智能创新大赛"等活动。通过展览展示、会议论坛、赛事活动和传播推广等多种形式，搭建政、产、研、学、用各界深入交流的平台，彰显企业形象，创造交易机会，推动行业融合，助力科技创新，加强区域合作，促进国际交流，扩大东北软件产业的影响力。

第四，进一步优化营商环境。切实解决企业发展难题，为企业做好全方位服务，以良好的营商环境助力企业发展。同时，加大对软件产业、重点企业、名优产品的宣传，打造城市和产业整体形象，形成正向吸引力，提升国内外及行业关注度，拉动产业投资、项目进驻和人才流入。以适合软件产业做大做强的发展环境，支撑东北软件跃上新台阶，支撑数字经济达到新水平，支撑东北全面振兴实现新突破。

第二节　企业侧：强化自主创新，提升竞争能力

软件企业是驱动经济社会全面数字化转型、推动数字经济繁荣、赋能实体经济升级、创新核心技术、培育新型业态与就业机会的关键主体。软件产业高质量发展的关键在于软件企业的核心竞争能力的提升，包括提升技术创新能力、产品交付能力、集成化行业解决方案能力等。

一、加强核心技术自主创新

东北软件行业多数企业长期集中在行业应用开发领域，处于产业链中下游，其特点是按客户需求定制开发，在自主产品方面创新能力不强，研发投入不足，自主软件产品销售规模不大，产业效益占比较低，规模增长不快。要坚持问题导向，综合施策，选择优势领域，加大重点投入力度，依靠创新

驱动，尽快形成局部突破。

第一，积极开展细分领域基础软件研发。东北软件企业需要面向细分领域，聚焦智能网联汽车、智能机器人、无人机、数控机床等智能设备的操作系统等基础软件。目前市场上的智能设备基础软件，仍有大部分还处于初级阶段，市场格局尚未形成，都在争夺市场主导地位，存在较大发展空间。沈阳新松公司与哈尔滨严格集团在智能机器人领域，东软集团、长春启明信息在智能网联汽车领域，在相应终端产品上也在尝试相应操作系统的研发。应鼓励以龙头企业为主体，健全产学研机制，加大在智能机器人、智能网联汽车等领域基础软件研发投入，开发自主可控产品，占领行业高地。

第二，大力开展新兴软件产品的自主研发。随着新一代信息技术向行业的深度渗透，催生了对云计算、大数据、人工智能等技术应用的基础支撑软件和工具的大量需求。另外，大量行业领域专家参与到数字化转型进程中来，由于行业专家缺少 IT 技术背景，企业也需要降低成本，快速构建业务场景，因而低代码甚至是无代码的开发工具和平台受到广泛欢迎。实际上，这些基础应用支撑软件和低代码、无代码开发工具都具有一定的行业属性，是从行业应用中抽取共性形成的软件产品，东北的一些骨干软件企业长期深入行业实践，在开发行业共性基础支撑软件和工具方面有一定优势。应大力推进云计算、大数据、物联网、人工智能、区块链等新兴技术与产业需求的结合，注重开发系列平台产品及工具，包括平台架构、智能感知、数据集成、数据治理、业务建模、数据分析、知识系统、智能决策等方面，形成软件授权销售模式，加快实现以自主 IP 推动规模化成长的业务转型。

第三，积极投入信创产业生态建设。随着全国信创产业的持续推进，未来几年信创产业将开始在重点行业领域全面推广，产业迎来黄金发展期。沈阳已经引进了华为、联想等一些信创产业的头部企业。东北软件企业应积极投入到信创产业生态建设中去，围绕国产 CPU、操作系统、数据库、中间件等基础软硬件，开展行业软件、服务软件等兼容性适配验证，形成一批高水平的适配国产硬件的系统技术方案和行业应用方案。

二、提升软件产品与服务交付能力

软件企业的交付能力是关乎客户满意度、市场地位、成本效益、创新发展、战略实施的关键要素。只有具备高效、稳定的交付体系，企业才能在扩张过程中保持服务质量，稳定市场地位。同时，强大的交付能力是实现企业创新战略的基础，它使得企业能够在保证现有业务稳定运行的同时，快速探索和实施新技术、新模式，推动产品和服务的持续创新。东北软件产业重点面向 B 端市场，其交付能力的提升更显重要。

第一，加强软件质量水平的提升和保障。应从软件需求分析、设计、开发、测试、部署、运维等各个环节提高软件质量的可控性和可追溯性，实现软件质量的全过程管理。健全软件产业质量服务体系，推广先进的质量管理模式和方法，引导企业开展质量品牌建设，积极开展软件能力成熟度模型（CMMI）、软件能力成熟度评估（CSMM）、数据管理能力成熟度评估模型（DCMM）等行业认证。加强软件质量的检测和评价，建立和完善软件质量的检测体系和评价体系，加强软件质量的培训和宣传，提高软件开发者和用户的质量意识和能力。

第二，加强软件安全水平的提升和保障。应提高软件安全的法治化和制度化水平，建立和完善软件安全的法律法规和制度规范。一要加强软件安全的技术化和工程化，建立和完善软件安全的技术体系和工程体系。二要加强软件安全的监管和应急，建立和完善软件安全的监管体系和应急体系。三要加强软件安全的教育和培训，提高软件开发者和用户的安全意识和能力。

第三，提升软件国际化交付能力和品牌影响力。应充分把握全球软件市场的机遇，主动迎接国际合作中遇到的挑战，制定软件国际化的战略和规划，加强软件国际化的合作交流和标准推广，参与国际软件合作和交流，积极推动国际软件标准的制定和推广。加强软件国际化的市场开拓和品牌建设，利用国际软件市场的资源和渠道，提高软件国际品牌的知名度和美誉度。[①]

---

① 傅荣会.中国软件产业发展的理论与实践［M］.北京：北京理工大学出版社，2017：123-145.

三、培养数字化综合解决方案能力

在数字时代，加快发展数字经济已经成为当前和未来社会发展的主旋律，东北作为老工业基地和农业基地，具有巨大的产业数字化需求，数字化进程带来软件产业发展的新机遇，东北软件企业需要增强数字产业化发展能力，为推进传统产业数字化转型升级提供更多的、系统化的综合解决方案。

第一，加快行业应用软件的智能化升级。随着信息技术的持续迭代更新、应用和需求的不断变化，要求行业应用软件的持续升级。东北软件企业从事行业解决方案的开发与服务历史较早，在医疗、交通、电信、电力、金融、教育、政府等诸多领域拥有较深的积累，应聚焦这些优势行业，凭借对新兴技术的把握、理解及服务经验，主动挖掘跟踪客户需求，研究新技术在具体场景中的应用，加快升级软件产品，推进行业解决方案向物联化、平台化、智能化方向发展。[①]

第二，大力培养行业解决方案供应商能力。随着数字化转型的深入，要求解决方案供应商对客户的业务流程、技术架构及应用环境有更加深刻的理解，对信息技术服务的安全性、稳定性、合规性、持续性有更可靠的保障，特别是大型客户更加关注供应商的综合实力及战略发展，要求供应商为其长期服务并与之共同发展。在行业解决方案业务中，客户资源的积累及客户黏性已经成为初创企业难以跨越的资源壁垒，具有大型项目总承包能力的供应商成为带动区域软件行业发展的重要角色。因此，东北需要面向重点行业，培育优秀的解决方案供应商，在推进传统行业数字化转型中，提高产品开发、项目设施和综合服务能力。

第三，打造行业智能化应用标杆。应从政府层面推动实施行业智能升级示范工程，针对每个重点行业，公开征集设置1—2个智能化应用示范项目。鼓励传统企业与软件企业深度合作，聚焦拓展智能化应用场景，构建面向行业的人

---

① 胡旺阳，徐利，宋庆荔.发展数字经济拉动辽宁软件产业实现新突破的对策研究［J］.辽宁经济，
　2022（01）：30-36.

工智能赋能平台，携手打造行业智能化应用典范。政府发挥有为政府的作用，加大对标杆项目的研发支持，同时强化标杆项目的示范引领作用，降低应用复制成本，形成以点带面的发展局面，帮助更多的企业早日实现数字化转型。

四、做强做大软件外包和信息服务

软件外包是东北软件产业的特色，在大连、沈阳、长春的软件发展过程中起到了重要作用，在全国软件外包业务规模排位中处于前列。未来，软件外包与信息服务仍是东北软件产业的重要组成部分，东北软件企业应关注国际外包市场的格局变化，不断提升国际化服务交付能力。

第一，重视软件产业参与国内外双循环。随着中国软件开发规模的快速增长以及产业链上游厂商离岸外包管理能力的成熟，中国国内的软件离岸开发服务需求将快速增长。目前，国家正在推进包括技术密集型产业向中西部和东北重点地区转移，东北软件企业在国际软件外包中成长壮大，积累了国际一流的软件工程实施团队，具备承接离岸外包的良好基础，加之在软件人才资源方面具有优势，应抓住机遇，以软件服务的传统优势，吸引国内软件企业，推动软硬件产品的研制业务向东北转移。注重利用国际国内两种资源，同步开拓国内外市场，在参与国内国际双循环过程中，实现软件产业的高质量发展。

第二，积极推动信息化解决方案国际化。随着中国软件信息服务业的能力提升，软件及信息服务出口正在由从发达国家承接软件外包的模式，转向为发展中国家提供信息化解决方案的模式。东北软件企业应发挥多年在国际化服务方面形成的优势，努力将中国信息化解决方案的成功经验，推向海外特别是"一带一路"国家和地区。[①]

第三，广泛参与数字贸易发展进程。随着全球和区域经济一体化的进程加快，现代金融业、现代物流业、现代旅游业、电子商务、信息咨询服务、金融、医疗、文化等投入产出效率高的行业的服务贸易越来越受国际市场的

---

① 黄鹏.转型之擎：软件产业高质量发展路径探索［M］.北京：电子工业出版社，2020：222-227.

青睐，数字贸易将成为国际贸易的最重要的增长点。软件及信息服务无疑是支撑现代服务业的重要技术基础，东北软件企业应依托丰富的国际化交付经验，与现代服务业深度融合，以互联网技术和云平台技术推动服务业数字化、国际化发展。[①]

第三节　科教侧：强化技术输出，优化人才培养

科研院所和高等院校作为基础研究、技术创新、人才培养的核心载体，在国家创新体系中扮演着至关重要的角色，是基础技术输出和人才输出的重要源泉。在软件与信息技术领域，东北的高校和科研院所在基础研究、技术研发、人才培养等方面具有独特优势。面向数字化时代的新需求，应持续深化科研体制和人才培养体制改革，加强与产业界的深度合作，以更高效地推动科技成果向现实生产力转化。

一、优化软件教育体系与人才培育机制

发挥东北高等院校教育资源丰富的优势，积极顺应软件产业及信息产业深度变革的新趋势，不断优化软件人才培养体系，探索软件人才培育新机制，为东北软件产业的高质量发展输送高质量人才。

第一，加强特色化软件学院建设。应发挥东北高等院校教育资源丰富的优势，聚焦软件人才培养，积极发挥大连理工大学、东北大学、吉林大学、哈尔滨工业大学、哈尔滨工程大学等国家级特色化示范性软件学院的示范带头作用，鼓励高校加强软件基础学科教育，深化新工科建设，培育一批特色化软件学院。坚持行业需求导向与教育目标导向相结合，针对软件新形态、新技术、自主化、国产化，发挥学院相关专业优势，形成与计算机、软件、

---

① 马骏，袁东明，马源，等.数字经济制度创新［M］.北京：中国发展出版社，2022：208-327.

人工智能、工业制造等多学科交叉融合课程体系。推进多元合作协同育人机制，加大企业导师的引入力度，聘用行业、企业优秀人才，承担产业项目化教学任务。同时，高校可以把教师送到企事业单位学习，在企业建立定期的专业教师实践计划，让具有充足理论知识的教师具备更强的实践能力，构筑提升教师综合能力的管理体系。[①]

第二，加强校企合作实训基地建设。学校应发挥学科技术资源优势，企业发挥产业项目资源优势，共同构建以项目需求为核心的实训平台，以企业实践的标准来建设、管理、考核学生的实习表现，促进企业从单纯用人向"用培并举"转变。围绕工业软件、嵌入式软件、行业应用软件、安全软件、人工智能软件等东北重点发展领域，推动高校与领军企业共同制定人才培养目标，共同制订教学计划和建设实训课程，锻炼和培养学生的实践动手能力，让人才培养与产业需求紧密结合，实现校企双方共赢。

第三，加强行业高端人才培养。应不断完善工程硕士、工程博士培养基地，深化校企协同的高端人才培养共同体建设，强化高校和企业在研究生培养方向、过程和实践平台的深度合作，实现优势资源的交叉互补，充分发挥企业在工程研发和应用实践等关键环节上的资源优势，瞄准东北数字经济建设的重大项目需求，培养造就一批能够发挥领军作用的高端人才。着力推动交叉复合的跨学科课程体系建设，面向前沿技术和重大工程实践问题，打破学科界线和院系壁垒，着力融合自然科学、工程科学、工程技术、社会科学等学科，设置由信息技术、工业技术、工程管理、产业经济等模块组成的跨学科课程体系。深化课程教学体系、实践教学体系、技术创新体系的复合衔接，积极探索集"课程学习、实践实训、国际交流、技术研发、创新创业"于一体的复合型高端工程技术人才培养新模式。

---

① 黄鹏.转型之擎：软件产业高质量发展路径探索［M］.北京：电子工业出版社，2020：168-170.

二、完善产学研协同创新与成果转化机制

发挥东北地区大学及研究院在信息技术领域的科研资源的优势，促进政府部门、高等院校、科研院所与软件企业深度合作，共建政、产、学、研、用协同创新体系，推进科研成果转化，形成前沿技术创新与软件技术应用实现的深度融合，构建数字经济核心领域技术创新策源地。

第一，促进国家级创新平台在地方产业发展中发挥更大的作用。应充分利用东北大学的国家计算机软件工程研究中心、流程工业综合自动化国家重点实验室，吉林大学的汽车底盘集成与仿生全国重点实验室、知识驱动人机智能教育部工程研究中心，哈尔滨工业大学的机器人技术与系统国家重点实验室、智慧农场技术与系统全国重点实验室，中国科学院沈阳自动化研究所的机器人学国家重点实验室，中国科学院沈阳计算技术研究所的高档数控国家工程研究中心等国家顶级创新资源，与当地政府、东北软件龙头企业深度合作，打通技术研发、成果转化、产品创新、企业孵化、公共服务平台建设等产业技术创新链，助力东北在智能制造、智能网联汽车、智能机器人、智慧农业等领域加快形成国内领先优势。

第二，积极探索新型研发机构发展新模式。应努力推动传统产学研协同创新平台模式向具备良好自我发展能力和较强影响力的新型研发机构模式迈进。面向新兴软件及新一代信息技术领域协同创新，围绕市场化运作机制，积极探索从原始创新到产业化引领创新的新模式。借鉴国内外先进研发机构经验，探索实行扁平化、矩阵式管理，赋予研发团队更大自主权。建立以绩效为导向的激励机制，包括股权激励、科技成果所有权或长期使用权等，激发科研人员创新活力。完善知识产权管理和技术转移制度，促进科技成果高效转化。

第三，加强创新与成果转化服务平台建设。应充分利用高校及科研院所在基础研究、多学科交叉融合领域研究方面的优势，与企业共建联合实验室、工程技术研究中心等，组建跨领域研究团队，协同解决复杂软件系统的研发难题。鼓励高校及科研院所建设创新与成果转化服务平台，向企业、社

会研发组织等用户开放，实现资源共享。引导和支持高校、科研院所和学术团体设立技术转移机构，支持国内外权威技术转移机构进驻，构建具有国际创新资源整合能力的技术转移体系，持续完善奖励分配政策，充分调动科研人员积极性，实现高校、科研院所科技成果快速转移、直接转化，使得高校和科研院所真正成为促进行业发展的有生力量。

三、加强创新创业平台建设

东北高校及科研单位在培育孵化创新企业方面具有丰富的成功经验。东北大学、中科院沈阳自动化所、哈尔滨工业大学曾经培育了东软集团、新松机器人、哈工大机器人这样的行业龙头企业。面对新一轮科技革命和产业变革的重大机遇，东北高校及科研单位应持续完善创新创业平台体系建设，为创新创业者提供全方位、全过程的支持，通过软件创新企业孵化，为软件产业提供新鲜血液。

第一，健全创新创业平台运营管理机制。应设立创新创业学院、创新创业中心等实体机构，配备专职管理人员，负责平台的整体规划、日常运营和对外合作。聘请校内外知名学者、企业家、投资人组成专家委员会，为平台提供战略指导、项目评审、资源对接等支持。建立入驻项目筛选、孵化流程、资源使用、知识产权管理、退出机制等规章制度，确保平台运行规范有序。

第二，加强教育培训与创业指导。应将创新创业教育纳入课程体系，开设创新思维、商业模式设计、创业法律、融资策略等课程，培养学生的创新意识和创业能力。定期举办创业大赛、创业训练营、创业沙龙、创业讲座等活动，激发创业热情，提升创业技能。聘请成功企业家、投资人、行业专家担任创业导师，为创业者提供一对一辅导、项目评审、资源对接等深度支持。

第三，完善项目孵化与投融资服务。应设立项目评审机制，对申请入驻的创业项目进行商业价值、技术可行性、团队能力等多维度评估，择优入孵。为入孵项目提供工商注册、法律咨询、财务管理、市场营销、政策解读等一站式服务，规划清晰的成长路径和毕业标准。建立与天使投资人、风险投资机构、政府引导基金等投资方的常态化联系，定期举办投融资对接会、路演活动，帮助创业项目获取融资。

四、积极参与开源社区生态构建

软件低成本复制特性催生的软件开源社区生态的形成和发展，成为软件产业壮大和升级的重要发展环境。高校教师和学生以及科研院所研究人员是开源软件开发者的重要来源，东北高校及研究院所应鼓励师生及科研人员积极投入软件开源社区建设，利用开源社区贡献自己的聪明才智，同时也培养自身的技术实战能力、工程化项目管理能力以及行业发展趋势的洞察力。[①]

第一，促进开源软件相关的基础知识教育。开源社区具有创新、开放、自由、共享、协作的特性，与教育的目标和特征不谋而合。高校应将开源软件相关知识纳入计算机相关学科建设内容，构建形成开源知识体系和文化，有组织地培养学生的开源意识、开源能力、开源思维，将教学与实践有效结合，用真实的用户场景，为东北乃至国家培养更多的高水平的开源软件人才。

第二，积极开展与开放原子开源基金会的深入合作。汇聚平台、课程、社会资源，探索建立开放的长效合作机制，为开源社区提供人才和资源。推动更多的师生除了从开源中获得收益以外，还要更加积极地去贡献开源。推动开源技术和开源数据发展，从而夯实开源发展基础，全面提升软件产业源头创新能力和供给能力。

第三，推动开源软件项目开发与孵化。应推动高校与科研院所积极对接产业需求，依托高校与科研院所的既有技术领先优势，聚焦工业软件、汽车软件、人工智能、信息安全、云计算与大数据等重点领域，依托课题开展等方式推动开源软件项目开发与孵化。鼓励开源平台与社区建立基于开源贡献的评价和激励机制，对代码写入量排名前列的，或对开源软件关键技术做出重大贡献的单位与个人予以奖励。

[①] 赵岩.工业和信息化蓝皮书：软件产业发展报告（2021~2022）[M].北京：社会科学文献出版社，2022：140-156.

第四节　机构侧：当好助手帮手推手，发挥桥梁纽带作用

在市场经济体制下，强调发挥市场机制在资源配置中的决定性作用，在形成有为政府和有效市场良性互动的过程中，注重发挥软件行业协会、专业化技术服务、知识产权与法律服务、投融资服务等第三方机构的助力作用，使服务软件产业发展的各类机构成为政府的助手、企业的帮手和促进产业的推手，充分发挥政企间的桥梁纽带作用。

一、加强软件行业协会建设

行业组织是市场经济的重要参与者，在推动产业发展中功不可没。东北软件行业协会是政府与企业的桥梁纽带，需要继续发挥其在产业发展、政策咨询、双招双引、服务企业等方面的积极作用，最大限度地释放软件行业的创新活力和内在动力，共同推动软件产业高质量发展。

第一，增强软件行业协会的研究咨询功能。持续加强自身能力建设，逐步建立起相对稳定的专业化、职业化人才队伍，不断引进和培养优秀咨询服务人才，不断提高产业研究和行业管理的能力。结合行业运行监测分析，开展行业调研活动，及时把握产业、重点企业发展动态，联合政府及行业专家开展软件产业发展状况的研究，做好决策咨询服务。围绕软件产业的技术创新、产品研发情况、人才培养、产业载体、企业发展、生态建设等展开专项研究分析，形成年度《软件和信息技术服务业发展报告》。同时，根据地域发展重点，与细分领域产业联盟合作，在智能网联汽车、智能机器人、人工智能、软件外包等重点细分领域形成专题报告，为政府制定和实施行业发展规划及相关产业政策提供专业支持。

第二，继续当好政府推进产业发展的助手。应充分发挥行业协会在政府与企业之间的桥梁作用，加大相关政策的宣传贯彻力度，配合政府部门，落实企业涉税优惠政策，发挥好行业的发声筒作用，促使软件企业学习好、使用好相关政策，对政策红利特别是对税收优惠政策应知尽知、应用尽用、应

享尽享。要充分发挥协会熟悉行业、贴近企业的优势，积极向政府反映企业的共同心声，收集总结产业发展的困难与诉求，及时向主管部门进行反馈，推动政府与企业之间的紧密联系。

第三，努力成为服务企业发展壮大的帮手。应推动供需对接及产业链合作，联合其他行业协会以及产业联盟，共同举办供需对接、产业链协同创新等交流活动，促进本地区信息化用户和软件开发企业、各软件行业企业之间的交流与协作，以增加用户对于本土企业的认知，提升会员企业之间的整体协同作战能力。强化会员企业能力培育功能，通过教练拓展、企业论坛、走进成功企业、企业家辅导等多种方式服务，对企业加以培育和引导；定期组织各种技术交流活动，如技术研讨会、技术论坛、专业培训班、创新大赛等，为会员企业提供更多的机会和平台，分享最新技术和经验。积极组织参与各种行业活动和展览会，为会员企业提供更多的展示和推广机会，促进企业之间的合作和交流。助力软件企业的国际化发展，发展国内外软件企业和组织的合作关系，组织会员企业参加国际软件展览会和技术交流活动，为会员企业提供更广泛的国际交流和合作机会，协助软件企业与海外企业的商业合作，推动软件技术和产品的国际化和市场化进程，共同开拓海外市场。

二、加强专业化技术服务机构建设

大力发展面向软件和信息服务行业的专业化第三方服务机构，提升行业信息化咨询、创新创业指导、软件造价评估、软件测评认证、知识产权服务能力，加强质量标准、测评认证、产权交易等专业化公共服务平台建设，完善软件行业服务支撑体系，有效服务软件行业高质量发展。

第一，发展独立的第三方造价服务机构。科学准确的信息化工程造价评估，不仅有助于企事业单位作出合理的投资、外包、竞标等商业决策，避免建设资金的浪费，也有助于确定工程费用及研发工作和开发进度，使软件开发、使用、评测等相关方对软件开发过程进行预算及实施监督，从而更合理地控制和管理软件质量、人员生产率和产品进度，也能够让社会正确地认识软件的经济价值，有利于软件产业健康发展。鼓励企事业单位及社会组织建立独立的第三方造价服务机构，面向信息化项目提供专业化的造价评估服务和造价咨询服务，包括信息化项目造价评估、成本度量体系建设咨询、预算编制咨询、方案编制咨询、专题咨询辅导和全过程审计和后评价等咨询服务。依据国际标准、国家标准、地方标准和行业基准数据，确保软件造价评估过程规范、方法科学、结果准确，有效地解决用户在数字化建设和管理中的痛点和难点问题，使得数字化投入预算申报和绩效评估有据可依，提升信息化项目工程造价的公信力。①

第二，发展数字化转型服务机构。应建设一批数字化转型咨询服务机构，基于深度的行业发展研究与企业运营理解，为企业的数字化核心能力建设以及企业数字化战略的实施提供咨询服务，机构致力于数字化转型方法论研究、案例分析、诊断咨询、数字化战略规划以及数字化技术方案制定。通过识别企业数字化关键需求，帮助企业规划制订数字化战略目标和长远计划，形成数字化的治理结构，提供数字化转型实施方案，通过评估数字化绩效评价，实现数字化的持续改进。建设一批数字化转型贯标服务机构，基于工信部《数字化转型成熟度模型标准》，坚持标准先行、规范引领，面向开展数字化转型的制造企业和工业互联网平台建设运营企业，组织数字化转型成熟度贯标和工业互联网平台贯标，通过贯标培育数字化转型服务生态、增强企业数字技术融合应用能力，促进重点区域、行业的数字化转型成效提升，助力形成"学标准、懂贯标、促转型"的良好氛围，以贯标引导企业加速数字化转型。

第三，发展独立的第三方软件评测机构。应建设一批独立的专业化软件评测团队，为软件产品研发、数字化转型项目提供全面、客观、公正的测试服务。加强专业化能力建设，积极获取 CMA、CNAS 权威资质，形成严格的质量控制体系和标准化的测试流程，保证测试的质量和效率。强化新技术新业态下的安全评测和监测能力建设，提升网络安全防护水平，不断完善网络空间安全测评技术体

---

① 黄鹏. 转型之擎：软件产业高质量发展路径探索［M］. 北京：电子工业出版社，2020：128-131.

系，推动相关领域网络安全防护水平提升。加强信创适配测试能力建设，搭建"通用＋行业"信创适配体系，开展信创软件产品测试、信创软件产品评估、信创产品适配报告等相关服务，助力构建适配先行、应用带动的信创产业发展生态。

三、加强知识产权保护与法律服务机构建设

人工智能的广泛应用不仅创造了新的知识产权形式，还加剧了知识产权保护的复杂性，提出了更高的法律服务需求。面对这些挑战与机遇，知识产权与法律服务机构必须紧跟技术发展与法律变迁，以适应和推动 AI 时代的知识产权保护与法律服务实践。不断提升专业能力，满足软件行业对专业化、高效化、智能化法律服务的需求。

第一，加强专业化人才队伍建设。应培养具备法律、计算机科学、人工智能等多学科背景的复合型人才，确保团队能够理解并解决 AI 与知识产权交叉领域的复杂问题。定期组织内部培训和外部专家讲座，更新员工对 AI 技术发展、新兴知识产权形态、相关法律法规变化的知识储备。

第二，加强法律研究与政策研究。应设立专门研究部门或合作开展研究项目，对 AI 与知识产权的前沿问题进行深入研究，为立法和司法实践提供理论支持。积极参与国内外知识产权政策制定过程，提交意见书、参与听证会，推动法律体系适应 AI 技术发展的需要。

第三，提供定制化咨询与风险管理服务。为客户提供 AI 研发、产品化过程中的知识产权布局策略，包括专利申请、商标注册、版权保护、商业秘密管理等。为企业进行 AI 相关的数据合规、算法公平性、知识产权侵权风险等审计与评估，提供整改建议与应对方案。开展面向企业的知识产权与 AI 法律知识普及活动，引导企业负责任地使用 AI 技术，尊重知识产权及 AI 伦理规范，保护消费者权益。

四、强化软件行业投融资机构建设

投融资体系是软件创新生态系统中不可或缺的一环。投融资机构通过资

本注入、智力支持、资源链接、创新激励和风险管理等多元手段，对软件行业的快速发展起到了关键的推动作用。东北地区的金融机构及第三方金融服务机构应充分认识到数智化社会软件产业高速发展的大趋势，完善软件行业投融资体系，健全多维度的金融支持策略，全方位满足软件企业在不同发展阶段的融资需求，助力其技术创新、市场拓展与规模增长，从而推动整个软件产业的高质量发展。

第一，推动金融机构建立面向软件行业的定制化信贷产品与服务。针对软件行业中小微企业众多的现状，鼓励金融机构设计专门面向软件企业的信贷产品，比如低门槛、高灵活度的信用贷款，或以知识产权、合同订单等无形资产作为抵押的创新贷款模式。针对软件企业往往有较多未收回的项目款或长期服务合同，鼓励金融机构开发基于应收账款的保理、质押融资产品，帮助软件企业加速资金周转。

第二，引导风险投资与股权融资积极支持软件行业发展。政府与社会资本共同设立软件产业专项投资基金，引导早期风险投资进入，支持有潜力的初创软件企业快速成长。积极推动股权众筹与资本市场对接，鼓励符合条件的软件企业在新三板、科创板等多层次资本市场上市或挂牌，拓宽股权融资渠道，同时通过股权众筹平台吸引大众投资者参与。

第三，推动第三方金融服务机构优化软件产业服务。鼓励金融科技公司、咨询公司、支付处理商、数据分析服务商、信贷评估机构等第三方金融服务机构，通过组建兼具金融专业知识和软件行业背景的服务团队，为软件企业提供专业化、定制化金融服务。搭建软件和信息服务领域投融资交流对接平台，推动投融资机构与优质软件企业深入对接，组织银行、担保、投资等各类金融机构为区域内软件行业科技型中小企业提供融资服务，根据区域内行业特点及发展情况推出科技贷、创业贷等信贷产品，并配套上门对接等系列科技金融服务，切实降低企业融资门槛和融资成本，助力软件产业创新发展。

附　录

附件 1　东北软件产业发展大事记

年份	事　件
1956	东北大学李华天教授团队研制出中国第一台模拟计算机； 哈尔滨工业大学创立计算机专业，是中国最早建立的两个计算机专业之一
1957	哈尔滨工业大学研制出新中国第一台结构式模拟计算机
1958	东北大学设立自动控制系计算机技术专业； 哈尔滨工业大学研制出中国第一台"能说话、会下棋"的数字计算机，成为中国人工智能技术的起点； 黑龙江省邮电科研所成立； 中国科学院沈阳自动化研究所成立； 中国科学院沈阳计算技术研究所成立
1965	中国第一台全晶体管计算机 441b 在哈尔滨军事工程学院研制成功
1975	辽宁省计划委员会电子计算中心成立，成为全国第一家政府计算机应用机构
1976	吉林大学成立计算机科学系
1979	辽宁省计算机学会在沈阳成立； 辽宁省统计局开始利用计算机进行统计数据汇总处理

续表

年份	事　件
1981	东北大学创建了国家首个计算机应用博士点； 长春第一汽车制造厂和中国人民大学发起，财政部、第一机械工业部和中国会计学会在长春召开财务、会计、成本应用电子计算机问题讨论会，首次提出"会计电算化"概念
1982	中国科学院沈阳自动化研究所诞生中国第一台工业机器人样机； 辽宁省利用电子计算机开展第三次人口普查数据处理工作
1984	黑龙江省邮电科研所研制的三款复式计费系统在全国应用推广，团队带头人毛春生荣获全国"五一劳动奖章"； 中国科学院沈阳自动化研究所启动国家机器人示范工程
1985	黑龙江省计算机软件研究中心成立
1988	东北工学院计算机系计算机网络工程研究室成立，奠定了东软集团发展基础； 吉林鸿达电子技术有限公司成立； 辽宁省信息中心及各市政府信息中心、省直各部门信息中心先后成立，政府信息化逐步展开
1991	沈阳市政府颁发《沈阳市促进计算机软件产业发展若干规定》； 计算机软件国家工程研究中心在东北大学成立； 沈阳东大阿尔派公司成立，东软集团的前身； 国务院批准成立沈阳高新技术产业开发区、大连高新技术产业园区，成为发展软件产业的主要载体
1992	中日合资的黑龙江伊思特信息技术有限公司成立，成为黑龙江最早对日外包业务企业； 中国华录电子有限公司在大连高新区七贤岭产业化基地成立； 大连市政府决定成立大连高新技术产业园区管理委员会； 大连软件行业协会成立
1993	东软集团研制出中国第一台国产 CT 机样机； 中国科学院沈阳计算技术研究所建立高档数控国家工程研究中心； 原国家计委批准依托东北大学建设计算机软件国家工程研究中心，由东软集团创始人刘积仁博士担任中心主任； 大庆金桥信息技术工程有限公司承担国家"九五"攻关项目"实时数据库及监控系统平台软件"的开发任务
1995	东大软件园成立，被国家科委批准为第一个"国家火炬软件产业基地"； 大连市政府下发《大连高新技术产业园区管理条例》（大政发〔1995〕55 号）； 东软集团运行的中国第一个国家级软件工程研究中心通过验收； 哈尔滨工业大学软件工程股份有限公司、亿阳信通股份有限公司成立

续表

年份	事　件
1996	东软股份有限公司上市，成为第一家上市软件公司； 中国科学院沈阳自动化所获批建设机器人技术国家工程研究中心； 大连华信计算机技术有限公司和大连海辉科技股份有限公司成立； 哈尔滨威克科技股份有限公司成立
1997	中国首个软件园——东大软件园全面开园； 大连市委决定成立中共大连高新技术产业园区工作委员会
1998	《黑龙江省1998年发展信息产业专题推进实施方案》出台，确立黑龙江省软件基地框架； 大连市政府办公厅印发《关于成立大连市信息产业局的通知》，大连市信息产业局正式挂牌办公； 大连软件园破土动工，开始大连软件产业发展之路； 哈尔滨工业大学设立"计算机科学与技术"一级学科，为国家首批一级学科
1999	沈阳市软件和信息服务业协会成立； 大连软件园被认定为"国家火炬计划软件产业基地"并举行开园庆典； 第一家外资企业新加坡博涵咨询有限公司入驻大连软件园； 长春软件园建立； 长春吉大正元信息技术股份有限公司成立
2000	辽宁省信息产业厅成立； 辽宁省在国内率先出台了促进软件产业发展的政策文件——《辽宁省加速发展软件产业实施意见》，成立辽宁省软件产业发展领导小组，推进软件产业的快速发展 吉林软件园建立； 组建黑龙江省信息产业厅，省政府设立了每年5000万元发展信息产业专项资金； 大连软件园与东软集团合作创立的国内规模最大的软件专业大学——东软信息技术学院成立； 东软集团获批建立国家数字化医学影像设备工程技术研究中心； 沈阳新松机器人自动化股份有限公司成立； 长春软件园被科技部评定为"国家火炬计划软件产业基地"； 一汽集团电算处改制成长春一汽启明信息技术有限公司

续表

年份	事　件
2001	辽宁省软件行业协会成立； 辽宁省在国内率先出台了《关于开展软件产品登记工作的通知》，开展了首批软件产品登记，落实退税政策，并在全国开创了嵌入式软件退税的先河； 科技部授予大连市为全国唯一的"软件产业国际化示范城市"； 吉林省软件行业协会成立； 吉林大学软件学院成立； 吉林省政府印发《关于建设软件产业强省的配套政策措施的通知》； 哈工大计算机科学与技术学院，成立软件学院，次年被批准为国家示范性软件学院
2002	辽宁省政府出台了《关于软件人才的若干规定》（辽政发〔2002〕38号），抓好人才资源的开发是大力发展软件产业的关键，这是辽宁省内首个——软件产业人才的政策； 辽宁省财政厅、辽宁省信息产业厅发布实施《辽宁省软件产业发展专项资金管理办法》，这是辽宁省内首个软件产业资金政策，加速了全省软件产业发展； 大连华信计算机技术有限公司荣登全国软件出口企业排行榜榜首； 《黑龙江省软件企业认定实施细则（暂行）》（黑信软字〔2002〕191号）发布实施； 黑龙江省地方标准《企业管理信息化软构件》发布实施，并在全省企业信息化中进行构件库实用化试点； 沈阳东软股份有限公司通过CMMI5级认证，成为中国第一家获得此项认证的软件公司； 黑龙江国脉通信科技有限公司（原黑龙江省通信软件工程局）、亿阳信通股份有限公司、哈尔滨黑大伊思特软件有限公司三家企业通过CMMI2，成为国内最早一批参与国际软件业务的引领者
2003	辽宁省编写了《辽宁省志　工业志》，是辽宁省第一部产业地方志，记载了当年软件产业的发展； 辽宁省软件业销售收入首次突破百亿大关； 国务院正式批复中国国际软件和信息服务交易会为国家级软件交易会，首届中国国际软件和信息服务交易会在大连隆重举行； 吉林软件园被科技部评定为"国家火炬计划软件产业基地"； 《黑龙江省软件产品登记实施细则（暂行）》（黑信软字〔2003〕7号）发布实施； 黑龙江省信息化工作领导小组与省外专局共建外国专家公寓项目落成； 黑龙江省信息产业厅组织工大科软和斯达浩普等企业成立的ERP软件企业联盟，全面参与全省传统产业改造和企业信息化建设； 亿阳信通股份有限公司、黑龙江大通计算机有限公司两家企业入选信息产业部2003年度软件产业百强； 大连旅顺南路软件产业带暨软件园二期工程开工

续表

年份	事　件
2004	辽宁省无线电管理培训中心更名为辽宁省信息技术教育中心，辽宁省信息技术教育中心为首批电子信息产品国家高技能人才培训基地； 东软集团股份有限公司、大连华信计算机技术股份有限公司被认定为"2002年度国家规划布局内重点软件企业"，这是国内首批"国家规划布局内重点软件企业"； 沈阳工业大学参与承担的"高精度管道漏磁在线检测系统"荣获国家科学技术进步二等奖，这是辽宁省2000年以来获得的第一个国家科学技术进步奖； 东软集团率先通过CMMI5级评估，标志着中国软件企业的成熟度达到全球最高水平； 大连市政府确定了建设"一个中心，四个基地"的发展战略，建设以旅顺南路软件产业带大连软件园二期为核心的"电子信息及软件产业基地"正式写入政府工作报告； 国家发展和改革委员会、信息产业部、商务部授予大连高新区"国家软件出口基地"称号； 大连软件园设立第一个海外分支机构——大连软件园日本分公司，标志着大连软件国际化进程迈出新的一步； 大连市政府印发《大连市关于吸引软件高级人才的若干规定》，创造性地出台了软件人才奖励措施； 大庆软件园被列入"国家火炬计划软件产业基地"
2006	黑龙江动漫基地成立； 商务部、信息产业部授予大连"中国服务外包基地城市"，大连软件园成为首个中国服务外包基地城市示范区； 文化部授予"（大连）国家动漫游戏产业振兴基地"； 大连河口国际软件园暨东软国际软件园（河口园区）举行奠基仪式； 大连市首家软件知识产权保护服务中心在大连软件园挂牌成立
2007	黑龙江省人民政府、国家测绘局、国务院信息化工作办公室联合签约共同支持建设地理信息产业园； 大连软件园腾飞园区首期项目竣工开园，旅顺南路软件产业带大连天地软件园正式启动； 中国科学院沈阳自动化研究所获批建设机器人学国家重点实验室； 《大连软件和信息服务个人信息保护规范》通过辽宁省标准质量监督局审核批准，成为中国第一部此行业的地方性行业标准； 大庆服务外包产业园被商务部、信息产业部、科技部联合认定为中国服务外包示范区

续表

年份	事　件
2008	东软国际软件园（河口园区）正式开园； 启明信息技术股份有限公司挂牌上市； 《关于吉林省信息产业跃升计划的通知》发布； 黑龙江动漫基地被文化部命名为国家文化产业示范基地
2009	辽宁省人工智能学会成立； 吉林省工业和信息化厅成立； 哈尔滨、大庆入选中国服务外包示范城市； 黑龙江首款 IT 品牌"龙迈"上网本在哈尔滨面世； 沈阳国际软件园正式落成，先后被科技部评定为"国家火炬计划软件产业基地"，被工信部评定为"中国工业软件研发与服务领军园区"，获工信部"首批中国智慧软件园试点园区""中国骨干软件园区十强"称号，并被中国软件行业协会评定为"中国软件园区最佳产业环境奖""中国最具活力软件园"； 新松机器人在深交所创业板上市； 大连软件园赢得联合国"国际花园社区"金奖； 日本软银中国第一家公司——软银芘爱思（大连）科技有限公司开业； 东北首家"SAP 管理顾问学院"落户大连高新区； 工信部授予大连"信息服务外包行业个人信息保护试点城市"
2010	沈阳市和大连市被批准为国家创新型试点城市； 工信部在沈阳市开展信息技术服务标准验证与应用试点工作，沈阳市成为国家首批 ITSS 验证与应用试点城市之一； 大连亿达信息谷在旅顺南路开工建设； 海辉集团在纳斯达克上市； 大连软件和服务外包发展研究院正式成立； 亚洲最大的信息咨询公司——日本野村综合研究所入驻大连软件园； 哈尔滨大数据产业园（中国云谷）成立
2011	辽宁软件业务收入首次突破千亿大关； 科技部批准大连高新区为全国首家"国家创新型特色园区建设试点单位"； 中国航天集团大连航天科研试验保障中心暨航天软件产业园奠基仪式举行； 东北大学建立流程工业综合自动化国家重点实验室； 哈尔滨市出台《哈尔滨市云计算产业发展规划》
2012	黑龙江省工信委、省国税局、省软件协会设立了联席会议机制，保障 2011 年国发 4 号文件政策衔接过渡； 东软集团股份有限公司、沈阳新松机器人自动化股份有限公司被工业和信息化部计算机信息系统集成资质认证工作办公室认定为"首批系统集成特一级企业"； 大连高新区获评全国首批软件和信息服务类"国家新型工业化产业示范基地"； 荣科科技股份有限公司在深交所创业板上市

年份	事　件
2013	大连高新区保税研发测试中心成立，成为全国首家专门为嵌入式软件研发测试提供新型保税服务的中心； 大连高新区管委会与东软控股签约建立大连学子创意产业园； 大连入选全国首批"智慧城市"试点
2014	中国信息安全认证中心辽宁分中心成立； 亿达中国控股有限公司于港交所主板正式挂牌； 长光卫星技术股份有限公司成立； 哈尔滨和大庆入选国家信息惠民城市试点城市
2015	吉林省软件和信息服务业平台发布； 黑龙江省召开"互联网+"千人大会； 东软集团股份有限公司通过科技部验收，正式设立"软件架构国家重点实验室"，实验室位于沈阳东软软件园内，是国家科技部批准设立的第一个在软件架构方向上的国家重点实验室，也是国家第二批依托企业设立的国家重点实验室之一； 韩国IT产业园在大连高新区举行奠基仪式； 大连获批国家信息消费示范城市； 国家发布取消行政项目审批目录内，软件企业认定和软件产品登记、计算机信息系统集成认定、信息系统工程监理等项目在列
2016	《辽宁省电子信息产业"十三五"规划》发布，成为辽宁省第一个省级软件产业规划； 黑龙江省发布《软件企业评估规范》与《软件产品评估规范》团体标准，实现双软认定制度向市场评估过渡； 沈阳机床股份有限公司自主研发制造五轴高端"i5"数控机床； 国务院批准大连成为国家跨境电子商务综合试验区； 大连软件园信息谷开业运行； 科技部授予大连高新区"国家创新人才培养示范基地"； 沈阳国家大数据综合试验区启动建设； 2016中国·哈尔滨大数据产业推介大会
2017	沈阳国际软件园获"2017年中国最具活力软件园"称号； 东北亚大数据中心、东北亚大数据研究院成立； 英特仿真和华为公司牵头合作建立的国内首个工业仿真云平台上线； 哈尔滨工业大学成立网络空间安全研究院

续表

年份	事　件
2018	吉林省政务服务和数字化建设管理局成立； 中共吉林省委网络安全和信息化委员会办公室成立； 吉林省吉林祥云信息技术有限公司成立； 《黑龙江省人工智能产业三年专项行动计划（2018—2020年）》出台； 《关于"数字龙江"建设的指导意见》（黑发〔2018〕29号）出台； 沈阳新松机器人自动化股份有限公司洁净系列机器人具有自主知识产权的多项核心技术软件，获评"2018 CPCC十大中国著作权人"称号； 沈阳市政府发布《沈阳市新一代人工智能发展规划（2018—2030年）》； 大连出台《大连市软件和信息服务业2028行动纲要》； 大连理工大学人工智能（大连）研究院成立； 哈工大人工智能研究院成立
2019	《"数字吉林"建设规划》发布； 《"数字龙江"发展规划（2019—2025年）》； "2019工业互联网全球峰会"在辽宁沈阳盛大启幕。这一国内顶级科技盛会的永久会址落户沈阳； 大连华信云数据中心取得中国质量认证中心颁发的最高等级认证； 国家高端装备与智能制造软件质量监督检验中心东北分中心落户大连； 哈尔滨工业大学成立网络空间安全学院
2020	辽宁省政府印发《数字辽宁发展规划（1.0版）》； 黑龙江省成功举办世界5G大会； 东软教育科技有限公司在港交所上市，成为"IT高教第一股"； 大连高新区被认定为全国首批"国家数字服务出口基地"； 沈阳市机器人与智能制造协会成立； 大连市大数据产业发展研究院成立； 大连市信息技术应用创新联盟正式成立； 长春吉大正元信息技术股份有限公司挂牌上市

年份	事　件
2021	沈阳获批建设国家新一代人工智能创新发展试验区； 大连软件园荣获"2020中国最具活力软件园"称号； 大连市车联网产业创新联盟成立； 大连智慧港口创新联盟成立； 中国移动（大连）国家级数据中心Ⅱ园区一期工程规模投产； 大连5G创新中心建成投入运营； 大连人工智能计算中心开工，首期算力100P，规划300P； 长春净月数字经济产业园投入使用； 哈尔滨工业大学、哈尔滨工程大学入选"国家首批特色化示范性软件学院"； 哈尔滨市获批建设国家新一代人工智能创新发展试验区
2022	数字沈阳发展规划发布； 东北大学发布辽宁首个大模型，"沈阳·太一"多模态推荐模型； 长春净月高新技术产业开发区获批建设国家自主创新示范区； 哈尔滨市成为国家级互联网骨干直联点； 哈尔滨市成为国家IPv6技术创新和融合应用综合试点城市； 中铁哈尔滨局集团有限公司入围IPv6技术创新与产业发展项目
2023	辽宁省出台《辽宁省加快发展工业软件产业若干措施》； 吉林省政府办公厅印发《加快推进吉林省数字经济高质量发展实施方案（2023—2025年）》； 吉林印发《吉林省制造业智能化改造和数字化转型行动方案（2023—2025年）》； 东软熙康控股有限公司在港交所上市； 沈阳市入选国家服务型制造示范城市； 沈阳市入选国家信息消费示范城市； 长春入选首批国家中小企业数字化转型试点城市； 吉林一号星座在轨卫星数量达到110颗； 东北大学科研团队发布大语言模型TechGPT
2024	东软申报并建设的辽宁省大语言模型工程研究中心和沈阳市大语言模型技术创新中心相继获得正式批复并启动建设； 吉林大学与科大讯飞股份有限公司共同研发的教育评价大模型"知新"

附件2 东北软件产业发展路径研究课题组名单

职责	姓名	职务/职称	组内分工
组长	孟继民	中国东北振兴研究院智库专家、原副院长，原辽宁省工信委巡视员	统筹研究主题、协调人员分工、负责进度质量、全书内容统稿
副组长	徐利	沈阳东软数字经济研究院副院长、正高级工程师	统筹研究内容、参与书稿内容研究和撰稿、优化成果形式和质量
总协调员	刘海军	东北大学东北振兴研究中心主任	调动研究资源、配备研究助理、参与内容研究、掌握进度质量
	胡旺阳	东软集团党委书记、副总裁，东软研究院院长，沈阳东软数字经济研究院院长，正高级工程师	合作研究资源调度、研究方案、内容、进度、质量协调
	丁树华	亿达集团董事局主席助理	协调研究资源和资料，掌握进度质量
区域协调员	于春刚	辽宁省软件行业协会秘书长	课题辽宁省部分，统筹调度、参与内容研究、掌握进度质量
	吕彦伟	吉林省软件行业协会秘书长	课题吉林省部分，统筹调度、掌握进度质量、参与研究内容撰稿
	夏秀艳	黑龙江省软件与信息服务业协会秘书长	课题黑龙江省部分，统筹调度、掌握进度质量、参与研究内容撰稿
	秦健	大连软件行业协会秘书长	课题大连市部分，统筹调度、参与研究及部分内容撰稿

续表

职责	姓　名	职务／职称	组内分工
专　家	李　锐	黑龙江省网络空间研究中心高级工程师	黑龙江省部分、资料汇总、工作协调、内容研究、参与撰稿
	姜健力	辽宁大学教授、辽宁省信息中心原副主任	研究数据收集、研究数据分析、相关图表设计
	李　倩	辽宁省工业和信息化发展研究院副院长	辽宁省部分、资料汇总、内容研究、进度质量把控、参与撰稿
	郑时雨	大连软件行业协会会长	大连市部分课题研究统筹调度
	丁宗安	大连软件行业协会原秘书长、大连软件行业协会顾问	大连市部分，资料汇集、内容研究、质量把控
	闻英友	东软研究院常务副院长、东北大学教授	部分研究资料收集及书稿撰写
	李　志	东软研究院技术总监、正高级工程师	部分研究资料收集及书稿撰写
	温　涛	东软教育科技集团执行董事	软件人才部分内容研究
	王维坤	东软教育科技集团高级副总裁	软件人才部分及书稿撰写
	史卫国	东软睿驰研究院院长	嵌入式软件领域资料收集及撰稿
	陈太博	吉林大学教授	参与课题研究
	李根道	长春理工大学教授	参与课题研究
	陈建军	沈阳格微软件有限责任公司总工程师	东北软件资料汇集、数据整理、研究内容完善

续表

职　责	姓　名	职务 / 职称	组内分工
成　员	刘　铁	沈阳东软数字经济研究院资深顾问、正高级工程师	行业赋能领域的资料收集及书稿撰写
	窦丽莉	东软研究院副院长	重点软件企业的梳理及书稿撰写
	葛　东	东软研究院项目总监	基础软件领域的资料收集及书稿撰写
	吕昕东	东软研究院项目总监	工业软件领域的资料收集及书稿撰写
	蔡晨秋	东软研究院项目总监	信息安全软件领域的资料收集及书稿撰写
	王　迪	辽宁省软件行业协会副秘书长	辽宁省部分，内容策划、资料汇集、书稿撰写
	吴开宇	辽宁省软件行业协会副秘书长	辽宁省部分内容策划、资料汇集、书稿撰写
	陈　莹	辽宁省工业和信息化发展研究院信息技术发展研究部负责人	辽宁省部分内容策划、资料汇集、书稿撰写
	宫　炫	沈阳赛宝科技服务有限公司副总经理	辽宁省部分内容策划、资料汇集、书稿内容撰稿
	关　婷	沈阳赛宝科技服务有限公司项目经理	辽宁省部分资料汇集、素材稿撰写
	谢　允	沈阳赛宝科技服务有限公司项目经理	辽宁省部分资料汇集、素材稿撰写
	宋思曼	辽宁省软件行业协会综合部部长	辽宁省部分资料汇集、素材稿撰写
	杨　洋	黑龙江省软件与信息服务业协会副秘书长	黑龙江省部分资料汇集、素材稿撰写
	谷俊涛	黑龙江省网络空间研究中心副主任	黑龙江省部分资料汇集、素材稿撰写
	刘　颖	黑龙江省网络空间研究中心高级工程师	黑龙江省部分资料汇集
	孙延庆	大庆中环电力控制系统有限公司董事长	黑龙江省部分资料汇集
	杨　红	大连海事大学副教授	大连市部分资料收集、内容研究、素材稿撰写
	孙　然	大连软件行业协会产业研究负责人	大连市部分资料汇集整理、内容研究、素材稿撰写
	尹　宏	大连软件行业协会副秘书长	大连市部分资料收集

职　责	姓　名	职务／职称	组内分工
成　员	王　鑫	大连软件行业协会会员部负责人	大连市部分资料收集
	宋　悦	大连软件行业协会办公室主任	大连市部分资料收集
	孟大成	大连软件行业协会第三方测评负责人	大连市部分资料收集
	潘晓敏	大连软件行业协会资质部负责人	大连市部分资料收集
	王　旸	明阳产业技术研究院院长	参与课题研究
	赵国辉	大连众晖科技发展有限公司董事长	参与课题研究
	吴晓乐	沈阳格微软件有限责任公司大数据部部长	东北软件著作权数据采集
	张　超	东北大学东北振兴研究中心办公室主任	资料收集、材料整理
	张文烨	中国东北振兴研究院研究助理	课题组文秘、资料收集汇总、进度协调调度、文字编辑处理
	殷于博	中国东北振兴研究院研究助理	收集数据、材料整理、文书工作
	闫　莉	东北大学博士生	资料收集、材料整理
	赵　球	东北大学东北振兴研究中心助理研究员	资料收集、材料整理
	李卓谦	东北大学博士生	资料收集，材料整理
	孙晓书	东北大学博士生	数据资料收集、数据分析、图表制作
	张婉玉	东北大学博士生	数据资料收集、数据分析
	张　宸	东北大学博士生	资料收集、汇总整理

附件 3 《东北软件产业发展之道》书稿撰写组成员和分工

职责	姓名	职务 / 职称	任务分工
总撰稿人统稿	孟继民	中国东北振兴研究院智库专家、原副院长，原辽宁省工信委巡视员	主题定位、架构设计、内容选择、书稿撰写、文字统稿、进度质量把控
副撰稿人副统稿	徐利	沈阳东软数字经济研究院副院长	结构优化、章节内容撰写、统稿修改完善、分析图表制作
书稿统筹	刘海军	东北大学东北振兴研究中心主任	振兴院资源调动、研究助理配备、出版社总协调、书稿修改完善
撰稿统筹	胡旺阳	东软集团党委书记、副总裁、东软研究院院长、沈阳东软数字经济研究院院长	沈阳东软数字经济研究院、东软研究院资源调动、内容策划、编写指导、书稿审查
资料协调	张文烨	中国东北振兴研究院研究助理	书稿资料收集、撰写素材梳理、内容编辑、书稿优化处理
数据收集分析	姜健力	辽宁大学教授 辽宁省信息中心原副主任	收集补充数据、相关图表设计、行业数据分析
	孙晓书	东北大学博士生	数据资料整理、分析图表制作
内容策划	丁树华、于春刚、吕彦伟、夏秀艳、丁宗安、温涛		

序号	章名	参与编写章节内容的人员
第一章	东北三省软件产业发展综述	孟继民、徐利、李倩、吕彦伟、夏秀艳、李锐、陈莹、关婷、姜健力、孙晓书
第二章	东北副省级城市的软件产业发展回顾	徐利、孙然、吕彦伟、李锐、孟继民、姜健力、孙晓书、丁宗安
第三章	东北软件重点领域发展情况	徐利、李志、史卫国、葛东、吕昕东、蔡晨秋、孟继民、宫炫、吕彦伟、李锐、秦健
第四章	东北软件赋能传统产业	徐利、刘铁、孟继民、吕彦伟、秦健、窦丽莉、谢允
第五章	东北重点软件企业	徐利、窦丽莉、吕彦伟、杨洋、秦健、孟继民、宋思曼
第六章	东北软件人才培养	王维坤、杨红、徐利、孟继民、吴开宇、谷俊涛
第七章	东北软件园区发展	郭彤、吕彦伟、李锐、孙然、孟继民
第八章	东北软件行业协会	王迪、吕彦伟、夏秀艳、秦健、杨洋
第九章	东北软件产业发展路径	徐利、闻英友、孟继民
第十章	东北软件产业发展对策	徐利、闻英友、孟继民

后 记

党的十八大以来，以习近平同志为核心的党中央高瞻远瞩、审时度势，指导实施新一轮东北振兴战略。党的十九大报告提出，深化改革加快东北等老工业基地振兴。党的二十大报告提出，推动东北全面振兴取得新突破。2023 年 9 月，习近平总书记主持召开新时代推动东北全面振兴座谈会并发表重要讲话，强调牢牢把握东北的重要使命，奋力谱写东北全面振兴新篇章。2025 年初，习近平总书记再赴辽宁、黑龙江、吉林考察，对新时代东北全面振兴作出最新指示要求，充分彰显了总书记对东北人民的亲切关怀和深情厚爱，彰显了总书记对东北振兴的殷切期望和信任重托，是对正在为东北振兴努力奋斗的各界人士的巨大鼓舞和莫大鞭策。

中国东北振兴研究院是在国家发展和改革委员会指导下，以东北振兴理论和政策研究为特色，为中央和东北地区各级地方政府提供政策咨询的新型智库，是辽宁省新型智库联盟首任理事长单位、"智库人才培养联盟"单位、国家区域重大战略高校智库联盟单位。先后入选"2021 年中国智库参考案例（咨政建言类别）"和"CTTI 2022 年度高校智库百强"，荣获"CTTI 2023 年度 / 2024 年度智库研究优秀成果"特等奖。

2020 年，由中国东北振兴研究院组织编写的《东北振兴研究丛书》出版，被列为"十三五"国家重点图书出版规划项目、国家出版基金资助项目，荣获"第一届辽宁省出版政府奖"。2022 年，《新时代东北全面振兴研究丛书》筹划、立项，经编委会、作者团队与出版社共同努力，丛书被列入

"十四五"国家重点出版物出版规划增补项目和国家出版基金资助项目。

值此丛书付梓之际，感谢各位作者用严谨治学的精神为丛书倾注心血、贡献智慧，感谢亿达集团董事局主席孙荫环先生的鼎力支持和在丛书启动阶段给予的充分保障，感谢辽宁人民出版社编辑团队的辛勤付出。

党中央为新时代东北全面振兴指明了前进方向，也给东北振兴发展提供了新动力新机遇。东北地区要认真贯彻落实党的二十大和二十届二中、三中全会精神，坚定信心、开拓创新，勇于争先、展现作为，以进一步全面深化改革开放推动东北全面振兴取得新突破。

中国东北振兴研究院

2025 年 2 月 12 日